Choisir son activité

Les métiers de demain

Éditions d'Organisation
Groupe Eyrolles
61, bd Saint-Germain
75240 PARIS Cedex 05

www.editions-organisation.com
www.editions-eyrolles.com

Jean-Jacques Pluchart
Gérard Leclerc

Choisir son activité

Les métiers de demain

EYROLLES

Éditions d'Organisation

préface

L'ouvrage du professeur Jean-Jacques Pluchart et de Gérard Leclerc répond à une attente partagée, en ces temps difficiles, par des millions d'acteurs de la vie économique et sociale : étudiants, salariés, retraités, demandeurs d'emplois, etc., qui souhaitent développer un projet en exerçant un métier indépendant ou en créant leur entreprise. Mais il apporte également des réponses aux préoccupations des cadres dirigeants salariés, dont j'ai l'honneur de présider la Fédération Nationale, dans la mesure où toute entreprise socialement responsable se doit – par les pratiques de l'essaimage et du mécénat – d'accompagner les actions de reconversion de certains de ses salariés. Dans ce contexte de crise économique et financière, mais aussi sociale, l'opinion fait peser sur les dirigeants de plus en plus de responsabilités sociétales.

Cet ouvrage est original à plus d'un titre : il restitue une vaste enquête menée par des étudiants de master encadrés par des entrepreneurs expérimentés, dans dix grandes familles de métiers. Il met ainsi en lumière la richesse des gisements de métiers d'avenir, localisés dans des secteurs en développement – comme ceux des services à la personne, de l'internet ou du développement durable –, mais également dans des secteurs traditionnels – comme ceux de la terre, de la mer, du bâtiment, du commerce et de l'artisanat, des arts et du tourisme. Il ne se limite pas à un simple guide de bonnes pratiques, à un catalogue de textes juridiques et d'aides financières, ou à des plans de formation ; il enquête également sur les difficultés et les risques, de natures diverses, qui sont attachés à l'exercice de certains métiers.

Conformément à la mission du Cercle Turgot[1], les auteurs contribuent à apporter des réponses concrètes à la crise financière que nous traversons depuis 2008. C'est pourquoi je suis particulièrement heureux d'apporter mon large soutien aux auteurs, dont je connais la profondeur d'analyse et la finesse de plume, et de préfacer ce livre, qui, j'en suis persuadé, recueillera la plus large audience.

Jean-Louis Chambon, Président de la Fédération Nationale des Cadres Dirigeants salariés et du Cercle Turgot

---

1. Il décerne chaque année le prix Turgot du meilleur livre d'économie financière et vient de publier *Repenser la planète finance*, Éditions d'Organisation, 2009.

remerciements

Nous exprimons notre reconnaissance aux entrepreneurs et aux consultants de l'association Salveterra, qui ont utilement conseillé les étudiants du Master « Sciences du management » de l'Université de Paris I Panthéon-Sorbonne, chargés des entretiens avec des travailleurs indépendants et des créateurs d'entreprise.

Nous saluons l'engagement de ces étudiants, qui, d'octobre 2008 à juin 2009, ont réuni les données et réalisé les enquêtes de terrain qui ont permis la rédaction de cet ouvrage.

Nous adressons également nos remerciements aux chefs d'entreprise et aux travailleurs indépendants qui ont accepté de livrer leurs expériences.

Nous témoignons enfin notre gratitude au président de la Fédération Nationale des Cadres Dirigeants salariés et du Cercle Turgot, qui a soutenu ce projet, préfacé l'ouvrage et contribué à en assurer la promotion.

Les auteurs

sommaire

introduction

La création d'emplois indépendants et d'entreprises constitue une priorité économique, politique et sociale, dans tous les pays développés et en développement. Cette priorité est perçue avec d'autant plus d'acuité que la crise immobilière, financière, économique et sociale affrontée depuis 2008, a entraîné une précarisation du travail et une recrudescence du chômage, consécutives à une destruction d'emplois à la fois dans les administrations publiques et dans les groupes industriels, commerciaux et financiers.

La mise en place de conditions juridiques, financières et sociales, favorables au développement du travail indépendant et à la création d'entreprises, constitue désormais une « ardente obligation » pour les autorités politiques et les milieux socio-économiques, aux niveaux international, national et local. Elle est créatrice de valeurs individuelles et de richesse collective. Elle contribue à stimuler l'innovation technique et la demande des consommateurs. Elle exauce le désir de tous les acteurs sociaux, d'exercer des emplois, de subvenir aux besoins de leurs familles, de promouvoir leurs positions sociales, de transmettre un patrimoine à leurs descendants. Elle répond à la volonté d'un nombre croissant d'entre eux de réaliser des projets, de se livrer à des activités autonomes (hors de toute hiérarchie) répondant à leurs aspirations, et pour certains, de « réaliser leurs rêves »… Dans la plupart des cas, elle permet de conjuguer harmonieusement un « projet de vie » et un projet professionnel.

Les visées de l'ouvrage

Cet ouvrage restitue une vaste enquête, conduite d'octobre 2008 à juin 2009 dans dix grandes familles de métiers, par trente-huit accompagnateurs d'entreprises, enseignants et étudiants de Master de l'Université de Paris I Panthéon-Sorbonne. Il s'efforce de ne pas être – comme la plupart des livres sur ce thème – qu'un simple guide des bonnes pratiques de l'entrepreneur de PME, une compilation de textes réglementaires, de fiches techniques sur les financements des PME et de programmes de formation des candidats à la création. Il est destiné à accompagner les projets de tous les salariés en activité, les étudiants, les demandeurs d'emplois – de tout âge, origine et formation – qui souhaiteraient réaliser leurs projets en exerçant un travail indépendant ou en créant leur entreprise.

L'enquête de terrain restituée dans l'ouvrage explore les gisements d'activités indépendantes et les foyers de création d'entreprises sur le marché français. Elle explique les démarches spécifiques suivies par les candidats à des emplois indépendants, dans ces « niches entrepreneuriales ». Ces micro-espaces d'autonomie sociopro-fessionnelle se logent dans les familles émergentes de métiers – comme les services à la personne, l'informatique personnelle, l'e-*business*, les activités orientées vers le développement durable –, mais se cachent également dans les grandes familles tradition-nelles – comme les activités liées à la terre, à la mer, au commerce, à l'artisanat, aux arts… Certains métiers indépendants, comme ceux des professions libérales (médecins, vétérinaires, etc.), régle-mentées (notaires, huissiers, experts auprès des tribunaux, etc.), financières (négociateurs individuels de parquet, conseillers en gestion de patrimoine, etc.) et politiques (élus locaux et natio-naux) n'ont pas été abordés. Si l'enquête présente les cadres juridi-que, normatif, financier et organisationnel des différents métiers, elle s'efforce également de restituer les dimensions psychologiques (les qualités souhaitables), cognitives (les diplômes requis), stratégiques (les modèles d'affaires gagnants), sociologiques (les réseaux socioprofessionnels utiles) du travail indépendant et de l'entrepreneuriat. L'ouvrage est ainsi non seulement illustré de fiches pratiques et d'exemples concrets, mais il soumet également à ses lecteurs des réflexions sur les difficultés et les risques inhérents à l'exercice des différents métiers présentés.

La méthodologie de l'enquête

L'ouvrage présente les résultats d'enquêtes menées par sept groupes de travail d'étudiants du séminaire « pilotage de projet » d'un master de l'UFR « Sciences de gestion » de l'Université de Paris I Panthéon-Sorbonne, encadrés par des membres de l'association Salveterra (structure d'accompagnement de jeunes entreprises) et coordonnés par un responsable de l'association et un professeur d'université (ancien chef d'entreprise).

Tableau 1. Les acteurs de l'enquête

Participants	Familles de métiers étudiées
P. Solberg*, P. Aka, A. Avignon, A. Guey, N. Ngougonna, L. Queval	Agriculture, pêche, bâtiment
G. Leclerc*, L. Magot, M. Medioni, A. Morin, Z. Wang	Commerce et artisanat
M.-J. Hantute*, M.-B. de Finance, F.-X. Jeannet, M. Lefrançois, A. Tissier	Édition, arts et spectacles Services aux personnes
J. Heytens*, V. Brico, M. Di Murro, F. Thomas, F. Le Morvan, A. Outhikone	Services touristiques
M. Pelletier*, J. Agou, B. Harroch, M. Sertlet-Revault, A. Zarka	Services sanitaires et sociaux
P. Maugat*, F. Bicais, D. Huin, A. Lepetit, R. Remmel	Formation, conseil
S. Gilbert*, L. Henault, B. Kerkhoas, J. Pasquer, S. Themista	Environnement et développement durable
J.-J. Pluchart	Informatique, bureautique, Internet

Tuteur du groupe (coordinateurs et rédacteurs de la synthèse : G. Leclerc et J.-J. Pluchart)

Les groupes ont été chargés, à partir d'exemples concrets, d'identifier et d'analyser les emplois indépendants exerçables en France dans dix familles de métiers, à en préciser leurs conditions d'accès, à présenter leurs statuts juridiques, leurs modes de financement, leurs formes et niveaux de rétribution, les compétences requises, les sources consultables, ainsi que les difficultés rencontrées et les risques encourus par les travailleurs et les entrepreneurs indépendants. L'objectif est de détecter les métiers attractifs d'aujourd'hui et de demain.

Les enquêtes ont été préparées par la consultation des ouvrages, des revues et des sites Internet cités à la fin de chaque chapitre, ainsi que par la participation à plusieurs manifestations professionnelles, comme le Salon des Entrepreneurs. Dans chaque famille de métiers, de cinq à vingt travailleurs indépendants ou chefs d'entreprises ont été interrogés, dans le cadre d'entretiens semi-directifs (basés sur les questionnaires annexés à la fin de l'ouvrage).

Le plan de l'ouvrage

L'ouvrage est organisé en trois parties de quatre à six chapitres chacune (découpés en trois à cinq sections), conformément à la logique suivante.

La première partie, intitulée « **Les clés du travail indépendant et de la création d'entreprise** », présente successivement :

- les principaux gisements français d'emplois de travailleurs indépendants et de jeunes entreprises ;
- les principales étapes de la recherche d'emploi et de la création d'entreprise ;
- les statuts juridiques les plus adaptés aux différents projets ;
- les ressources financières (aides, crédits, exonérations fiscales, garanties, etc.) ;

* les ressources humaines (capacités, compétences, diplômes) nécessaires ;
* les sources de difficultés et de risques dans l'exercice de ces métiers.

La deuxième partie, consacrée aux « **familles traditionnelles de métiers** », explore les emplois indépendants porteurs d'avenir dans les métiers suivants :

* agriculture ;
* mer ;
* bâtiment et immobilier ;
* commerce et artisanat ;
* arts, spectacles et édition ;
* tourisme.

La troisième et dernière partie, titrée « **Les nouvelles familles de métiers** », dégage les spécificités des métiers suivants :

* services à la personne ;
* informatique et Internet ;
* ingénierie et formation ;
* développement durable.

Chaque partie est introduite par un exposé des objectifs poursuivis. Les chapitres sont illustrés par quatre-vingts tableaux, figures et encadrés, et sont clôturés par des synthèses et des tables des sources à consulter.

Pour aller plus loin, vous trouverez à l'adresse www.editions-organisation.com de nombreuses informations complémentaires : les mots clés de chaque partie, des encadrés explicatifs, des interviews d'entrepreneurs interrogés pour l'étude ayant permis l'écriture de ce livre, enfin des sources d'informations générales et par chapitre (ouvrages, articles de presse et sites Internet).

Une icône indique quand vous connecter.

PARTIE 1

Les clés de l'entreprenariat indépendant

Cette première partie porte sur les fondamentaux du travail indépendant et de l'entrepreneuriat sur le marché français. Elle en analyse les différentes notions, avant de dégager les enjeux de la création d'entreprise et les critères de détection des gisements d'emplois indépendants. Les démarches types de recherche d'emploi indépendant et de création d'entreprise sont ensuite présentées. Ces démarches impliquent le choix d'un statut juridique et un audit des ressources financières et humaines. Les conditions générales d'exercice – parfois difficiles et risquées – des métiers indépendants, sont enfin observées.

Les gisements d'emplois indépendants

En raison de l'absence de définition officielle, le **travailleur indépendant** est souvent confondu avec l'actif non-salarié, tandis que l'**entrepreneur** est parfois assimilé au gérant de société. Les statistiques relatives à ces types d'emploi sont également imprécises et disparates d'un pays et d'un secteur d'activité à l'autre. Les littératures professionnelle et universitaire sur le travail indépendant sont limitées à des considérations générales. Il est donc nécessaire de préciser d'abord ces notions, avant d'identifier les enjeux, de dégager les facteurs et de mesurer les effets de la création d'emplois indépendants et d'entreprises, puis de spécifier les critères de sélection des « métiers indépendants de demain ».

Les notions de travail indépendant et d'entrepreneuriat

Le travail indépendant

▸ Les fondamentaux

La population française active non salariée occupait, selon l'INSEE (Institut National de la Statistique et des Études Économiques), environ 11 % des emplois[1] en 2008, correspondant à près de **trois millions d'emplois indépendants**, répartis comme suit :

Tableau 1. Répartition des actifs non salariés en France
par tranches d'âge (fin 2008)

(données arrondies[2])

Âge	15-29 ans	30-49 ans	50 ans et plus	Total
Milliers*	200	1 500	1 300	3 000
% de la population active	3,7*	10,7	16,8	10,8

**Dont formation supérieure : 5,5 % ; niveau bac : 4 % ; Autres : 1 %*

Source : d'après INSEE

Il apparaît donc, en première analyse, que les travailleurs indépendants français ont une **pyramide des âges vieillissante**, et que la relève est assurée par une plus grande proportion de diplômés d'études supérieures.

---

1. Seuls les emplois déclarés sont comptabilisés dans l'économie formelle. Plusieurs centaines de milliers d'emplois indépendants non déclarés à temps plein ou partiel (« travail au noir », clandestin ou « sans facture ») sont par ailleurs exercés par des actifs salariés ou indépendants, des « inactifs » et des demandeurs d'emplois, dans le cadre de l'économie informelle.
2. Ces données approximatives (et volontairement arrondies) correspondent à des emplois déclarés (selon des modalités différentes en fonction des métiers), mais non obligatoirement exercés, dans la mesure où de nombreuses entreprises unipersonnelles enregistrées au Registre du commerce et des Sociétés (RCS) ou au Répertoire des métiers restent inactives.

On estime à près des deux tiers les emplois à domicile[1] et à moins d'un tiers les emplois en cabinets, en ateliers ou en magasins. Jusqu'à la crise de 2008, près de la moitié des créations d'emplois indépendants était due à des salariés, un quart à des étudiants et un quart à des demandeurs d'emplois. Ces emplois se décomposent comme suit par secteurs d'activités.

Tableau 2. Répartition des actifs non salariés en France par secteurs d'activité (fin 2008)

(estimations en milliers d'emplois – chiffres arrondis)

Agriculture et pêche	Micro-industrie	Bâtiment	Commerce et artisanat	Services et divers	Total
500	200	300	700	1 300	3 000

Source : d'après INSEE

Les emplois indépendants sont **concentrés** dans les secteurs du commerce, de l'artisanat et des services aux particuliers et aux entreprises.

Plusieurs milliers d'actifs sont à la fois salariés (à temps complet ou partiel) et non-salariés, comme certains cadres salariés d'hôpitaux, d'entreprises et d'universités, qui assurent à temps partiel des fonctions de soin, de conseil et/ou de formation dans le cadre de micro-entreprises.

▶ Le travailleur indépendant

La notion de « **travailleur indépendant** » n'est définie ni au niveau international (Bureau International du Travail), ni au niveau européen (Commission européenne). En France, il fait l'objet de deux approches différentes.

L'acception courante l'assimile à un actif non salarié, pouvant exercer tous les types de métiers sous les statuts juridiques répertoriés dans le chapitre 3.

La définition juridique édictée par les organismes sociaux français (URSSAF) et retenue dans cet ouvrage considère le travailleur

---

1. Selon la loi du 2 juillet 1998, l'exercice d'un emploi indépendant à domicile ne nécessite pas d'autorisation dans les villes de plus de dix mille habitants.

indépendant comme « *exerçant une activité intellectuelle, artisanale ou commerciale – même à titre accessoire – dans le cadre d'un contrat d'entreprise* ». « *Il n'a ni patron, ni associés, ni salariés.* » Il a le choix entre plusieurs statuts (notamment celui d'« auto-entrepreneur », créé par la loi de modernisation de l'économie (LME) du 4 août 2008 et applicable depuis le 1er janvier 2009). Il est tenu à certaines formalités, comme l'immatriculation au Centre de Formalités des Entreprises (CFE) – selon la loi n° 96-650 du 19 juillet 1996. Les travailleurs indépendants ne sont en principe pas salariés, mais ils peuvent démarrer leur activité dans le cadre du portage salarial (tout en conservant leur autonomie).

Les **travailleurs indépendants** (travailleurs « en solo », professionnels indépendants, freelance, « entrepreneurs nucléaires », micro-entreprises familiales, hypo-entreprises, etc.) ne comptent ni associés ni salariés, mais sont parfois assistés de leur conjoint. Près de la moitié des entreprises françaises sont « nucléaires » et un tiers comportent d'un à quatre salariés. En 2008, les trois quarts des créations d'entreprises en France ont été « nucléaires ». Les travailleurs indépendants sont les plus nombreux dans les secteurs d'activité traditionnels (métiers de la terre, de la mer, du petit commerce, de l'artisanat, des arts), mais aussi relativement nouveaux (services à la personne, conseil et formation).

Les **entrepreneurs** (créateurs d'entreprises, chefs d'entreprises, « patrons », gérants de sociétés, dirigeants d'associations, etc.), selon le cas, peuvent avoir des associés et/ou des salariés, dans le cadre de statuts juridiques variés (entreprises individuelles avec salariés, sociétés, associations, etc.). Moins de la moitié des entreprises en activité et environ un quart des créations d'entreprises sont ainsi pleinement « entrepreneuriales ».

Le **passage de l'individuel au collectif** – en termes d'associés et/ou de salariés – marque la mutation du travail indépendant à l'entrepreneuriat. Les diagnostics stratégiques à réaliser, les démarches de création d'entreprise à effectuer, les ressources humaines et financières à réunir, les organisations et les systèmes à mettre en place, les difficultés et les risques encourus, sont naturellement différents selon que l'on est travailleur indépendant ou chef d'entreprise.

L'entreprise et l'entrepreneur

▶ L'entreprise

L'**entreprise** est une organisation marchande soumise à des contraintes de marché (analysable par les théories des organisations et des marchés), tandis qu'une **firme** est un agent socio-économique de production (objet des théories économiques) ; enfin une **société** est une entreprise constituée sous la forme juridique de société (selon la théorie des droits de propriété).

L'**entreprise** peut faire l'objet de multiples **configurations** selon la nature des liens dominants (familiaux, juridiques, financiers, fonctionnels) entre ses associés et/ou partenaires.

Tableau 3. Les frontières de l'entreprise

Hypo-entreprise ou TPE	PME	Meso-entreprise	Entreprise-réseau	Réseau d'entreprises
(liens familiaux)	(liens juridiques entre associés)	Groupe d'entreprises (liens financiers entre sociétés)	(liens de sous-traitance entre entreprises complémentaires)	(alliances, partenariat entre entreprises partenaires et/ou concurrentes)

L'entreprise a été conceptualisée par la plupart des **théories** économiques.

Tableau 4. Les principales approches théoriques relatives à l'entreprise

Théories/auteurs	Approches de l'entreprise
Économie classique Marshall, Walras, etc.	Agent économique réagissant rationnellement aux variations des marchés (prix, consommation, production, etc.) : « boîte noire », « firme-point », etc.
Coûts de transaction Coase, Williamson	Structure permettant d'internaliser le marché (choix entre « hiérarchie et marché » en fonction des coûts de transaction).
Évolutionnisme Nelson et Winter, Grant, Wernefelt, Barney, etc.	Portefeuille de compétences et de connaissances.
Socioculturel Crozier, Hofstede	Lieu d'exercice du pouvoir, de conflits, de promotion sociale, d'échanges culturels, etc.
Psychologie et psychanalyse Gaulejac, Kes de Vries	Espace d'émotions, de plaisir et de souffrance.

▸ L'entrepreneur

La notion d'**entrepreneur** a donné lieu à une abondante littérature sur l'entrepreneuriat, mais plus limitée sur les dirigeants de PME et de TPE (Marchesnay, 2003)[1]. L'entrepreneur est généralement défini comme un créateur de valeur (Marchesnay), un innovateur (Drucker), un assembleur de ressources (Barney), un preneur de risques (Shapiro), un développeur de projets productifs (Giard *et al.*). Le plus célèbre des théoriciens de l'entrepreneuriat, Joseph Schumpeter, définit l'entrepreneur comme « *un acteur économique donnant de nouvelles formes à des exploitations* ».

L'**entrepreneuriat**[2] recouvre les démarches, les processus et la culture de création d'entreprise. L'entrepreneuriat a fait l'objet

---

1. Selon la Commission européenne, la PME (Small and Medium Enterprise) correspond aux entreprises de moins de deux cent cinquante salariés, la TPE de zéro à neuf salariés, la PE de dix à quarante-neuf salariés, la ME de cinquante à deux cent quatante-neuf salariés.
2. Autres définitions dérivées :
- intrapreneuriat : développement de projets au sein d'une grande entreprise.
- extrapreneuriat (essaimage ou *spin-off*) : création d'une entreprise par un salarié et avec l'aide d'une autre entreprise.
- repreneuriat (gestion de crise): processus de reprise d'une entreprise en difficulté.

de nombreuses réflexions théoriques, dont les principales sont les suivantes.

Tableau 5. Les principales approches théoriques relatives à l'entrepreneuriat

Théories/auteurs	L'entrepreneuriat est :
Économie de l'innovation Schumpeter, Chandler, Souder, Abernathy et Utterback	Un vecteur de progrès sociotechnique (par « destruction créatrice ») et de croissance économique.
Économie industrielle **Positionnement concurrentiel** Porter, Bartlett et Goshal, etc.	Un processus de conception et d'opérationnalisation d'avantages concurrentiels durablement défendables.
Ressources et compétences Penrose, Nelson et Winter, Hamel et Prahalad	La réalisation de « visions stratégiques » et le développement de « noyaux de compétences » (*core competencies*).
Psychologie (Krueger) et psychanalyse (Enriquez)	Un processus mental alliant vision et action. Un « mythe » (celui du fondateur).
Post-moderne Giddens, Dupuy	Une intentionnalité, une vision (le « modèle d'affaires »), une proactivité/réactivité, une certaine perception de l'espace, du temps et des risques.

Après la création de son entreprise, l'entrepreneur devient un **manager**, défini comme le « pilote de l'organisation en environnement complexe et incertain » (Kotter). Ses missions ont été normalisées par de nombreux théoriciens du management.

Tableau 6. Les principales approches théoriques du management de l'entreprise

Théories/auteurs	Le management consiste à :
Organisation scientifique du travail	« Administrer » l'entreprise : - prévoir ;
Taylor, Fayol	- organiser ;
Bureaucratie	- coordonner ;
Weber	- contrôler.
Chandler	(finalités, structures et procédures de l'entreprise déterminées, rationalité substantielle) .../...

...*/*...

	« Gérer » l'entreprise :
Relations humaines Herzberg, McGregor, Maslow, Barnard	- définir et contrôler les objectifs ; - coordonner les processus ; - attirer, administrer et motiver le personnel. (environnement déterminé, rationalité limitée)
Contrats et conventions Coase, Jensen et Meckling, Favereau, Gomez	« Manager » de l'entreprise : - créer de la valeur pour les clients ; - développer les emplois et les compétences ; - optimiser les processus et les systèmes ; - créer de la valeur pour les actionnaires. (environnement socio-économique indéterminé, rationalités plurielles).

L'entrepreneur doit également assurer un rôle de **leader** de son entreprise et de ses réseaux, car si « *le manager pilote l'organisation, le leader conduit le changement* » (Kotter). Le leader est un acteur chargé de construire la « vision » de l'avenir de l'entreprise (tandis que le manager la planifie) et de promouvoir le changement organisationnel (tandis que le manager pilote l'organisation), selon Hamel et Prahalad. Il crée du sens à l'action collective au sein de l'entreprise.

Tableau 7. Les principales approches théoriques du leadership

Théories/auteurs	Le leader présente une :
Relations humaines Lewin	Personnalité et attitudes adaptées au groupe (selon taille et mission du groupe, personnalités et culture de ses membres).

...*/*...

.../...

Comportementalistes Cyert et March Tannenbaum Fiedler Salesnik Hersey et Blanchard Bournois	Intelligence pratique, style et capacité à affronter les situations contingentes ou imprévues. Caractère et attributs (notamment physiques) adaptés au groupe. Formation des leaders (cadres à haut potentiel) par des promotions transversales rapides.
Néo-institutionnalistes Selznik Burgelman Kotter Van de Ven Granovetter	Capacité à incarner la vision (sens de l'action) et les valeurs de l'entreprise. Capacité à inspirer confiance. Légitimité fondée sur sa réputation, son sens éthique et sur sa capacité à négocier (arrangements organisationnels).
Sociopolitiques Pettigrew Lindblom	Capacité à gérer par la négociation un processus politique de changement radical ou incrémental.
Psychologie, psychanalyse Ketz de Vries Miller Selznik	Capacité à restaurer les valeurs pionnières de l'entreprise. Empathie. Capacité d'entraînement des hommes par les mythes (rêves), les désirs et les émotions.

La création d'une entreprise puis son développement impliquent un passage de la « **vision entrepreneuriale à la réalité managériale** ».

Les enjeux de la création d'emplois indépendants et d'entreprises

Les progrès apparents de la création d'entreprise

Au cours de l'année 2008, environ trois cents millions d'entreprises ont été créées dans le monde, dont un millième (326 000) en France. Ces créations[1] ont engendré environ quatre cent mille nouveaux emplois indépendants et cent mille emplois salariés dans l'Hexagone. **Le nombre de créations a augmenté de plus de 50 % depuis 2003.** Les progressions les plus fortes sont observées dans les secteurs des services à la personne (70 %), du bâtiment et de l'immobilier (97 %), et des services aux entreprises (67 %). Ces progrès sont principalement dus à l'application de la loi pour l'initiative économique du 5 août 2003 (dite « loi Dutreil »), qui a simplifié les formalités de création, en permettant l'immatriculation en ligne, en créant un guichet unique (le CFE) et en accordant de nouvelles facilités fiscales et sociales aux créateurs (notamment, l'exonération de charges sociales au cours de la première année d'exploitation). Ces dispositions ont bénéficié aux créateurs de tout âge, puisqu'en 2008, 20 % avaient moins de 30 ans, 36 % entre 30 et 40 ans, 27 % de 40 à 50 ans, et 16 % plus de 50 ans.

Au cours du premier semestre 2009, une nouvelle impulsion a été donnée par la mise en place d'un nouveau statut de micro-entreprise[2], avec un objectif officiel de trois cent mille créations sous le seul statut d'auto-entrepreneur.

---

1. Les fusions-absorptions, les changements de raison sociale et de propriétaire, les reprises d'activité et les changements d'activités ne sont pas en principe comprises dans les créations.
2. Lire le chapitre 3.

Les avancées relatives de la création d'entreprise

Pour encourageantes qu'elles soient, ces statistiques n'en restent pas moins préoccupantes, pour les cinq raisons principales suivantes :

– Une part de plus en plus importante de créations émane, depuis la crise de 2008, de **demandeurs d'emploi,** dont les projets ont statistiquement deux fois moins de chances d'aboutir que ceux de salariés en activité ou de jeunes actifs issus de l'apprentissage.

– Une part indéterminée mais significative des créations consiste en des « **re-créations** » d'entreprises en liquidation ou en déclaration d'activités existantes, mais souterraines.

– Le taux de création d'entreprise[1] en France (estimé à 11 %) est inférieur à la moyenne européenne, malgré les progrès de 2007 et de l'année suivante. En 2008, les créations d'entreprise allemandes ont été plus de deux fois supérieures. La France se situe ainsi au trente-cinquième rang mondial, derrière les grands pays européens, pour le **taux de création d'entreprises,** et au trente-neuvième rang pour le taux de **création d'emplois indépendants.**

– Le nombre de **liquidations** directes d'entreprises reste très élevé (près de soixante mille en 2008) ; 56 % des PME françaises disparaissent au cours des cinq premières années d'exploitation, contre seulement 25 % en Allemagne.

– Les PME françaises ont, – plus que leurs homologues européennes – des difficultés à atteindre la taille de grande entreprise (deux cent cinquante salariés et plus) : il existe plus de dix mille sociétés de ce type en Allemagne, contre environ quatre mille six cents en France.

Ces disparités s'expliquent notamment par l'« **exception française** » qui est (ou qui a été ?) l'approche de l'entreprise et de

---

1. Rapport entre le nombre d'entreprises créées en une année et la population totale des entreprises en activité.

l'entrepreneuriat par les pouvoirs publics, empreints de « colbertisme », et plus généralement, par les Français, épris de sécurité. Il semble qu'au-delà des idées reçues, la double faiblesse française des taux de création et de survie des entreprises résulte notamment d'une exploration puis d'une exploitation insuffisantes des gisements de création et de développement de nouvelles activités.

En d'autres termes, il existe un manque flagrant d'accompagnement avant et après les initiatives de création. Ce constat vient donc justifier les réflexions actuelles – auxquelles vise à contribuer la présente enquête – sur les leviers de création d'emplois indépendants et d'entreprises.

Les gisements de métiers indépendants

Les « métiers[1] indépendants de demain » sont généralement présentés comme exploitant des technologies nouvelles et/ou offrant de nouveaux services sur des marchés à fort potentiel : les métiers de l'Internet (*e-business*), liés au développement durable et de services à la personne, sont le plus souvent cités. La détection des « métiers d'avenir » exige en fait une démarche plus complexe impliquant l'application d'une **méthode de diagnostic stratégique,** dérivée de la « méthode LCAG » et basée sur la construction des profils d'attraits des métiers et leur confrontation aux profils d'atouts des créateurs, sur la recherche d'une adéquation entre un portefeuille de ressources (sous forme de compétences encadrées par des organisations) et un éventail de débouchés (sous forme de métiers exercés sur des marchés).

---

1. La notion de **métier** fait référence à l'« *ensemble des activités, des compétences et des valeurs socio-professionnelles relevant d'une technologie homogène et remplissant des fonctions économiques et sociales déterminées* ».

Le profil d'attraits du métier

Les enquêtes menées dans le cadre de cet ouvrage révèlent que les opportunités de créations d'emplois indépendants et d'entreprises se situent dans tous les secteurs d'activités, mais qu'elles présentent des profils de « rentabilité/risques » différents. Les métiers comportant des risques élevés (de pertes de ressources, de patrimoine, d'emploi, de réputation, etc.) sont généralement ceux qui présentent les meilleures espérances de revenus. Le créateur d'un commerce traditionnel de proximité ne se situe pas sur la même échelle de rentabilité/risque que le créateur d'une start-up de hautes technologies. L'entrepreneur familial sans salariés ni matériel coûteux, prend généralement moins de risques que le dirigeant d'une société comportant de nombreux associés, salariés et équipements. Le créateur d'une entreprise marchande s'expose en principe à plus de risques que le responsable d'une association sans but lucratif. Les enquêtes montrent que la plupart des candidats à la création d'entreprises (notamment « nucléaires ») recherchent un métier présentant, dans la durée, un profil de rentabilité-risque – ou un profil d'attraits – équilibré. La définition de ce profil, avec l'aide de son réseau d'accompagnement (présentés au chapitre 2), constitue la première démarche stratégique du futur entrepreneur.

▸ La construction du profil d'attraits d'un métier

La construction du « **profil d'attraits** » d'un métier consiste en une analyse multicritère de ses attraits et de ses handicaps. Le choix des critères d'évaluation dépend de la nature du métier, mais certains critères généraux s'appliquent à toutes les familles de métiers. Pour chaque critère (pondéré ou non), le métier est évalué par rapport aux autres métiers exerçables par le futur créateur. Selon la méthode choisie (simple classement ou notation), les métiers sont classés à partir des médianes de leurs profils d'attraits ou de leurs notes moyennes pondérées.

Les marchés pérennes à forts potentiels, les moins concurrentiels, les moins sensibles à la conjoncture, et/ou les plus segmentables (comportant des « niches » de marché, en raison notamment d'effets d'image, de mode, etc.), sont généralement privilégiés. Le principal critère d'attraits d'un métier réside dans l'**attractivité commerciale** du produit ou du service offert.

Les technologies (compétences, connaissances, équipements, systèmes informatique et bureautique, etc.) comportant des **barrières élevées à l'entrée** (niveaux de diplômes, créativité, équipements ou systèmes coûteux, etc.), en phase de démarrage ou de développement, et/ou difficilement substituables, sont le plus souvent préférées.

Les systèmes d'exploitation (production et logistique matérielle, prestation de services immatériels) difficilement substituables, exigeant de **hautes compétences** et/ou une **certaine expérience**, présentent le plus d'attraits.

Les activités **protégées** par des réglementations, des normes, des labels, etc., et/ou bénéficiant d'aides financières et d'avantages fiscaux et sociaux importants, sont les plus recherchées.

Les métiers dont les bases permettent de développer des **synergies**[1] avec d'autres métiers – et donc, de se diversifier – sont les plus porteurs.

▸ Les profils d'attraits des principales familles de métiers indépendants

L'application de cette méthode aux dix principales familles de métiers indépendants exercés sur le marché français, permet de dresser une première carte générale des métiers bénéficiant *a priori* d'un rapport favorable entre la rentabilité des ressources (humaines et financières) investies et l'importance des risques (de toute nature) encourus par les créateurs. Les familles de métiers retenues sont les suivantes.

---

1. Une synergie (ou effet « 2 + 2 = 5 ») permet de partager les mêmes ressources (compétences, équipements, clientèles, images de marque, etc.) dans l'exercice de plusieurs métiers.

Tableau 8. Les familles de métiers étudiés

1.	Les métiers de l'agriculture.
2.	Les métiers de la mer.
3.	Les métiers du bâtiment et de l'immobilier.
4.	Les métiers du commerce et de l'artisanat.
5.	Les métiers des arts, des spectacles et de l'édition.
6.	Les métiers du tourisme.
7.	Les services à la personne, les métiers sanitaires et sociaux.
8.	Les métiers de l'informatique, de la bureautique et de l'Internet les métiers du conseil et de la formation.
9.	Les métiers du conseil.
10.	Les métiers liés au développement durable.

Les cartes établies dans le cadre des enquêtes restituées dans cet ouvrage sont construites suivant trois « dyades » d'attraits :

* potentiel du marché/pression concurrentielle ;
* niveau technologique/barrières à l'entrée ;
* sensibilité à la conjoncture/synergies potentielles.

Graphique 1. Le positionnement des familles de métiers suivant les potentiels et les pressions concurrentielles de leurs marchés

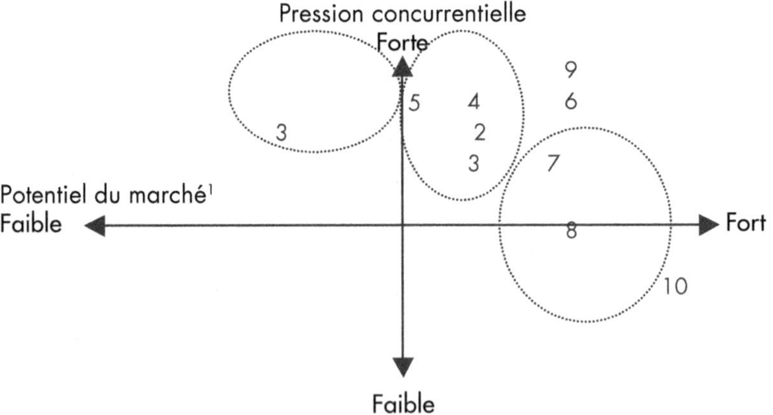

---

1. Croissance estimée à moyen ou à long terme de la demande.

Les familles de métiers se répartissent en trois groupes. Les plus attractives selon ces deux critères sont liées au **développement durable**, à l'**informatique/bureautique/Internet** et aux **services à la personne**.

Graphique 2. Le positionnement des familles de métiers suivant les niveaux de leurs technologies et de leurs barrières à l'entrée

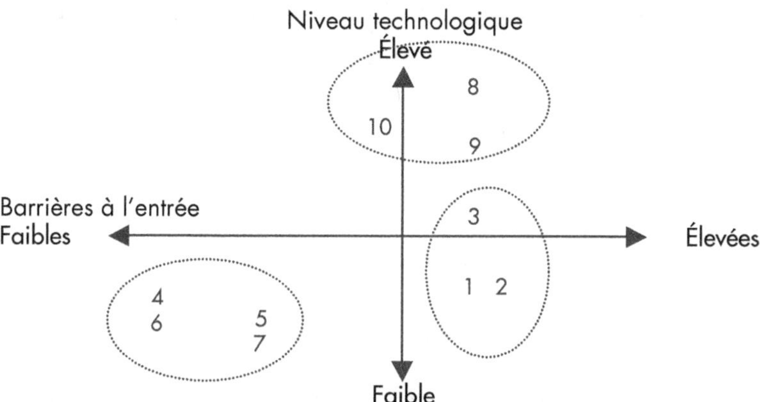

Les familles de métiers peuvent être également classées en trois groupes. Les mieux valorisées selon ces deux critères sont liées au **développement durable**, à l'**informatique/bureautique/Internet** et aux **services de conseil-formation**.

Graphique 3. Le positionnement des familles de métiers suivant leurs sensibilités à la conjoncture et leurs capacités de synergie

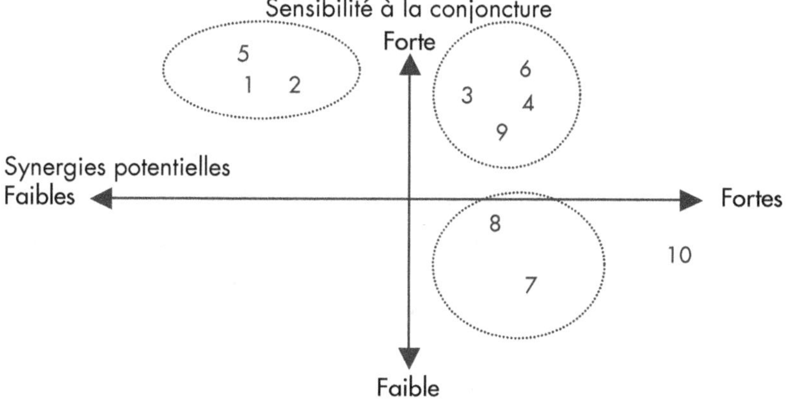

La possibilité de diversifier une activité permet de mieux résister aux aléas conjoncturels. Les familles de métiers offrant le plus de gains de synergies possibles avec d'autres métiers, sont liées au développement durable, à Internet et à l'artisanat (ou micro-industrie). Les familles métiers se répartissent en trois groupes. Les métiers les plus attractifs selon ces deux critères sont liés au **développement durable**, à l'**informatique/bureautique/Internet** et aux **services à la personne**.

Cette cartographie des familles de métiers en fonction de leurs attraits perçus par les créateurs et les accompagnateurs interrogés laisse apparaître une nette préférence pour les familles de métiers à barrières technologiques élevées, faiblement concurrentiels et modérément sensibles à la conjoncture.

Le profil d'atouts du créateur

Un gisement n'est attractif que s'il est exploitable. C'est pourquoi les profils d'attraits des métiers ciblés par les candidats à des emplois indépendants doivent être confrontés aux **profils d'atouts** de ces derniers, déterminés grâce à des diagnostics individuels et collectifs (avec l'aide de réseaux d'accompagnement) de leurs ressources humaines et financières.

L'analyse détaillée de ces ressources et de leurs modes de contrôle est développée au chapitre 4.

Synthèse

Malgré leur importance économique et sociale, les notions et les statistiques relatives aux métiers indépendants et aux créations d'entreprise demeurent encore imprécises. Elles révèlent qu'au-delà des objectifs annoncés et des performances affichées, la France enregistre l'un des plus faibles taux de création — et indirectement, un des plus forts taux de chômage — des pays européens. L'exploitation de tous les gisements d'emplois s'avère donc une priorité nationale.

L'approche globale développée dans la première partie de l'ouvrage vise à cibler les familles de métiers les plus attractives en termes d'emplois indépendants, mais ne permet pas de détecter les « niches entrepreneuriales » qui s'y développent, avec des cycles de vie souvent différents.

Ces dernières seront explorées dans la deuxième partie, consacrée aux métiers considérés comme *a priori* (et parfois à tort) les moins attractifs, puis dans la dernière partie, consacrée aux métiers perçus en première analyse comme les plus porteurs.

Les étapes de la création d'entreprise

La recherche puis l'exercice d'un emploi indépendant, ou la création puis le développement d'une entreprise, relèvent du management de projet[1], dans la mesure où le travailleur indépendant ou le créateur – comme tout responsable de projet – doit atteindre des objectifs stratégiques (le projet détermine son avenir professionnel) sous diverses contraintes de ressources (compétences, financements, temps, etc.), dans un environnement à la fois concurrentiel et encadré par des lois, des règlements, des normes, des conventions professionnelles. La démarche s'inscrit dans un « mix entrepreneurial » résumé par « 5 P » (produit, process, provenance, public, projet). Elle vise à créer, puis à lancer un **produit** (ou plutôt un « modèle d'affaires »), grâce à des **processus** de conception, de fabrication et de distribution, à partir de **ressources** variées (notamment humaines), avec des partenaires, auprès d'un **public** de clients et de prescripteurs, suivant une méthode empruntée au management de projet.

---

1. Un projet est un processus temporaire, permettant de concevoir et/ou de fabriquer un produit et/ou service non répétitif, personnalisé, présentant une importance stratégique, requérant un délai de réalisation important et des ressources significatives. Le management (ou développement) de projet couvre l'organisation, les méthodes et les comportements visant à optimiser les performances économiques d'un projet, en phases de conception, de développement et d'exploitation.

La démarche suit une logique applicable aux recherches d'emplois indépendants et de création d'entreprise. Elle implique d'autant plus de rigueur et de temps qu'elle vise la création de PME de hautes technologies en environnement hyper-concurrentiel, mais sa logique s'impose aussi dans la recherche d'emplois plus conventionnels. La démarche de création est à la fois individuelle (elle dépend de la volonté et des capacités du candidat) et collective (elle s'appuie sur des réseaux d'accompagnement). Elle est enfin soumise à des temporalités multiples difficilement conjugables.

Le management de projet

Le processus de création d'entreprise

La création d'un emploi indépendant ou d'une TPE est un processus itératif organisé en plusieurs phases comportant chacune son **cahier des charges**[1], avec ses objectifs, ses ressources et ses méthodes propres.

Tableau 1. Le processus assisté de création d'entreprise

Phases	Méthodes et systèmes
1. Choix du métier	1. Diagnostic stratégique
2. Conception d'un modèle d'affaires ou *business model*)	2. Études de faisabilité du modèle d'affaires
3. Évaluation économique du projet Construction du plan d'affaires (*business plan*)	3. Analyse des risques Étude de rentabilité du projet
4. Création de l'entreprise	4. Montage juridique et financier Organisation du poste ou de l'entreprise
5. Lancement du modèle d'affaires	5. Planification du lancement Pilotage contrôlé du projet
6. Développement du modèle d'affaires	6. Mise en place d'une plate-forme stratégique

---

1. Un cahier des charges désigne l'ensemble des spécifications et des délais à respecter pour développer un projet.

▶ Le choix du métier

Le choix du ou des métier(s) du futur travailleur indépendant ou du chef d'entreprise est une **phase stratégique** du processus. Il dépend de facteurs exogènes et endogènes, et fait appel à diverses méthodes et techniques. La « vision » du futur entrepreneur doit se fixer sur un horizon adapté à la durée du cycle de vie du métier et/ou du modèle d'affaires projeté : le créateur ne doit faire preuve ni de « myopie stratégique » (il n'envisage que les actions concrètes à court terme), ni de « presbytie stratégique » (il ne se projette qu'à long terme).

Les facteurs **exogènes** sont constitués par les attraits relatifs des métiers (identifiés au chapitre précédent). Leur perception est rendue difficile par différents biais : les candidats à la création ont parfois des représentations idéalisées des métiers auxquels ils aspirent ou des projets qu'ils souhaitent engager. Ces idéaux types socioprofessionnels ont été forgés à partir d'exemples de projets réussis plus ou moins réels. Ces visions réductrices occultent les handicaps inhérents à tous les métiers. À l'inverse, les représentations de certains métiers peuvent avoir été déformées par des expériences passées traumatisantes. C'est pourquoi il est nécessaire de pratiquer, avec l'**aide d'un réseau d'accompagnement** et/ou par la consultation de sites Internet[1], une forme d'« objectivation » du métier, grâce à une veille prospective de trois natures :

- **Technologique :** ce type de veille recouvre la surveillance (recherche, collecte et diffusion) et l'exploitation (traitement, analyse-validation, synthèse) des données relatives aux environnements scientifique, technique, technologique et économique, pour en détecter les menaces et en saisir les opportunités de développement.

- **Concurrentielle** : elle porte sur la surveillance et l'exploitation des données relatives aux organisations, aux comportements

---

1. Les principaux organismes sont répertoriés en annexe de ce chapitre et les guides et les sites Internet renseignant sur les métiers sont répertoriés, pour chaque famille de métiers, dans les parties 2 et 3.

et aux performances des concurrents, fournisseurs et clients futurs.

– **Environnementale** (ou réglementaire) : elle couvre le champ des lois, règlements, codes, normes et usages qui encadrent les comportements des acteurs économiques, dans les domaines juridiques, et notamment en matière de concurrence, de qualité, de sécurité et de protection de l'environnement.

Les facteurs **endogènes** portent sur les ressources dont dispose – ou peut disposer – le créateur. Ils s'expriment en termes financiers (les niveaux de ses apports personnels et de ses garanties), mais surtout sous forme de volonté (ou d'intentionnalité), de capacités, de compétences et de connaissances (analysées au chapitre 4).

La négligence de la **confrontation méthodique et objective** des attraits relatifs des métiers et des atouts réels des créateurs constitue la principale source d'échec des projets et de survie des PME.

▸ La conception du « modèle d'affaires »

Le **modèle d'affaires** (*business model*, concept-projet, système-projet, système d'offre) est un **processus de transformation** de ressources (matérielles, immatérielles, financières) en produits et/ou services, considéré *a priori* comme créateur de valeur pour ses clients et pour son ou ses promoteur(s). Il porte sur l'ensemble du schéma de produits et/ou de services offerts : livraison, installation, maintenance, garantie, formation crédit au client, etc.

Au cours de cette période, le futur entrepreneur est confronté à des champs technologiques foisonnants (quelles solutions techniques privilégier ?), des marchés arborescents (quels segments de marché cibler en priorité ?), des cadres organisationnels instables (quels types d'organisation et de partenariats mettre en place ?), des choix stratégiques alternatifs (faut-il se positionner en pionnier ou en suiveur ? ; faut-il engager une stratégie de « volume », de différenciation, de « créneau », ou de « niche » ?), etc.

La conception du modèle d'affaires expose en effet le créateur à cinq **dilemmes**.

– Le premier dilemme porte sur le choix entre une position d'innovateur ou d'imitateur – de « **pionnier** » (*first mover*) ou de « **suiveur** » (*follower*) – dans un métier et/ou sur un marché. Le **pionnier** peut protéger ses inventions par des brevets ou des copyrights, bénéficier de la position et de la rente de leader, profiter d'effets d'expérience, ériger des barrières à l'entrée de ses marchés (par l'instauration de standards et de normes techniques, de tarifs compétitifs, etc.) ; il s'expose toutefois aux risques techniques, économiques et de marketing, associés à l'échec du lancement de nouveaux produits. Le **suiveur** évite ces risques, bénéficie de l'expérience du pionnier et des effets d'imitation (stratégie « *me too* »), mais, sur les marchés de produits à cycles de vie courts, il ne peut assurer sa croissance et créer durablement de la valeur qu'en pratiquant une « gestion de portefeuille » de produits, dans le cadre d'alliances plus ou moins globales avec ses concurrents. L'entrepreneur doit alors pratiquer une forme de « coopétition », marquée par une alternance (ou une coexistence) entre partenariat et concurrence. La plupart des créateurs de PME optent pour ce dernier positionnement.

– Le dilemme suivant porte sur l'option, d'une part, entre **stratégies génériques,** entre une « **offre universelle** » destinée à satisfaire au moindre coût les besoins d'un « grand marché », national ou international, spontanément créé par les nouvelles fonctionnalités, performances, images, etc., des produits ou procédés offerts ; et d'autre part, des « **offres différenciées** » proposant des solutions adaptées aux besoins spécifiques de segments de clientèles (suivant une démarche de marketing « *one to one* »). Cette dernière est la plus couramment choisie par les entrepreneurs de PME.

Michael Porter (1985), professeur à l'université d'Harvard, distingue les trois stratégies génériques suivantes, applicables à un ou plusieurs métiers-marchés :

- **économie de coût** : l'avantage concurrentiel de l'entreprise est fondé sur la réalisation d'« effets d'expérience » (économies d'échelle, innovation de procédés, apprentissage) ;
- **différenciation de l'offre** : l'avantage concurrentiel repose sur une innovation significative, valorisable et défendable ;
- **focalisation** : la **stratégie de « niche »** ou de « créneau » recherche des effets d'économies de coût ou de différenciation sur un marché (« cœur de métier » ou *core business* »).

Tableau 2. Les stratégies génériques (selon Michael Porter)

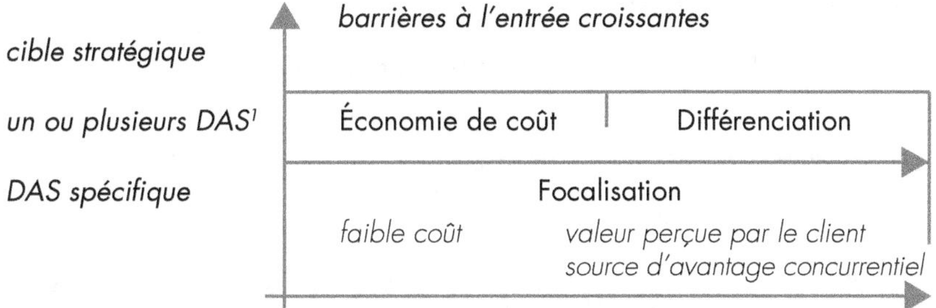

- Le troisième dilemme concerne les différentes **stratégies d'innovation** envisageables : simple adaptation de produits existants (stratégie privilégiée par la plupart des PME), innovation principalement technique (nouvelles fonctionnalités du produit) ou marketing (design rénové, nouvelle image du produit), ou innovation « de rupture » conjuguant tous les types de création.

---

1. Domaine d'Activité Stratégique : couple métier-marché.

Tableau 3. Les principales stratégies d'innovation

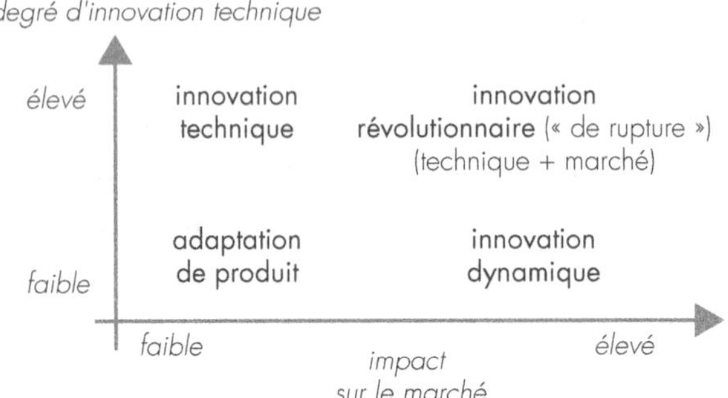

– L'avant-dernier dilemme est relatif au choix du **processus d'innovation** inspiré du marché (« *pull* ») ou issu du cerveau du créateur (« *push* »).

Tableau 4. Les processus types d'innovation

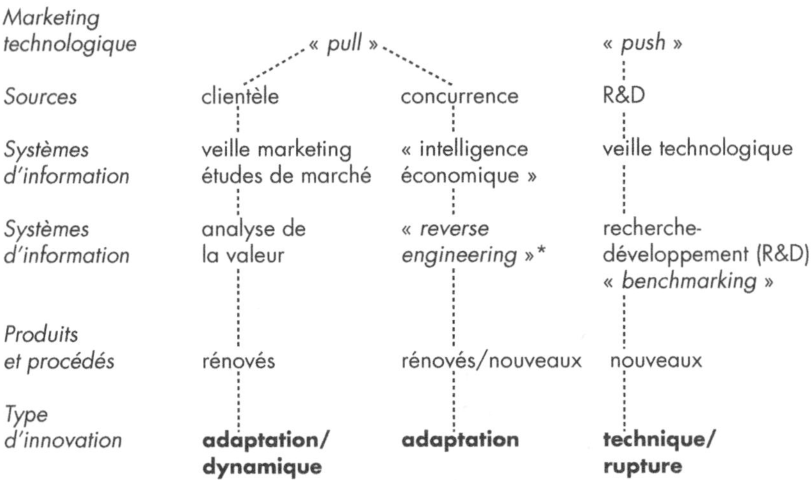

	« pull »		« push »
Marketing technologique			
Sources	clientèle	concurrence	R&D
Systèmes d'information	veille marketing études de marché	« intelligence économique »	veille technologique
Systèmes d'information	analyse de la valeur	« *reverse engineering* »*	recherche-développement (R&D) « *benchmarking* »
Produits et procédés	rénovés	rénovés/nouveaux	nouveaux
Type d'innovation	**adaptation/ dynamique**	**adaptation**	**technique/ rupture**

« ingénierie inverse » (« rétro-ingénierie ») : analyse en vue d'une adaptation à ses propres produits ou procédés, des fonctions, des composants et du fonctionnement des produits ou procédés d'un concurrent.

– Le dernier dilemme a trait aux **sources** (ou voies) **d'accès aux technologies,** qui diffèrent selon les stratégies mises en œuvre.

Tableau 5. Les principales sources d'accès aux technologies

Approches	*Interne* *Développer*	*Externe* *Acquérir*
concurentielle	R.&D interne sous-traitance R&D	concession de licences de brevet veille technologique, renseignement
coopérative	« parasitage », captation « essaimage »* co-traitance R&D	rétro-ingénierie, débauchage contrôle de *start-up* création de « joint ventures » R&D associations, alliances

*création par des cadres d'une entreprise de jeunes entreprises innovantes.

▸ La conception du plan d'affaires

Le plan d'affaires (plan opérationnel ou *business plan)* vise à **programmer** les débouchés (ventes), les ressources (personnel, équipements, matières premières, semi-produits, sous-traitance, etc.), les performances, les financements et l'évolution du patrimoine de l'entreprise, sur la durée prévisible (« horizon de prévisibilité ») de son avantage concurrentiel durable (de trois à dix ans selon les métiers). La première année du plan constitue le premier budget de l'entreprise.

La construction du plan d'affaires consiste en une modélisation (ou une simulation) des phases de développement de l'entreprise sur la durée du plan.

Tableau 6. Les caractéristiques du business plan

Phase du plan	Objectifs	Modes de financement
1. Conception	Définir le *business model*	Capital d'amorçage
2. Émergence	Lancer le *business model*	Capital-risque C
3. Développement	Développer l'innovation produit/procédés	apital-risque Capital-développement
4. Maturité	Adapter l'organisation	
5. Déclin/relance	Relance du *business plan*	Introduction en Bourse (alternext)
		Menace de raid boursier

Sa conception repose sur des **hypothèses** d'évolution de l'environnement de l'entreprise (technologies, marchés, réglementations) et de décisions stratégiques.

Tableau 7. Les principales décisions stratégiques des PME

Décisions métier

« génériques »   d'intégration   de développement

décisions fonctionnelles

technologiques   financières   commerciales   GRH, etc.

itérations

Outre le choix d'une stratégie générique, l'entrepreneur doit se positionner dans un ou plusieurs maillons (transformation, assemblage, livraison, montage, maintenance, etc.) de la filière de son métier, il doit fixer le rythme de son développement (éventuellement prévoir à moyen terme une diversification ou une internationalisation de son activité).

Le plan d'affaires se décompose généralement en plans fonctionnels, en plan de financement des investissements et en compte de résultats prévisionnels.

Les choix technologiques sont généralement ajustés ou modifiés tout au long du processus d'innovation de l'entreprise, qui doit enchaîner trois cycles distincts :

- celui du projet de recherche, dominé par le créateur et orienté vers l'invention (I) ;
- celui du projet de développement, ou « cycle transitoire » — marqué par un partenariat avec des fournisseurs, des clients et d'autres créateurs — visant à transformer l'invention en innovation (II) ;
- celui du produit, décomposant la vie du produit en phases de lancement (organisé en « mode projet »), de développement, de maturité et de déclin (III).

Les **décisions commerciales** déterminent le **plan marketing**, dont la construction repose sur le positionnement (par rapport aux clients et à la concurrence) du **marketing mix** de l'entreprise, et sur la **planification** des lancements de produits, des ventes, des actions publicitaires et promotionnelles.

Tableau 8. Le marketing mix ou « 4 P » selon Philip Kotler

La **rentabilité financière** (ou économique) du projet de création est déterminée *a priori* suivant diverses techniques (valeur actuelle nette, taux de rendement interne, comparables et multiples, etc.). Elle doit être positive (la somme actualisée des résultats opérationnels prévus par le plan est supérieure aux capitaux investis) pour que le projet soit engagé.

▸ La création de l'entreprise

L'entreprise est constituée lorsque les actions suivantes sont menées :

- Son **statut** ou sa forme juridique est déterminé et les **formalités** de constitution de l'entreprise, de la société ou de l'association, sont effectuées (voir le chapitre 4).
- Les formalités administratives (autorisations, agréments, déclarations, etc.) afférentes aux métiers ont été accomplies (voir les deuxième et troisième parties).
- Ses salariés éventuels ont été recrutés.
- Ses infrastructures, ses équipements et ses stocks de démarrage (selon le cas) ont été mis en place.

▸ Le lancement du modèle d'affaires

Le véritable « démarrage » de l'entreprise correspond à la première « mise en marché » de son modèle d'affaires (produits et/ou services). Quel que soit le métier exercé, le lancement est préparé par une **étude de marché** – même sommaire – réalisée, selon le cas, par le créateur lui-même (notamment dans les niches de marché) avec l'aide de son réseau d'accompagnement, ou par une agence spécialisée. Cette étude a pour objet d'identifier les prospects (futurs clients possibles), de connaître leurs goûts, d'évaluer la demande potentielle, et de définir le *marketing mix* du produit lors du lancement.

Cette étude est parfois complétée par un **étalonnage concurrentiel** (*benchmarking*), qui est une forme dérivée de veille concurrentielle. Il se définit comme un processus continu d'évaluation des produits, des services et des méthodes d'une organisation par rapport à ceux de ses concurrents les plus sérieux ou des entreprises reconnues comme leaders dans leurs métiers. Il vise une « *recherche des méthodes les plus performantes pour une activité donnée, permettant de s'assurer une supériorité* » (Camp, 1992).

La démarche permet de rechercher des modèles, des références ou des repères organisationnels et méthodologiques (*benchmarks* ou *best practices*) parmi les leaders d'un secteur ou d'une fonction de l'entreprise. Elle constitue une source d'information utile sur les organisations, les procédures, les systèmes et les comportements les mieux adaptés aux objectifs poursuivis par un groupe créatif. Elle s'inscrit dans une approche plus globale dite d'apprentissage, et peut être appliquée à des groupes passés ou présents de l'entreprise, de son réseau ou d'autres secteurs d'activité fonctionnant par projets.

Le lancement du produit est souvent précédé de tests (auprès de clients pionniers ou *early adopters)* et, pour les produits grand public, d'une campagne de publicité.

▶ Le développement du modèle d'affaires

Les entrepreneurs les plus exposés à la concurrence mettent en place, notamment dans les secteurs des hautes technologies, une « plate-forme stratégique » permettant à l'entreprise de réagir plus rapidement – voire de pro-agir – face aux changements de l'environnement et/ou aux migrations de la valeur attendue du produit par les clients, et favorisant les prises de décision par l'entrepreneur.

La nature des **décisions** diffère selon leur impact dans l'espace et selon leur portée (ou horizon) dans le temps.

Tableau 9. Les natures de décisions (selon Ansoff, 1965)

impact horizons	internes à l'entreprise	externes (positionnement dans le champ concurrentiel)
court terme	opérationnelles	tactiques
long terme	organisationnelles	stratégiques

Des **migrations de la valeur** (en termes de fonctionnalités, de prix, de qualité des produits, de services, d'image de marque, etc.) attendue par le client, sont observées, plus ou moins rapidement, en fonction du cycle de vie du produit (ou de la technologie dominante du produit). L'entreprise doit adapter son système d'offre en fonction de ces migrations de la valeur (Holbrook).

**Tableau 10. Le processus d'adaptation
aux migrations de la valeur attendue par le marché**

Anticipation des **migrations de valeur**
attendues par les clients (fonctionnalités, qualité, services, prix, image, etc.).
Construction d'« **avantages concurrentiels** » dans chaque chaîne de valeur.
Recherche de **sources de création de valeur pour les clients**
(notamment grâce à l'**analyse de la valeur**)[1].
Analyse des **écarts entre le processus de création de valeur** de la firme
et ceux de ses *benchmarks*.
Lancement de projets (**traceurs de création de valeur**).
destinés à réduire les écarts et à s'adapter aux **migrations de valeur**.

Le développement
de réseaux relationnels

La création d'une entreprise individuelle constitue paradoxalement une **initiative collective**. Les enquêtes de l'APCE montrent qu'en phase de création, les réseaux familiaux, amicaux et associatifs, sont les plus sollicités (41 % des citations), avant les réseaux professionnels (29 %), les réseaux d'accompagnateurs (29 %) et de consultants (20 %). En phase d'exploitation, les réseaux de clients (60 % des citations) sont cités avant ceux des fournisseurs et des financeurs (19 %). Les entretiens menés en 2009 avec les créateurs pour la préparation de cet ouvrage confirment l'importance pour le candidat à la création, de constituer et

---

1. L'analyse de la valeur (Miles, 1989) est une « *méthode de diagnostic visant à créer de la valeur pour le client au moindre coût pour l'entreprise* » ou (AFNOR) « *une méthode de compétitivité organisée et créative, visant la satisfaction du besoin de l'utilisateur par une démarche spécifique de conception, à la fois fonctionnelle, économique et pluridisciplinaire* ».

de consulter un ou plusieurs réseaux relationnels à chaque stade de son projet.

Les réseaux familiaux et amicaux

Les réseaux familiaux, amicaux et associatifs (notamment, anciens élèves d'une même école ou université) peuvent intervenir, avec des rôles de conseil, d'assistance, de soutien psychologique, à tous les stades de la démarche de recherche d'emploi ou de création d'une PME.

Les réseaux socioprofessionnels

Les réseaux socioprofessionnels (ou « communautés de pratiques ») regroupent les groupements et syndicats professionnels (du même métier), les premiers fournisseurs et sous-traitants, les premiers clients pionniers (*early adopters)*, et les premiers partenaires (parmi lesquels, dans les secteurs de haute technologie, les *business angels)*. Ces réseaux interviennent aux stades de la conception et des tests du modèle d'affaires et lors du premier lancement de produit. Pour qu'un réseau soit pérenne, il faut instaurer une confiance entre ses membres. Entretenir son réseau se fait grâce à des dons entre ses participants, sous la forme d'échange d'informations ou de méthodes, de réflexions en commun, etc. Leurs concepts et leurs rôles ont fait l'objet de nombreuses recherches scientifiques.

Les réseaux officiels

▸ Les réseaux français

les PME françaises disposent d'un vaste réseau – parfois jugé foisonnant – d'**organismes** et de **systèmes d'accompagnement**, soit généralistes soit spécialisés dans un secteur d'activité[1]. Les principales sources de renseignements sont les suivantes[2] :

- organismes d'informations sur la création d'entreprises, comme l'APCE ;
- Chambres de Commerce et de l'Industrie (CCI) et les Chambres de Métiers et de l'Artisanat (CMA) ;
- l'agence OSEO et Cap Entreprise, (Île-de-France) ;
- Pôle Emploi et l'Agence pour l'Emploi des Cadres (APEC) ;
- associations (comme Salveterra 78), clubs et agences spécialisées (rémunérées par des chèques-conseil) ;
- nombreux sites Internet, guides et ouvrages sur le travail indépendant et la création d 'entreprise.

Focus sur... l'accompagnement des créateurs - l'exemple de l'association Salveterra 78[3]

Les « jeunes » entrepreneurs ont besoin de conseils et d'orientation de la part de personnes qui ont déjà vécu l'expérience de création d'entreprise. Quelques associations ont été créées dans ce but : c'est le cas de Salveterra 78. Ses principales missions sont d'aider les candidats à la création d'une activité économique et de conseiller les jeunes dirigeants qui souhaitent développer ou pérenniser leur entreprise. L'association accompagne les jeunes dirigeants dans cette démarche de création d'une « nouvelle vie professionnelle », leur permet de rencontrer des clients potentiels, d'accroître leur visibilité et leur notoriété, de partager des expériences, d'acquérir des compétences complémentaires, de développer des synergies commerciales, etc. Dans leur phase de création comme de développement, les « entrepreneurs » doivent apprendre à animer autour d'eux une équipe « multidisciplinaire » mettant à leur disposition les compétences dont ils ont besoin : les seniors bénévoles (atelier création) et les consultants (plateforme conseil) de Salveterra 78 s'efforcent de remplir ce rôle de proximité nécessaire.

---

1. Les structures d'accompagnement par métiers sont présentées dans les deuxième et troisième parties de l'ouvrage.
2. Les missions et les références de ces organismes sont détaillées dans le chapitre 4.
3. www.salveterra78.fr.

Sous l'impulsion de la Commission européenne, l'État français a par ailleurs créé des structures d'accueil des jeunes entreprises, ayant des missions spécifiques.

Tableau 11. Les structures françaises d'accompagnement des PME

	Technopole	Pôle de compétitivité	Pépinière d'entreprise	Incubateur
Apparition	Années 1960	Années 2000	Années 1980	Années 1990
Mission	Fertilisation croisée	Échange de compétences	Accompagnement des créations	Développement de réseaux
Aide à la création	Accueil de firmes *high-tech*	« Essaimage » Contrats de projet	Services d'assistance	Accompagnement de projets
Avantages/ inconvénients	Bonne image/ dilution des aides	Haute spécialisation/ procédures lourdes	Certification qualité/survie élevée	Valorisation du créateur/ structure récente

Source : Pluchart, J.-J., *Le management européen*, CCMP, 2009.

Définissons ces structures d'accompagnement :

– **Technopole** (parc technologique, multipôle, etc.) : système ouvert périurbain de développement de nouvelles technologies, favorable à la coopération entre entreprises, laboratoires publics et prestataires de services.

– **Pôle de compétitivité** (district industriel, *cluster*, etc.) : système d'innovation et de production aidé, localisé, spécialisé dans une technologie, favorable au développement de réseaux d'entreprises, de laboratoires publics et de collectivités territoriales.

– **Pépinière d'entreprises** : site d'accueil de porteurs de projets avant et après création ; hébergement et accompagnement (bureaux et ateliers) ; outil d'aménagement du territoire.

– **Incubateur** (ou couveuse) : réseau de projets publics et/ou privés liés à un centre de recherche et de formation (public ou privé).

Il en existe quatre types : universitaire, de développement local, d'entreprise et indépendant.

En 2005, soixante-sept **pôles de compétitivité** ont été créés en France (portés à soixante et onze en 2007) afin de développer la compétitivité des entreprises sur le long terme, d'améliorer leur positionnement sur la scène internationale en stimulant leurs capacités d'exportation tout en attirant les investissements étrangers sur le territoire. « *Un pôle de compétitivité est la combinaison, sur un espace géographique donné, d'entreprises, de centres de formation et d'unités de recherche publiques ou privées, engagés dans une démarche partenariale destinée à dégager des synergies autour de projets communs innovants* » (DATAR, 2005). Dans les pôles de compétitivité à la française, « *les rentes sont d'abord créées au niveau du secteur d'activité puis de celui de l'entreprise* » (DATAR, 2005). Une des caractéristiques de ces pôles est d'associer des PME émergentes aux grandes entreprises, aux laboratoires publics et aux collectivités locales, dans une démarche commune de recherche et de production.

▸ Les réseaux européens

Par un programme pluriannuel en faveur des entreprises et de l'esprit d'entreprise, la Commission européenne a favorisé la création de Jeunes Entreprises Innovantes (JEI) et les rapprochements entre PME, en créant des structures *ad hoc*, en accordant des aides et des financements bonifiés et en promouvant l'esprit d'entrepreneuriat :

- Le **Bureau de Rapprochement des Entreprises (BRE)** favorise la coopération entre PME européennes.
- Le **Business Cooperation Network (BC-Net)** est un réseau informatisé en vue du rapprochement inter-entreprises (plus de cent mille dossiers de 1988 à 2008).
- L'« **europartenariat** » est un forum annuel de rencontres de PME dans des zones défavorisées.

- **L'Ibex (salons inversés)** est le salon annuel de donneurs d'ordres aux PME.
- **Interprise** organise des rencontres de PME européennes et non européennes en vue de coopérations (cofinancées par l'UE).
- **EC-IIP** (inter-investment partners) délivre des aides financières à la création de joint-ventures entre PME.
- Le **CSS** (Centre de Service Sous-Traitance) est un guichet unique de demande de sous-traitants par de grandes entreprises.
- **Euro-info-centres** (1987) est un guichet unique d'information des entreprises.
- Le Soutien européen à l'**entreprise conjointe** (programme « Joint operating program ») dans les pays en transition accorde quatre niveaux de « facilités » aux PME européennes coopérant avec des entreprises des pays en transition.

Tableau 12 - Les principales sources françaises d'information consultables par les PME

sources externes (à l'entreprise)

- organismes publics internationaux (OMC, etc.)	partenaires, prospects, clients, concurrents,
nationaux (CFCE[1], INPI, etc.), régionaux (CCI, tribunaux de commerce) Administrations, conseils (syndicats, groupements, etc.).	prescripteurs, fournisseurs, sous-traitants distributeurs, (syndicats, groupements, etc.).
(bibliothèques, centres documentaires,	enquêtes, missions, voyages d'études, congrès,
banques de données réseaux d'information	colloques, conférences, foires, salons
publics (Internet, Minitel, etc.), publications	expositions, visites commerciales.
◄ sources ouvertes	sources fermées ►
- rapports, médias, banque de données réseaux	- enquêtes, études, banque de données réseaux spécifiques
non verrouillés, contacts formalisés	- contacts informels entre collaborateurs

sources internes

---

1. Centre français du commerce extérieur.

La gestion du temps

Les nouveaux entrepreneurs travaillent dans l'**urgence**. Leur temps n'est pas linéaire : il s'accélère entre la phase initiale de choix du métier et de conception du modèle d'affaires, et celles de création juridique de l'entreprise et de lancement du produit. Le temps exerce une pression d'autant plus forte que l'entreprise n'a pas encore atteint son seuil de rentabilité. Il revêt donc des formes multiples, selon les contraintes de marché, socioprofessionnelles et psychiques, qui pèsent sur l'entreprise et son créateur.

Les temporalités des marchés

Les PME, notamment lorsqu'elles sont innovantes, sont soumises à une forte pression concurrentielle, parfois qualifiée de « **chrono-compétition** ». Elles sont assujetties à des processus de *time-to-market* (délai de conception du produit), *time-to-cost* (délai avant d'atteindre le seuil de rentabilité), *just-in-time* (délai de satisfaction de la demande du client), éventuellement de *time-to-IPO ou time-to-TOB* (délai entre la création et son introduction en Bourse et/ou rachat par offre publique d'achat)… La « **chrono-compétition** » impose aux entrepreneurs de pratiquer un « chrono-management » et de s'adapter en permanence aux « fenêtres d'opportunités » *(opportunity windows)* offertes par les marchés pour lancer (ou relancer) leurs produits.

Les temporalités socioprofessionnelles

Ces référentiels sont ceux des **usages** et des pratiques des différentes parties prenantes : les délais de fabrication, livraison, installation, paiement, etc., des fournisseurs ; les délais de commande, du crédit, etc., des clients ; les délais de négociation avec les banques et les délais de remboursement des emprunts ;

les délais administratifs d'inscription, de délivrance d'autorisation, etc. Malgré les progrès des systèmes de travail collaboratif (*groupware*), l'harmonisation de ces multiples calendriers reste d'autant plus difficile que l'entrepreneur est soumis aux urgences des marchés.

La temporalité psychique

La **perception du temps** résulte de l'appréciation du rapport entre les objectifs à atteindre et les ressources disponibles pour y parvenir. Face à des situations critiques de gestion, la perception de l'urgence peut engendrer des effets de panique et de *stress*. Le « temps instantané » vécu des situations est densifié par le « temps profond » des émotions et des affects passés, confirmant ainsi les hypothèses de Goffman (1974). Le « syndrome de chronos » (temps « horizontal ») paraît donc indissociable de celui de « *kyros* » (temps « vertical »), rejoignant les observations de Gasparini (1994) et d'Ettighofer et Blanc (1998).

La gestion du temps au sein des PME exige des capacités (ou des « rationalités ») particulières de la part de leurs dirigeants (Brunsson, 1982 ; Schramm-Nielsen, 2000) :

- La construction du *business model* fait appel à l'intuition de l'*homo creator*, qui repose notamment sur le champ des émotions passées et présentes ressenties par l'*homo emotionalis*.
- La projection du *business plan* relève de la rationalité pure (ou cartésienne) propre à l'*homo œconomicus*.
- L'opérationnalisation du plan situe l'entrepreneur – devenu un *homo metis* – dans un univers de rationalité limitée, notamment en cas de prise de décision dans l'urgence.
- Les dysfonctionnements du projet confrontent son porteur – transformé en *homo emotionalis* – à l'irrationalité de ses émotions et de ses pulsions.

Synthèse

La démarche de création d'entreprise recouvre un ensemble de processus qui se déploient dans l'espace (l'entrepreneur et ses réseaux) et dans le temps. De même que les processus sont de nature administrative, organisationnelle, socioculturelle et psychologique, l'espace est multidimensionnel (la création d'une entreprise – même individuelle – est une démarche collective incluant les « accompagnateurs ») et les temporalités de l'entrepreneur sont multiples. La recherche d'une cohérence spatio-temporelle implique d'organiser la création suivant un « mode projet », visant à promouvoir « un demandeur d'emploi en offreur de services » et à transformer une « vision entrepreneuriale » plus ou moins idéalisée en « réalité managériale » la plus efficiente possible.

Les statuts juridiques des entreprises

La sélection du statut (ou de la forme) juridique de l'entreprise constitue une étape clé dans la démarche de création. Le statut de l'entreprise définit les obligations juridiques, sociales et fiscales de l'entrepreneur vis-à-vis de ses partenaires (selon le cas, associés ou actionnaires) et de l'État (impôts, aides publiques, comptabilité, etc.). Le choix de ces formes juridiques dépend de nombreux critères dont l'identification, la pondération et la comparaison, exigeant une démarche rigoureuse, passant par une réflexion personnelle et la consultation d'entrepreneurs expérimentés et d'experts juridiques et fiscaux. Ce choix dépend en premier lieu de la nature et de l'ampleur du projet à engager.

Afin d'éclairer le créateur, les principaux statuts juridiques des PME françaises seront d'abord analysés, puis une méthode de sélection de la forme légale la plus adaptée sera proposée.

Les statuts juridiques des entreprises

Pour opérer un choix, il convient d'abord de comparer les caractéristiques (principales dispositions, implications juridiques, fiscales et sociales, avantages et inconvénients) des différents statuts juridiques offerts en droit français aux créateurs d'entreprises :

- association ;
- auto-entreprise ;
- coopérative d'activité et d'emploi, ;
- entreprise individuelle ;
- groupement d'employeurs ;
- portage salarial ;
- société (EURL, SARL, SAS) ;
- statuts spécifiques.

L'association : un statut adapté à certaines activités

▸ Définition

Selon l'article premier de la loi du 1er juillet 1901, « *l'association est la convention par laquelle deux ou plusieurs personnes mettent en commun, d'une façon permanente, leurs connaissances ou leur activité dans un but autre que de partager des bénéfices. Elle est régie, quant à sa validité, par les principes généraux du droit applicable aux contrats et obligations* ».

▸ Risques, responsabilités

Les membres d'une association ne peuvent être tenus pour responsables civilement des engagements contractés par l'association. Seul le patrimoine de l'association est garant des engagements pris. C'est l'association en tant que personne morale qui endosse la responsabilité dans la plupart des cas, lorsque :

– Les décisions sont prises par les instances dirigeantes de l'association.

– L'association ne respecte pas les obligations de sécurité des personnes dans le cadre des activités et des manifestations.

– Une décision entraîne un dommage non couvert par les assurances.

Les dirigeants peuvent voir leur responsabilité personnelle engagée s'ils :

– Ne respectent pas les dispositions statutaires.

– Outrepassent leurs droits par rapport à leurs fonctions.

–Ne respectent pas leurs obligations dans le cas d'un redressement ou d'une liquidation judiciaire.

▸ Apport initial

Aucun apport financier n'est nécessaire pour la création d'une association ; cependant, un apport de connaissances et de savoir-faire est attendu quand il s'agit des adhérents à un groupement d'entrepreneurs.

▸ Comptabilité et gestion

Compte tenu du nouveau régime fiscal défini par l'instruction du 15 septembre 1998, une association est en principe exonérée des impôts commerciaux (TVA, impôt sur les sociétés, etc.). Toutefois, si elle exerce des activités lucratives, elle est assujettie aux impôts commerciaux et notamment à la TVA, à l'impôt sur les sociétés, à la taxe professionnelle. Ainsi, une association dont les activités sont considérées comme non lucratives, est exonérée de TVA et ne peut pas opter pour cette taxe.

▸ Avantages

Si le projet est modeste, qu'il n'exige pas de lourds investissements ou de compétences onéreuses, il est possible de lancer l'activité sous forme associative. Les avantages sont les suivants :

- **Pas de capital** : aucune contrainte financière n'existe lors de sa création. Cependant, la SARL à un euro vient concurrencer l'association.
- **Des formalités réduites** : remplir manuellement des statuts, les porter à la préfecture (une demi-heure d'attente au maximum) et payer (deux mois plus tard) les 36 euros d'insertion au *Journal Officiel*.
- **Pas de cotisations sociales (si pas de salaire)** : pour une entreprise commerciale, la nomination d'un gérant majoritaire entraîne l'obligation de cotisations forfaitaires, avant même le démarrage économique de l'entreprise. Le président et les membres du bureau, s'ils sont bénévoles, n'entraînent pas le paiement d'une cotisation.
- **Une fiscalité légère pour des activités modestes** : les associations bénéficient d'une franchise d'impôt et de TVA lorsque le chiffre d'affaires de l'année est inférieur à 76 300 euros pour la vente de biens, les prestations d'hébergements, la vente à consommer sur place, ou à 27 000 euros pour des prestations de conseil.
- **Une comptabilité simplifiée** : pour les petites associations, on peut se contenter d'une comptabilité minimale, de type « entrées et sorties », sans avoir à payer les services d'un comptable professionnel.

▶ Inconvénients

Il en existe plusieurs.

- **Difficultés pour emprunter** : une association sans capital (sans « fonds propres ») et sans garanties particulières a des difficultés d'obtention de crédits et de facilités bancaires. Toutefois, certaines banques, comme le Crédit coopératif ou le Crédit Mutuel, se sont spécialisées dans le domaine associatif.
- **Pas de bail commercial** : sauf exceptions, l'association (non inscrite au RCS), ne peut passer de bail commercial.

- **Pas de partage des bénéfices** : c'est la pierre d'achoppement du concept d'association. Les membres de l'association travaillent pour le bien commun. S'il y a bénéfice, il reste dans les caisses de l'association.
- **Une responsabilité civile et pénale,** aussi bien pour l'association, entité juridique, que pour ses dirigeants.
- **Un statut de président parfois remis en cause** lors des assemblées générales des membres.

▸ Régime social du créateur

Le créateur de l'association peut bénéficier du statut de salarié ou d'associé.

▸ Formalités

Les adhérents à l'association peuvent être des personnes physiques ou morales. Il suffit du consentement échangé entre deux personnes pour créer une association. Pour certaines catégories d'associations, des dispositions législatives ou réglementaires imposent un nombre plus élevé d'associés.

Une association type loi 1901 doit être publiée au *Journal Officiel*. Cependant, une association non déclarée est une « association de fait », sans personnalité morale ni capacité juridique (elle peut cependant engager devant le juge administratif des recours pour excès de pouvoir pour contester la légalité des actes administratifs faisant grief aux intérêts qu'elle a pour mission de défendre).

Une association loi 1901 doit remplir plusieurs conditions :

* être composée d'au moins deux personnes ;
* doit avoir un autre but que de partager des bénéfices ;
* ne pas enrichir directement ou indirectement l'un de ses membres.

Un modèle de statuts juridiques d'une association loi 1901 à remplir est consultable sur www.la-lettre.com/index. php/2008/06/12/470-statuts-d-une-association-loi-1901.

L'auto-entrepreneur : création allégée et régime social simplifié

Le statut d'auto-entrepreneur est applicable depuis le 1er janvier 2009 en application de la loi de modernisation de l'économie favorisant la création d'emplois. **Accessible à tous** (salarié, fonctionnaire, étudiant, chômeur, retraité), ce statut permet de créer une entreprise en bénéficiant de facilités administratives et fiscales particulièrement intéressantes.

▸ Description, définition

L'auto-entrepreneur est un entrepreneur individuel, inscrit comme tel auprès du Registre national des entreprises (RNE), mais bénéficiant de nombreuses mesures simplificatrices. Ce statut est accessible à tous ceux qui veulent se lancer dans l'entreprenariat sous réserve de respecter une limite de chiffre d'affaires de :

* 80 000 euros pour une activité commerciale ;
* 32 000 euros pour les prestations de services et les activités libérales.

▸ Risques, responsabilités

Le dirigeant est seul responsable, mais la protection de son patrimoine est élargie à tous les biens fonciers bâtis et non bâtis non affectés à l'usage professionnel. Concernant sa responsabilité professionnelle, l'auto-entrepreneur est avant tout un entrepreneur individuel responsable de ses actes. Il doit donc respecter les obligations de qualification professionnelle exigées pour l'exercice de son métier et prendre les assurances nécessaires en fonction de l'activité exercée.

▸ Apport initial

Il n'y a pas de montant de capital initial à respecter, puisque pour ce statut, la notion de capital social n'existe pas.

▸ Comptabilité et gestion

L'auto-entrepreneur a pour seule obligation de remplir un livre chronologique des recettes pour enregistrer les ventes effectuées et, pour les commerçants, un « livre des achats ». Concernant les charges sociales, le statut bénéficie d'une modalité de règlement simplifié des cotisations et contributions sociales, en application du régime micro-social simplifié. L'auto-entrepreneur déclare trimestriellement son chiffre d'affaires et paye ses charges sociales en appliquant un pourcentage à ce chiffre d'affaires (21,3 % pour les activités de prestations de services et 12 % pour les activités commerciales). Il n'a donc pas à faire d'avances de cotisations. Il n'est pas assujetti à la TVA ni à l'impôt sur les sociétés, puisqu'il est obligatoirement soumis au régime fiscal de la micro-entreprise.

Enfin, l'auto-entrepreneur peut bénéficier d'une option pour le paiement de l'impôt sur le revenu par prélèvement libératoire. Le versement libératoire de l'impôt sur le revenu est alors calculé en appliquant un taux sur le chiffre d'affaires réalisé pendant le mois ou le trimestre précédent. Cette option permet également une exonération de la taxe professionnelle valable pour la première année de création et les deux années qui suivent l'année de début d'activité.

▸ Avantages

Le principal avantage de ce statut reste sa simplicité de mise en œuvre. En effet, il se caractérise par :

- des obligations comptables réduites ;
- le calcul et le règlement des cotisations sociales simplifiés ;
- l'absence d'immatriculation ;
- la non-facturation de la TVA (donc pas de déclaration à effectuer).

▸ Inconvénients

Les principaux inconvénients concernent les entrepreneurs qui prévoient des achats et des frais conséquents et un développement rapide de leur activité. En effet, dans ce régime :

- Les frais et les achats payés pour la réalisation du chiffre d'affaires (stocks, frais de déplacement) ne sont pas pris en compte pour leur valeur réelle. La forfaitisation n'est en principe pas pénalisante.
- Il est impossible de récupérer la TVA payée sur les stocks et les achats divers de biens et de services sur les investissements et les dépenses d'exploitation.
- Les investissements réalisés ne peuvent être amortis fiscalement.
- Les charges sociales (il s'agit sans doute des charges fiscales) sont calculées sur le chiffre d'affaires et non sur les bénéfices de l'entreprise.

▸ Régime social

L'auto-entrepreneur est affilié à la Sécurité sociale et valide des trimestres de retraite. En ce qui concerne les professionnels libéraux, ne peuvent être auto-entrepreneurs que ceux dépendant au niveau du régime de retraite de la CIPAV (Caisse Interprofessionnelle de Prévoyance et d'Assurance-Maladie) ou du régime social des indépendants (RSI) – cela concerne l'assurance-maladie et non la retraite selon l'activité exercée. Il bénéficie de la couverture maladie dès le premier euro de chiffre d'affaires. En outre, il s'acquitte forfaitairement de ses charges sociales et de ses impôts uniquement sur ce qu'il encaisse. S'il n'encaisse rien, il ne déclare ni ne paie rien.

▸ Formalités

Il n'est pas nécessaire d'immatriculer l'entreprise au RCS ou au Répertoire des Métiers. Il suffit d'établir une déclaration d'activité auprès du CFE compétent pour démarrer son activité ou de s'inscrire sur le site Internet www.l'autoentrepreneur.fr pour les professions libérales. Il peut arrêter son activité par une simple déclaration, s'il remplit les conditions légales et réglementaires imposées pour l'exercice de son activité.

▸ Métiers les plus adaptés

Le régime de l'auto-entrepreneur semble adapté pour se lancer dans une petite activité à forte valeur ajoutée nécessitant peu d'investissements et de stocks, et ne présentant pas de risques particuliers. Si l'entrepreneur n'est pas certain d'avoir des revenus réguliers et s'il souhaite maîtriser son risque financier, ce statut est le plus approprié.

Le statut d'auto-entrepreneur s'adresse à tout initiateur d'une activité commerciale, artisanale ou civile. Sont exclues :

- les activités agricoles rattachées au régime social de la Mutualité Sociale Agricole (MSA) ;
- les activités libérales relevant d'une caisse de retraite autre que la CIPAV ou le RSI (professions juridiques et judiciaires, de la santé, experts-comptables, commissaires aux comptes) ;
- la location de matériels, de biens durables et d'immeubles non meublés ou professionnels ;
- les activités artistiques rémunérées par des droits d'auteur ;
- les activités relevant de la TVA immobilière (marchands de biens, lotisseurs, agents immobiliers, etc.).

La coopérative d'activité : alternative à la création et bénéfice du statut de salarié

▸ Description, définition

Les coopératives d'activités et d'emploi (CAE) constituent un concept original permettant à un particulier de tester une production ou un service en toute sécurité. Elles permettent à un porteur de projet de bénéficier d'un statut hybride d'« entrepreneur salarié » en CDI. La coopérative s'adresse à tout porteur de projet qui ne souhaite pas se lancer sur le marché directement en créant sa propre entreprise. Trois catégories de personnes sont principalement concernées :

- les salariés (CDD et CDI) ;
- les bénéficiaires de minima sociaux ;
- les demandeurs d'emploi.

La coopérative permet :

- l'hébergement juridique de l'activité (un numéro de TVA et une immatriculation au RCS) ;
- le calcul et le paiement des cotisations sociales ;
- l'émission de bulletins de paye ;
- un accompagnement et une formation ;
- la gestion administrative de l'activité (tenue d'une comptabilité, calcul et versement des salaires).

▸ Risques, responsabilités

Les risques encourus par l'entrepreneur salarié au sein de la coopérative sont limités et peu élevés puisqu'il n'a pas le statut d'indépendant.

▸ Apport initial

Il n'y a pas d'apport initial obligatoire, puisqu'il ne s'agit pas d'une création d'entreprise. La notion de capital social n'entre pas en compte dans ce statut.

▸ Comptabilité et gestion

La coopérative permet de mutualiser les moyens des entrepreneurs la composant. Chacun d'entre eux contribue, proportionnellement à son chiffre d'affaires, à couvrir les charges communes de la coopérative. Ainsi, chaque mois, l'entrepreneur-salarié perçoit un salaire dont sont déduits les honoraires de la CAE ainsi que les cotisations sociales patronales et salariales.

▸ Avantages

Vis-à-vis de ses clients, l'entrepreneur salarié est considéré comme un chef d'entreprise qui propose ses prestations et prospecte. En revanche, pour la coopérative d'activité, il est un salarié classique : il dispose d'un contrat de travail et bénéficie des mêmes droits (cotisation à Pôle Emploi, même régime de protection sociale, etc.).

L'entrepreneur bénéficie d'un accompagnement, d'une formation et d'un suivi personnalisé. Il s'agit de tester le produit et le marché avec les meilleures chances de réussite.

▸ Inconvénients

L'entrepreneur salarié doit payer des frais de gestion à la coopérative. Pour l'ensemble de ses services, il verse 10 % de son chiffre d'affaires hors taxe, dès l'émission de la première facture de vente.

▸ Régime social

La caractéristique de la coopérative est d'offrir au porteur de projet un statut d'« entrepreneur salarié », qui lui permet de percevoir un salaire et de bénéficier de la couverture sociale d'un salarié classique. Il signe alors un contrat de travail en CDI avec la CAE ; son temps de travail ainsi que sa rémunération sont établis en fonction de son chiffre d'affaires prévisionnel.

▸ Formalités

Les tâches administratives, sociales, comptables et juridiques sont mutualisées et assurées par la coopérative. Le cadre juridique existe de par la coopérative avec un numéro de TVA et de RCS unique.

L'entrepreneur doit d'abord exposer son projet au cours d'un entretien individuel. Une convention d'accompagnement pourra lui être proposée si le projet s'insère dans les critères de la CAE.

Ensuite, pendant une durée non définie, le porteur de projet teste son produit ou son service en conservant son statut initial. Enfin, lorsque l'activité se développe et qu'elle génère un montant de chiffre d'affaires suffisant, le porteur de projet signera un contrat de travail avec la CAE. Par la suite, les formalités sont les suivantes :

– L'entrepreneur-salarié trouve un client (entreprise, association, administration, particulier) et négocie avec celui-ci la nature de la prestation, sa durée et son tarif.

– Dès la prestation finalisée, l'entrepreneur-salarié émet une facture mentionnant les coordonnées de la CAE.

– Chaque mois, l'entrepreneur-salarié perçoit un salaire dont sont déduits les honoraires de la CAE ainsi que les cotisations sociales patronales et salariales.

Dans une perspective d'évolution du statut juridique, trois possibilités s'offrent alors à l'entrepreneur-salarié :

- créer son entreprise, quelle que soit la forme juridique retenue ;

- devenir associé de la CAE sous le statut d'entrepreneur associé ;

- mettre fin à son projet s'il s'avère non viable et revenir à son ancien statut sans perte de ses droits sociaux.

▸ Métiers les plus adaptés au statut

L'art et l'artisanat d'art, les services aux particuliers, les services aux entreprises ainsi que le commerce et le négoce sont les plus adaptés. En revanche, certains métiers ne sont pas prévus par les coopératives :

- les activités issues du BTP ;

- les activités réglementées ;

- les activités nécessitant un bail commercial ;

- les activités nécessitant des investissements de départ trop importants.

L'entreprise individuelle : un tremplin pour lancer et tester son activité

▸ Définition

En 2007, 50 % des créateurs d'entreprise avaient choisi d'exercer leur activité en entreprise individuelle (EI) – donc avec des salariés. Ce statut est conseillé lorsque les risques de l'activité sont peu importants et les investissements limités.

▸ Apport initial

La notion de capital n'existe pas. Le patrimoine de l'entreprise est confondu avec celui du chef d'entreprise. L'engagement financier est fonction des investissements et du besoin en fonds de roulement (BFR) prévisionnel.

▸ Gestion et fonctionnement

L'entrepreneur dispose des pleins pouvoirs pour diriger son entreprise et prend seul les décisions. Il n'a pas à rendre compte de sa gestion ni à publier ses comptes annuels. L'entreprise n'ayant pas de personnalité juridique distincte de celle de son dirigeant, il n'y a pas de notion d'« abus de bien social ».

▸ Risques, responsabilités

La responsabilité du gérant d'une EI est indéfinie. L'entrepreneur est indéfiniment responsable des dettes professionnelles sur l'ensemble de son patrimoine personnel. Le choix du régime matrimonial peut donc s'avérer important. Quelques atténuations à cette responsabilité indéfinie existent cependant :

– L'entrepreneur individuel peut protéger ses biens fonciers bâtis ou non bâtis non affectés à un usage professionnel des poursuites de ses créanciers professionnels en effectuant une déclaration d'insaisissabilité devant notaire.

– La formalité est publiée au bureau des hypothèques et fait l'objet, selon les cas : d'une mention sur le RCS pour un commerçant immatriculé, d'une mention sur le Répertoire des Métiers pour un artisan immatriculé, ou d'une publication dans un journal d'annonces légales du département où l'activité professionnelle sera exercée, pour un professionnel libéral, un agriculteur ou un auto-entrepreneur.

– Un ordre de priorité est établi sur les biens pouvant être demandés par un banquier en garantie d'un prêt.

▸ Avantages

On en dénombre deux :

- simplicité de constitution ;
- simplicité de fonctionnement et liberté d'action du chef d'entreprise.

▸ Inconvénients

On en compte deux :

- responsabilité totale et indéfinie (possibilité de protéger ses biens fonciers bâtis ou non bâtis des poursuites de créanciers dès lors qu'ils ne sont pas affectés à l'activité professionnelle) ;
- système d'imposition (impôt sur le revenu) limitant les capacités d'autofinancement de l'entreprise en développement.

▸ Régime social

Il se caractérise ainsi :

– Il est régi par le régime des travailleurs non-salariés.

– Il permet de cotiser à un régime complémentaire d'assurance-vieillesse, d'invalidité-décès et de retraite complémentaire.

– Il n'autorise pas l'acquisition de droits à l'assurance-chômage au titre de l'activité non salariée, mais permet de souscrire une assurance personnelle.

– Il autorise le conjoint qui participe à l'activité d'opter pour le statut de conjoint collaborateur s'il en remplit les conditions ou de conjoint salarié.

▸ Formalités

L'EI se caractérise par sa simplicité de constitution. L'entrepreneur immatricule son entreprise auprès de la CCI ou de la CMA selon que son activité est commerciale ou artisanale ou effectue une déclaration à l'URSSAF lorsque l'activité envisagée est libérale.

Depuis le 1er janvier 2009, les entrepreneurs individuels placés sous le régime fiscal de la micro-entreprise, ayant opté pour le régime micro-social, peuvent bénéficier d'une dispense d'immatriculation au RCS ou au Répertoire des Métiers. La déclaration d'activité en qualité d'auto-entrepreneur est à effectuer auprès de la CCI ou de la CMA, selon la nature de l'activité exercée. Cette déclaration peut aussi être réalisée sur le site www.lautoentrepreneur.fr (puis « Profession libérale », « déclaration URSSAF »).

Le groupement d'employeurs : association de partage des ressources humaines

▸ Description, définition

Un groupement d'employeurs (GE) est une association d'entreprises sous la forme de la loi de 1901, constituée dans le but de recruter un ou plusieurs salariés et de les employer en commun selon les besoins de chacune.

Le groupement vise à satisfaire les besoins en main-d'œuvre d'entreprises qui n'ont pas la possibilité d'embaucher seules un salarié à plein-temps.

Les salariés mis à disposition des employeurs membres du groupement sont liés à ce dernier par un contrat de travail.

▶ Risques, responsabilités

Le GE est responsable des salariés qu'il embauche ainsi que des dettes qu'il pourrait contracter. Le risque est que l'un des membres du GE soit défaillant au cours d'une année et se désengage de ses responsabilités.

▶ Apport initial

Aucun apport financier n'est nécessaire pour la création de GE ; cependant, un apport de connaissances et de savoir-faire est attendu pour ses adhérents.

▶ Comptabilité et gestion

Il est vivement conseillé de constituer un fonds de réserve dès les phases de mise en place du GE. Ce fonds a pour but de doter le GE d'une trésorerie suffisante, notamment lors des appels de cotisations sociales trimestrielles.

L'adhésion peut ensuite autoriser un utilisateur à se présenter en tant qu'administrateur du GE et à intégrer le conseil d'administration de celui-ci. Pour être autorisés à adhérer à un GE, les employeurs de plus de trois cents salariés doivent quant à eux conclure un accord collectif ou un accord d'établissement définissant les garanties accordées aux salariés du groupement d'une part ; transmettre cet accord à la Direction départementale du travail, de l'emploi et de la formation professionnelle (DDTEFP) d'autre part.

▶ Avantages

L'avantage pour les employeurs adhérents réside en premier lieu en la capacité de bénéficier d'une main-d'œuvre qualifiée en fonction de ses besoins horaires et de ses capacités financières. L'association adhérente du GE qui n'aurait pu embaucher de salariés à temps plein, peut solliciter un volume horaire d'intervention précis, défini annuellement, en saison, ou ponctuellement si besoin.

Se rassembler pour embaucher un ou plusieurs salariés permet également de limiter les démarches administratives de chaque employeur utilisateur. Le salarié travaille dans plusieurs structures, mais ne dispose que d'une seule feuille de paie, un seul contrat de travail, une couverture sociale unique et complète.

Le GE – privilégiant les emplois à durée indéterminée – permet aux salariés un meilleur accès à la formation professionnelle, les financements *via* les Organismes Paritaires Collectifs Agréés (OPCA) étant facilités.

Enfin, les GE peuvent bénéficier, en fonction du statut juridique des adhérents, des dispositifs d'aide à l'emploi qui leur sont destinés.

▸ Régime social

Les membres du groupement sont solidairement responsables des dettes à l'égard des salariés et des organismes créanciers.

▸ Formalités

Avant la création du groupement d'employeurs, il convient de concevoir un premier budget prévisionnel permettant d'identifier les capacités de financement du poste (produits) en fonction des salaires (charges) et du fonctionnement du groupement.

D'autre part, toute personne physique (particulier) ou morale (association, société) peut adhérer à un groupement d'employeurs, quelle que soit son activité (commerciale, industrielle, agricole, libérale, etc.) et sa forme juridique.

Enfin, le nombre de salariés embauchés par un groupement n'est pas limité. Mais il est interdit d'adhérer à plus de deux groupements. La liste des membres du GE est tenue en permanence à la disposition de l'inspecteur du travail.

▸ Métiers les plus adaptés

Le secteur agricole et viticole ainsi que les secteurs de l'animation et des sports sont les principaux domaines concernés par les GE.

Le portage salarial : une protection sociale tout en gardant son indépendance

▸ Définition

Le portage salarial permet à l'« entrepreneur porté » de développer sa propre activité en ayant un statut salarié. Il s'agit d'une manière d'exercer son activité à titre indépendant sans renoncer à une protection sociale avantageuse.

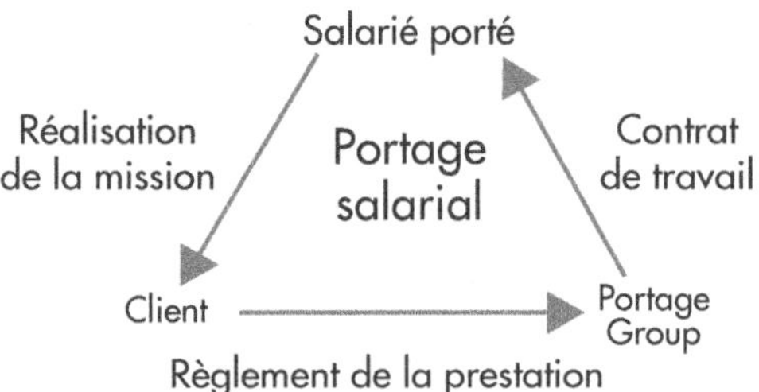

Figure 1. Le portage salarial

Le portage salarial est, avec la CAE, la seule alternative entre le salariat et la création d'entreprise.

▸ Risques, responsabilités

Responsabilité et risques s'avèrent limités en raison du bénéfice par l'entrepreneur du statut de salarié.

▸ Apport initial

Aucun apport initial n'est nécessaire.

▸ Comptabilité et gestion

Le salarié porté facture au nom de la société du groupe de portage. En fonction de la marge dégagée, la société de portage établit un bulletin de paye, puis vire le salaire et rembourse les frais. La société de portage prend en charge toutes les contraintes administratives et fiscales (TVA, charges sociales, taxe professionnelle, etc.).

▸ Avantages

Outre le fait que le portage salarial permet à l'entrepreneur de bénéficier de la protection sociale, on peut citer un large éventail d'avantages qui découlent de ce statut :

- Ne pas devoir se déclarer en qualité de travailleur indépendant.
- Ne pas devoir créer de structure juridique.
- Économiser tous les frais qui y sont liés (inscription au greffe, frais juridiques, frais comptables).
- Être dégagé de toute contrainte et pouvoir s'investir dans son activité.
- Pouvoir gérer son emploi du temps personnel.
- Avoir un statut salarié.
- Bénéficier selon le cas de l'assurance-chômage.
- Éventuellement tester un projet, avant de se lancer dans l'entreprenariat.

▸ Inconvénients

Il faut compter 6 % fixes de frais de gestion au moins.

▸ Régime social

Il s'agit du régime des salariés.

▸ Conditions d'accès

Les critères déterminants pour pouvoir prétendre à la signature d'un contrat de portage ne sont pas limitatifs. Nous pouvons toutefois en lister les principaux. Le porté peut être :

- demandeur d'emploi ;
- retraité ;
- professionnel travaillant à temps partagé ;
- consultant ;

- formateur ;
- futur créateur d'entreprise ;
- étudiant diplômé ;
- salarié, fonctionnaire (en fonction du contrat initial de travail).

Le porté doit disposer d'un savoir-faire ou d'une expertise reconnu(e) dans son métier. Il est maître de son action commerciale et démarche ses clients, négocie les tarifs, enfin définit ses missions. En qualité de salarié d'un groupe de portage, il n'a aucun lien de subordination avec son client.

▶ Formalités

Il convient de signer une convention entre la société de portage et le bénéficiaire.

▶ Métiers les plus adaptés

Les principaux domaines d'activités adaptés au portage salarial sont :

- activité commerciale ;
- conseil ;
- organisation ;
- formation ;
- coaching ;
- conseil ;
- toutes les formes d'artisanat et d'auto-entreprise.

D'une manière générale, le portage salarial est particulièrement adapté aux prestations intellectuelles, notamment les activités de conseil. En revanche, certaines activités réglementées ne peuvent être exercées dans le cadre du portage (expertise comptable, pharmacie, notariat).

L'EURL, la SARL et la SAS : des sociétés pour débuter

Au cas où le créateur souhaite s'engager dans une activité nécessitant des financements notables, il est préférable qu'il opte pour un statut de société disposant d'une personnalité morale distincte de la personnalité de son créateur.

En effet, la société dispose de son propre patrimoine ; est dotée d'un nom (ou dénomination sociale), d'un domicile (siège social) et d'un patrimoine initial (ou capital social) ; enfin, est imposée personnellement au titre de l'impôt sur les sociétés (IS).

Il existe plusieurs formes de sociétés, les plus répandues étant l'EURL et la SARL.

Tableau 1. Les formes de sociétés (droit français)

Sociétés et groupements	
Sociétés s'adaptant à tous les types de projets.	**EURL** : entreprise unipersonnelle à responsabilité limitée, donc une SARL. **SARL** : société à responsabilité limitée. Notez que la SARL peut adopter la forme coopérative **SCOP** (Société coopérative ouvrière de production).
Sociétés s'adaptant aux projets innovants, start-up ou nécessitant des capitaux importants.	**SA** : société anonyme. **SAS** : société par actions simplifiée. Notez que la SA peut adopter la forme coopérative **SCOP** (Société coopérative ouvrière de production).
Sociétés regroupant des personnes privées et publiques.	**SEM** : société d'économie mixte.
Sociétés ayant pour objet d'exercer une activité commerciale.	**EURL** : entreprise unipersonnelle à responsabilité limitée. **SARL** : société à responsabilité limitée. **SNC** : société en nom collectif.
Sociétés ayant pour objet d'exercer une profession libérale réglementée (avocat, notaire, architecte, géomètre expert, médecin, etc.).	**SEL** : société d'exercice libéral. **SCP** : société civile professionnelle.

.../...

...**/**...

Sociétés et groupements ayant pour objet de faciliter l'exercice de l'activité professionnelle de leurs membres.	**SCM** : société civile de moyens. **GIE** : groupement d'intérêt économique.

(source : APCE)

▸ L'EURL

Définition

En France, l'EURL est soumise aux mêmes règles qu'une SARL classique depuis le 11 juillet 1985, à la différence qu'il suffit d'une seule personne pour la constituer. Ce statut élaboré à l'initiative d'André Delelis, alors ministre du Commerce et de l'Artisanat, permet d'introduire l'autonomie juridique du patrimoine dédié par l'entrepreneur individuel. Cette forme de société permet également de passer en SARL par simple adaptation des statuts, et inversement.

Risques, responsabilités

La responsabilité de l'entrepreneur se limite, en théorie, à l'apport dans le capital. Dans la pratique, les partenaires de la société (banquiers, créanciers, fournisseurs) réclament souvent une caution personnelle à l'associé unique et parfois même celle de son conjoint, annulant ainsi la responsabilité limitée fixée par le cadre juridique.

Apport initial

Depuis la loi pour l'initiative économique (loi Dutreil) du 5 août 2003, le capital minimum nécessaire est d'un euro. Il faut cependant préciser que si ce capital est juridiquement fixé à un euro, il n'en demeure pas moins qu'une entreprise a de réels besoins de financement pour fonctionner. Si le montant du capital social n'est pas cohérent avec les exigences économiques du projet, la responsabilité du gérant pourra être engagée.

Comptabilité et gestion

La présence d'un commissaire aux comptes est obligatoire si la société dépasse, à la clôture de l'exercice, deux des trois critères suivants :

* bilan supérieur à 1 550 000 euros ;
* montant du chiffre d'affaires HT supérieur à 3 100 000 euros ;
* nombre de salariés supérieur à cinquante personnes.

Sinon, il suffit de déposer les comptes annuels ainsi que l'inventaire au RCS et le rapport de gestion au greffe du tribunal.

La société est dirigée par un gérant, qui doit être une personne physique. En l'absence de limitations statutaires, le gérant a tous les pouvoirs pour agir au nom et pour le compte de la société. Sa nomination et ses pouvoirs sont fixés soit dans les statuts, dont la rédaction est obligatoire, soit par acte séparé.

L'associé unique exerce personnellement les pouvoirs dévolus aux associés dans les SARL pluri-personnelles. Il peut s'agir d'une personne physique ou une personne morale. Il se prononce sous la forme de décisions unilatérales sur tout ce qui relève de la compétence des associés. Ses décisions sont consignées dans un registre spécial tenu au siège social de la société. Plusieurs mesures visent à simplifier les règles de fonctionnement de l'EURL gérée par l'associé unique.

Lors de la création d'une EURL dirigée par l'associé unique, un modèle de statuts types est remis gratuitement par le CFE ou par le greffe du tribunal de commerce qui reçoit la demande d'immatriculation de la société. Ce modèle s'applique d'office, sauf à déposer des statuts différents lors de la demande d'immatriculation de l'EURL. Le gérant associé unique-personne physique est dispensé de :

– Réunir une assemblée générale pour procéder à l'approbation des comptes. Cette formalité est réputée accomplie par le dépôt des comptes annuels et de l'inventaire au greffe du tribunal de commerce.

– Déposer au greffe du tribunal de commerce le rapport de gestion (ce dernier doit cependant être tenu à disposition de toute personne qui en fait la demande).

– Mentionner sur le registre de la société le récépissé délivré par le greffe lors du dépôt des comptes annuels.

Régime social

Le chef d'entreprise est considéré comme travailleur indépendant non salarié. Depuis le 1er janvier 2008, le RSI prend en charge l'ensemble du recouvrement des cotisations. En ce qui concerne le risque « maternité/maladie », ce régime permet le remboursement des frais de soins et le paiement d'indemnités en cas d'arrêt de travail et les allocations maternité.

Si l'associé unique exerce la fonction de gérant, il relève du régime des travailleurs non-salariés. Il ne peut être titulaire d'un contrat de travail. La fonction de gérant est exercée par un tiers.

S'il est rémunéré au titre de son mandat social, le gérant relève alors du régime des « assimilés salariés », c'est-à-dire qu'il bénéficie du régime de Sécurité sociale et de retraite des salariés, mais pas du régime d'assurance-chômage. Il peut cumuler ses fonctions de gérant avec un contrat de travail pour des fonctions techniques distinctes, à condition qu'il soit possible d'établir un lien de subordination entre lui et l'associé unique. Il est alors soumis à tous égards au statut des salariés. Seul est « assimilé salarié » le gérant minoritaire d'une SARL.

Formalités

Lors de la constitution de la société, des statuts types prévus par décret s'appliqueront automatiquement. L'entrepreneur a toutefois la possibilité de déposer d'autres statuts lors de l'immatriculation de la société.

Avantages

On en compte trois :

* création d'une personne morale différente de la personne physique ;
* protection du patrimoine de l'associé unique ;
* facilité de transformation en SARL.

Inconvénients

On en compte trois :

* frais à la création ;
* respect du formalisme et de la réglementation relative au droit de société (constitution et publication des statuts, rédaction de rapport sur la gestion de l'entreprise, publication des comptes sociaux annuels auprès du RCS, etc.) ;
* inefficacité de la limitation de la responsabilité : garanties et cautions personnelles demandées par les banques.

Métiers les plus adaptés

L'EURL ayant la particularité de s'adapter à une grande variété de projets, il est normal de trouver cette forme de société dans toutes les familles de métier. On peut cependant faire remarquer que ce statut est particulièrement adapté aux projets nécessitant dans un avenir plus ou moins proche l'entrée d'un ou plusieurs associés dans la société.

▸ La SARL

Définition

La SARL, qui est une invention du droit allemand, est la forme de société intermédiaire la plus répandue en France. Cette société commerciale présente des caractéristiques de la société de personnes, notamment parce que les parts détenues dans le capital ne sont pas librement cessibles sans accord ou partie des associés.

La SARL doit être constituée de deux associés au minimum et de cent au maximum, sachant qu'il peut s'agir de personnes physiques ou morales.

Risques, responsabilités

Les simples associés sont responsables dans la limite de leurs apports tandis que les gérants sont responsables financièrement de leurs fautes lourdes de gestion ainsi que pénalement, par exemple pour un abus de bien social.

Apport initial

Le montant du capital social est **fixé librement** par les associés en fonction de la taille, de l'activité, et des besoins en capitaux de la société.

Soyez vigilant ! Si le montant du capital social n'est pas cohérent avec les exigences économiques du projet, il n'est pas exclu que la responsabilité personnelle du gérant et/ou des associés fondateurs soit engagée.

Les apports peuvent être réalisés **en espèces** ou **en nature**.

Les apports en espèces doivent être libérés d'au moins un cinquième de leur montant au moment de la constitution de la société. Le solde doit impérativement être libéré dans les cinq ans.

Notez que les associés sont responsables des dettes de la société à hauteur du capital souscrit, même si le capital social n'est libéré que pour partie lors de la constitution.

Les apports **en industrie** sont autorisés. Ils n'entrent toutefois pas dans la constitution du capital social, mais permettent à l'associé de participer au vote en assemblée générale et lui ouvrent droit au partage des bénéfices. Dans ce cas, la part qui lui revient est au moins égale à celle de l'associé qui a versé l'apport le plus faible en espèces ou en nature, sauf clause contraire des statuts.

Le capital peut être variable. Il doit alors être compris en permanence entre un minimum et un maximum fixé par les statuts. Cette option a pour principal avantage l'absence de formalisme pour les opérations d'augmentation ou de diminution du capital.

Comptabilité, gestion

La société est dirigée par un ou plusieurs gérants, **personnes physiques** obligatoirement, nommés parmi les associés ou en dehors d'eux. En l'absence de limitations statutaires, les gérants ont tout pouvoir pour agir au nom et pour le compte de la société. Leur nomination et leurs pouvoirs sont fixés soit dans les statuts, soit par un acte séparé.

Les associés se réunissent au minimum une fois par an en assemblée générale ordinaire (AGO). L'approbation annuelle des comptes, ainsi que les décisions ordinaires, se prennent en assemblée générale à la majorité simple (50 % + 1 voix). La minorité de blocage est donc de 50 %. Les décisions entraînant une modification des statuts se prennent en **assemblée générale extraordinaire** (AGE).

Pour que l'assemblée puisse valablement se tenir, les associés présents ou représentés doivent posséder au moins le quart des parts sociales lors de la première convocation de l'AGE (quorum). À défaut, la seconde AGE doit se tenir dans un délai maximum de deux mois et les associés présents ou représentés doivent posséder au moins un cinquième des parts sociales. Les décisions en AGE se prennent à la majorité des deux tiers des voix. La minorité de blocage est donc de 33 % + 1 voix.

Régime social

Il diffère selon que le gérant est **majoritaire ou minoritaire.** Un gérant est majoritaire s'il détient, avec son conjoint (quel que soit le régime patrimonial) et ses enfants mineurs plus de 50 % du capital de la société.

- Le **gérant majoritaire** est affilié au régime des travailleurs non-salariés (TNS).

- Le **gérant minoritaire** relève du régime social des « assimiléssalariés » au regard de sa protection sociale. Il bénéficie donc du régime de Sécurité sociale et de retraite des salariés, mais non de l'assurance-chômage et des dispositions du droit du travail. Le gérant minoritaire peut éventuellement cumuler les fonctions de gérant avec un contrat de travail relatif à des fonctions techniques distinctes, s'il est possible d'établir un lien de subordination entre lui et la société.

Formalités

Les principales formalités sont les suivantes :

- recherche d'antériorité à l'Institut National de la Propriété Industrielle (INPI) ;
- immatriculation au RCS ;
- publication dans un journal d'annonces légales ;
- rédaction des statuts ;
- nomination du gérant ;
- dépôt des apports en numéraire à la banque.

Avantages

On en dénombre trois :

- responsabilité des associés limitée aux apports
- structure évolutive facilitant le partenariat
- ne bénéficiant pas de l'assurance-chômage, le dirigeant minoritaire est seulement « assimilé-salarié ».

Inconvénients

Ils sont au nombre de deux :

- frais et formalisme de constitution ;
- formalisme de fonctionnement.

Métiers les plus adaptés

Cette forme de société présente la particularité de s'adapter à de nombreuses situations, d'où son surnom de société « passe-partout ».

▸ La SAS

La loi LME du 4 août 2008 a doté la SAS des mêmes attraits que la SARL : absence de capital minimum, faculté de ne pas nommer de commissaire aux comptes, de faire des apports en industrie, d'opter pour l'impôt sur le revenu des personnes physiques (IRPP), etc.

Le recours aux règles de la SARL pourrait, dans certaines situations, être privilégié, notamment pour les groupes de sociétés de taille modeste. En outre, le choix du statut social du dirigeant pourrait dans certains cas l'inciter à préférer le choix d'une gérance majoritaire de SARL (assimilant l'intéressé à un travailleur non salarié) plutôt que celui d'une présidence de SAS (impliquant l'assimilation de l'intéressé à un régime de salarié). Pour autant, la loi LME du 4 août 2008, libérant la SAS d'un certain nombre de contraintes, a rendu cette forme sociale fort attractive.

Par rapport à la SARL, la SAS offre une certaine liberté contractuelle. Il conviendrait toutefois de concilier cette liberté avec la sécurité juridique en rédigeant les statuts avec attention. Cette forme de société est réservée à des projets à fort développement.

Les formalités administratives

D'une manière générale, les **formalités de création** d'entreprise ont été considérablement **simplifiées** avec la création des CFE. Ces centres ont vocation d'une part à déclarer l'activité et à demander une immatriculation au Répertoire national des entreprises tenu par l'INSEE, au RCS, tenu par le greffe du tribunal de commerce et au Répertoire des Métiers, tenu par la CMA si votre activité est artisanale. D'autre part, il s'agit pour eux d'entrer en relation avec les administrations qui seront en contact au quotidien avec vous durant toute la vie de votre entreprise : les services fiscaux et les organismes sociaux principalement.

Pour effectuer ces démarches, le créateur doit s'adresser à cet interlocuteur unique. Une fois l'entreprise immatriculée, elle obtient :

* un numéro unique Siren et un ou plusieurs numéros Siret, délivrés par l'INSEE ;
* un code d'activité APE ;
* un numéro unique d'identification à utiliser dans les relations avec les organismes publics et les administrations.

Pour connaître le CFE local compétent pour la création d'une entreprise, l'INSEE a mis en ligne un site permettant de déterminer le CFE compétent par commune (http://annuaire-cfe.insee.fr/AnnuaireCFE/jsp/Controleur.jsp).

Certaines démarches sont imposées par l'activité de l'entreprise.

Les informations relatives aux réglementations applicables peuvent être trouvées sur le site Internet de l'APCE, auprès des chambres consulaires (CMA, CCI, chambres d'agriculture), des syndicats et organismes professionnels concernés, auprès de la Direction générale de la concurrence de la consommation et de la répression des fraudes (DGCCRF) ou de l'une de ses directions départementales, ou encore auprès du service d'action économique de la préfecture ou de la mairie.

Parallèlement, de nombreuses formalités complémentaires sont à effectuer pour la création d'une société, à savoir le dépôt des fonds sur un compte bloqué en attendant l'immatriculation, la rédaction des statuts, la désignation des dirigeants, d'enregistrement des statuts auprès du centre des impôts, la publication de l'avis de constitution dans un journal d'annonces légales, l'adhésion à une caisse de retraite de salariés, l'ouverture d'une ligne téléphonique professionnelle, le dépôt de marque à l'INPI ou encore la réservation d'un nom de domaine pour la création d'un site Internet.

La loi LME du 4 août 2008 a instauré une dispense d'immatriculation au RCS ou au Répertoire des Métiers en faveur des micro-entrepreneurs qui exercent à titre principal ou complémentaire une activité commerciale ou artisanale et qui ont opté pour le nouveau régime micro-social. Depuis janvier 2009, les auto-entrepreneurs peuvent n'effectuer qu'une simple déclaration d'activité auprès du CFE compétent.

Quelques statuts spécifiques

Parmi les nombreux statuts particuliers existant en droit français, il convient de signaler celui de la JEI et quelques formes spécifiques d'entreprises du secteur agricole.

▶ Le statut de la JEI (Jeune Entreprise Innovante)[1]

Dès sa mise en place en 2004, ce statut a rencontré un vif succès, confirmé en 2005, mais qui s'est stabilisé en 2006. Au titre de l'année 2006, selon les données recueillies par l'Agence centrale des organismes de sécurité sociale (ACOSS), 1 789 établissements ont été qualifiés de « jeune entreprise innovante », soit environ quatre cent trente de plus que pour 2004 (soit + 32 %). Ces JEI ont bénéficié de 87,4 millions d'euros d'exonérations de cotisations patronales de Sécurité sociale correspondant à un effectif global d'environ neuf mille cinq cent cinquante salariés exonérés, soit en moyenne cinq salariés sur neuf. Comme pour le crédit d'impôt recherche, la Direction générale de la recherche et de l'innovation du ministère délégué à la Recherche assure l'expertise scientifique pour les agréments au statut JEI, en particulier pour les entreprises qui demandent à bénéficier du « rescrit ».

Ce statut a vocation d'apporter un soutien significatif à des jeunes entreprises actives en R&D et à leur permettre ainsi de passer le cap difficile des premières années de leur développement, sous réserve qu'elles répondent aux cinq conditions suivantes :

– Être une PME au sens de l'UE : ce sont des entreprises qui, au titre de l'exercice ou de la période d'imposition pour laquelle

---

1. Source : www.enseignementsup-recherche.gouv.fr/cid5738/le-statut-de-la-jeune-entreprise-innovante-jei.html.

elles veulent bénéficier du statut spécifique, doivent, d'une part, employer moins de deux cent cinquante personnes et, d'autre part, réaliser un chiffre d'affaires inférieur à 50 millions d'euros ou disposer d'un total de bilan inférieur à 40 millions d'euros.

– Avoir moins de huit ans : une entreprise peut solliciter le statut de JEI jusqu'à son huitième anniversaire et perd définitivement ce statut au cours de l'année de son huitième anniversaire.

– Avoir un volume minimal de dépenses de recherche : l'entreprise doit avoir réalisé, à la clôture de chaque exercice, des dépenses de recherche représentant au moins 15 % des charges fiscalement déductibles au titre de ce même exercice. Ces dépenses de recherche sont calculées sur la base de celles retenues pour le crédit d'impôt recherche.

– Être indépendante : pour pouvoir bénéficier du statut de JEI, l'entreprise doit être indépendante au sens de l'article 44 sexies du Code général des impôts. La condition de détention du capital doit être respectée tout au long de l'exercice au titre duquel l'entreprise concernée souhaite bénéficier du statut spécial.

– Être réellement nouvelle : elle ne doit pas avoir été créée dans le cadre d'une concentration, d'une restructuration, d'une extension d'activité préexistante ou d'une reprise d'une telle activité.

Les avantages liés au statut de JEI sont au nombre de trois : exonérations sociales, allégements fiscaux et la combinaison avec d'autres régimes.

– **Exonérations sociales** : l'entreprise qualifiée de JEI est exonérée de cotisations sociales patronales pour les chercheurs, les techniciens, les gestionnaires de projet de recherche-développement, les juristes chargés de la protection industrielle et des accords de technologie liés au projet et les personnels chargés de tests pré-concurrentiels. Cette exonération est également ouverte aux mandataires sociaux relevant du régime général de Sécurité sociale. Cela concerne :

* les gérants minoritaires de SARL et de sociétés d'exercice libéral à responsabilité limitée ;
* les P-DG et directeurs généraux de SA ;
* les présidents et dirigeants de SAS.

L'exonération totale de cotisations patronales de Sécurité sociale ne peut se cumuler avec une autre mesure d'exonération de cotisations patronales ou avec une aide de l'État à l'emploi.

– **Allégements fiscaux :** l'avantage fiscal consiste en une exonération totale des bénéfices pendant trois ans, suivie d'une exonération partielle de 50 % pendant deux ans.

L'entreprise bénéficie également d'une exonération totale d'imposition forfaitaire annuelle (IFA), tout au long de la période au titre de laquelle elle conserve le statut de JEI.

Sur délibération des collectivités territoriales, une entreprise qualifiée de JEI peut bénéficier d'une exonération de la taxe professionnelle et de la taxe foncière sur les propriétés bâties pendant sept ans.

Il convient de noter que les aides fiscales accordées aux entreprises placées sous le régime de la JEI ne peuvent excéder le plafond des aides « de minimis » fixé par la Commission européenne, soit un montant de 200 000 euros à compter du 1er janvier 2007 par période de trente-six mois pour chaque entreprise.

– **Combinaison avec d'autres régimes :** il est possible de cumuler le crédit d'impôt-recherche avec les exonérations d'impôt sur les bénéfices accordées aux JEI. En revanche, le régime d'exonération applicable à la JEI est exclusif du bénéfice des dispositions d'exonération ou de crédit d'impôt prévus en faveur des entreprises nouvelles implantées dans certaines zones d'aménagement du territoire, des entreprises exerçant ou créant leur activité en zones franches urbaines et des entreprises exerçant ou créant leur activité en Corse pour certains de leurs investissements.

▸ Le « freelance »

Le « freelance » ne s'apparente pas à un statut, mais est un terme utilisé pour désigner une activité indépendante. Un « freelance » est un prestataire indépendant qui travaille pour d'autres entreprises, ses « donneurs d'ordre ». Il prospecte sa clientèle, définit avec elle sa mission et la réalise lui-même ensuite, sous sa propre responsabilité. il exerce souvent son activité en entreprise individuelle, mais peut aussi créer une société (EURL par exemple), recourir à une société de portage ou bénéficier de certains statuts particuliers (pigistes, formateurs occasionnels). Quel que soit son statut, il est inscrit aux caisses de protection sociale obligatoires et agit en toute indépendance, c'est-à-dire sans lien de subordination vis-à-vis de ses donneurs d'ordre. Les activités les plus concernées sont celles de consultants, traducteurs, formateurs, graphistes, photographes, auteurs de logiciel, etc.

Les critères de choix du statut le plus adapté

En 2008, la moitié des entreprises a été créée sous le statut d'EI, 11 % sous un statut de société unipersonnelle, 35 % sous celui de SARL, et seulement 4 % sous diverses autres formes juridiques.

La sélection repose sur des critères variés, parmi lesquels la nature du projet et la personnalité du ou des entrepreneurs, devant être pris en compte. Le choix du mode d'exploitation de l'activité de l'entreprise, applicable principalement dans les secteurs marchands, qui porte sur les droits et les devoirs de l'entrepreneur vis-à-vis, selon le cas, de son concédant, son franchiseur, son réseau coopératif, sera analysé dans la deuxième partie de l'ouvrage.

La nature du projet

Selon le cas, le projet peut porter sur une **activité à but non lucratif** : la forme de l'association loi de 1901 sera retenue ; ou sur une **activité à but lucratif** : toutes les autres formes sont possibles.

Si les investissements et les financements sont :

- **Importants** (comparativement au niveau de patrimoine de l'entrepreneur), un statut de SARL, séparant l'actif et le passif de l'entreprise du patrimoine de l'entrepreneur sera privilégié.
- **Peu importants**, toutes les autres formes d'entreprise sont *a priori* envisageables. Les statuts d'auto-entrepreneur et d'EI entraînent une confusion de patrimoines. Le statut d'association ou de coopérative et le portage salarial n'entraîne pas d'engagement de patrimoine de la part de l'entrepreneur.

Ces deux derniers statuts présentent toutefois certaines différences :

Figure 2. Comparaison entre la coopérative et le portage salarial

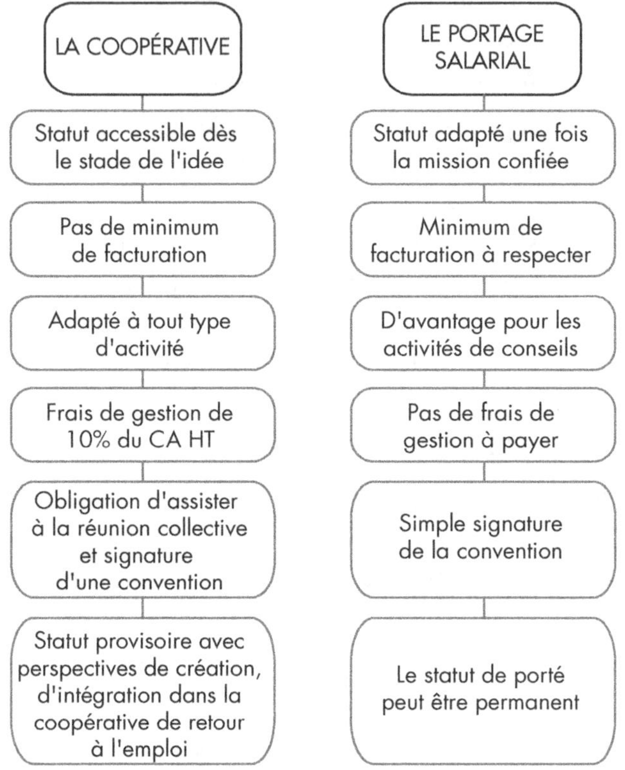

En France, il existe des syndicats professionnels du portage salarial, dont la mission est de répertorier, par l'intermédiaire de listes d'adhérents, toutes les entreprises spécialisées dans le portage salarial. Les trois syndicats français sont le Syndicat National des Entreprises de Portage Salarial, la Fédération Nationale de Portage Salarial et l'Union Nationale des Entreprises de Portage Salarial.

Le développement rapide du projet peut enfin impliquer des changements fréquents de statuts. Dans ce cas, la démarche suivante peut être suivie :

Figure 3. L'évolution des statuts de la PME

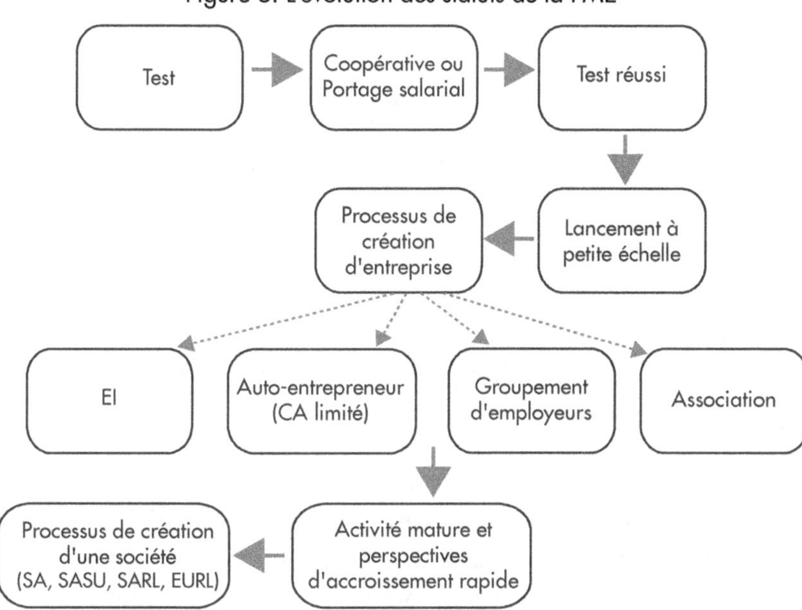

Le nombre d'associés

L'entrepreneur peut souhaiter engager son projet **seul** ou à **plusieurs** (avec d'autres entrepreneurs ou associés). Ses choix sont alors les suivants :

Figure 4. Nombre d'associés selon le statut de la PME

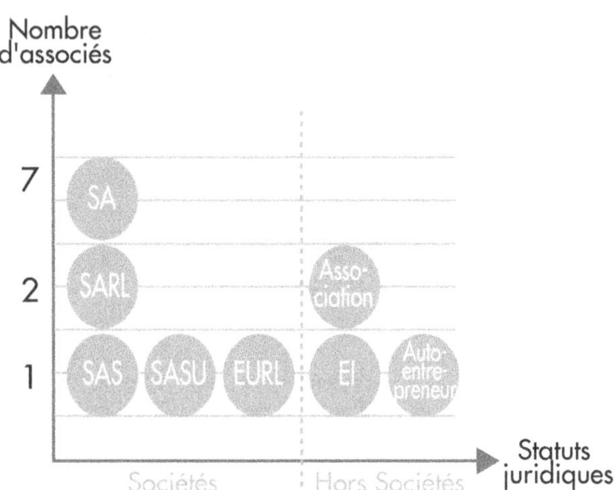

La séparation entre les patrimoines personnel et professionnel

L'entrepreneur peut exiger une plus ou moins grande **protection de son patrimoine personnel** en cas de défaillance de son entreprise. Son choix dépend de plusieurs facteurs : l'importance de son patrimoine et son régime matrimonial (communauté ou séparation de biens). Dans ce dernier cas, s'il a préalablement transféré son patrimoine personnel à son conjoint, le passif de son entreprise ne pourra être recouvré sur ses bien propres. La sélection du statut d'entreprise répond aux mêmes critères que ceux relatifs au montant des **apports financiers** de l'entrepreneur (ou des entrepreneurs), qui peuvent être plus ou moins importants. Les options juridiques suivantes lui sont offertes.

Figure 5. Apport personnel et statut de la PME

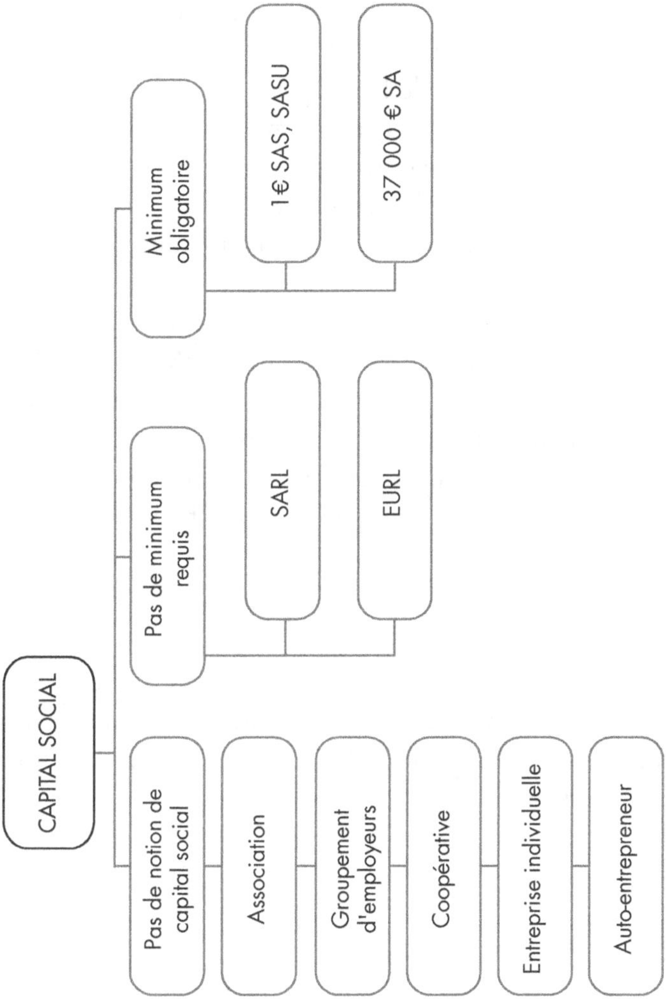

La question de la séparation des patrimoines revêt une importance capitale pour le créateur d'entreprise. Depuis 1978, trois rapports ministériels ont proposé l'insaisissabilité du patrimoine personnel de l'entrepreneur, quel que soit le statut de son projet (entreprise individuelle ou société). Cependant, aucune loi n'a été votée.

Le rapport « de Roux » propose une déclaration au RCS ou au Répertoire des Métiers, de l'affectation des actifs en patrimoine professionnel, qui constituerait la garantie des créanciers en cas de cessation de paiement de l'entreprise. Afin de limiter les coûteuses garanties bancaires, des organismes comme l'agence OSEO ou la SIAGI, pourraient se porter garants après examen de la solidité du projet à financer. L'accès au crédit soulève le problème de l'insuffisance des capitaux propres des PME françaises. Plusieurs mesures visant à renforcer ces apports ont été mises en œuvre depuis 1980, parmi lesquelles l'instauration du capital-développement (analysé au chapitre suivant) et plus récemment, l'option offerte aux redevables de l'ISF, de s'acquitter de l'impôt en prenant une participation dans une PME non cotée ou en souscrivant des parts de fonds commun de placement dans l'innovation (FCPI) dans des JEI, proposés par certaines banques.

La couverture sociale

Le (ou les) entrepreneurs peut (peuvent) souhaiter bénéficier d'une **couverture (ou protection) sociale** (maladie, chômage, retraite, prestations familiales) plus ou moins large. Les choix suivants sont alors possibles.

Figure 6. Couverture sociale et statut de la PME

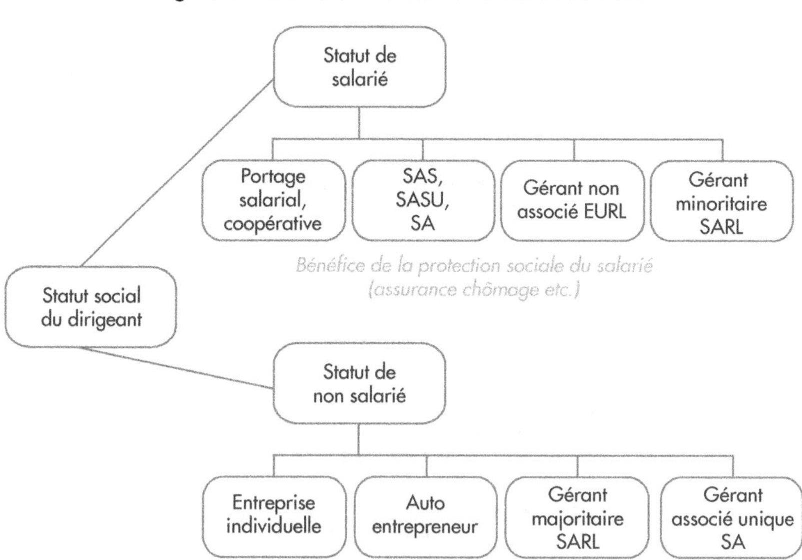

Synthèse

Dans chaque secteur d'activité ou famille de métiers[1], certains statuts et formes d'exploitation sont généralement privilégiés. En règle générale, il est primordial de chercher la forme la plus adaptée au projet pour que ce dernier puisse se développer sans entraves juridiques, sociales et fiscales excessives. Il est recommandé de suivre une démarche rigoureuse de sélection et de s'entourer des conseils des parties prenantes de l'entreprise à créer : futurs associés, fournisseurs, clients, financeurs, et surtout d'une structure d'accompagnement. Ces conseils doivent être d'autant plus spécialisés (avocats, fiscalistes, etc.) que le projet est ambitieux et risqué. Dans tous les cas, il convient de privilégier les structures flexibles aisément aménageables en fonction du développement prévisible de l'entreprise.

---

1. Lire la deuxième partie de l'ouvrage.

Les capacités, les compétences et les connaissances de l'entrepreneur indépendant

L'accès à l'entrepreneuriat suppose le passage d'une **posture** de « demandeur d'emploi » à une **attitude** d'« offreur de service ». Cette **mutation** exige la mobilisation de toutes les ressources humaines maîtrisées ou potentiellement maîtrisables par le créateur. Ces ressources revêtent des formes variées : les capacités (ou qualités), les compétences, les connaissances (éventuellement validées par des diplômes), les valeurs socioculturelles (parmi lesquelles le sens éthique). Le mode d'assemblage de ces ressources détermine la personnalité du « sujet » et ses dispositions à devenir « acteur ».

Tableau 1. Les principales théories des ressources

Théories/auteurs	Approches
Évolutionnisme Penrose Nelson et Winter	Les entreprises soumises à une sélection naturelle (« darwinisme social ») : leur survie est conditionnée par des routines organisationnelles (ou gènes de l'entreprise).
Écologie des populations Hannan et Freeman Aldrich	Les populations d'entreprises sont soumises à des effets de variation (différenciation), de sélection et de rétention (reproduction).
Ressources Wernefelt, Rumelt, Alchian, Barney	Les avantages concurrentiels des firmes sont fondés sur leurs ressources spécifiques sous forme de compétences.
Compétences **CBV** Hamel et Prahalad Stalk, Heene Barney Dosi	La vision stratégique des leaders est mise en œuvre grâce aux compétences stratégiques (*core competences*) de l'organisation. Le changement est induit par les compétences stratégiques et les compétences organisationnelles (opérationnelles et fonctionnelles).
Connaissances **KBV ou KM** Grant, Spender, Kogut, Conner	Les avantages concurrentiels sont fondés sur des expériences internes et externes (importées) formalisées en connaissances spécifiques.
Capacités dynamiques **DCBV** Teece, Pisano, Shuen	Le changement organisationnel induit par la stimulation des capacités de création, de communication et de négociation.

R : ressources - K : connaissances - C : compétences – DC : capacités dynamiques –
*BV : **based view***

Les capacités dynamiques
des indépendants et des créateurs

Les **capacités dynamiques** de l'entrepreneur correspondent à ses aptitudes à créer, à organiser, à communiquer et à négocier. Elles constituent les principaux leviers de la création puis du **changement organisationnel** de la PME. Ces capacités (qualités ou traits de caractère) sont à la fois innées et acquises. Elles sont en partie transmises entre générations, développées par les conditions d'éducation et de formation, et influencées par les expériences vécues.

Ce sont ces capacités d'adaptation aux changements qui conditionnent la création et la survie de l'entreprise : « *La question fondamentale du management stratégique porte sur la conquête et le soutien de l'avantage compétitif, mais la réponse à cette question réside dans le développement des capacités dynamiques* » (Teece, *et al.*, 1997). Ces dernières sont définies comme « *les aptitudes collectives de l'organisation à s'adapter à son environnement en créant, réorganisant, apprenant, négociant, communiquant (…) grâce à son capital humain, seule véritable gisement de valeur durable* » de l'entreprise. Les chercheurs Portnoff et Lamblin (2003) précisent que « *la valeur est le fruit de synergies et non d'additions arithmétiques (…) elle naît d'interactions entre idées, projets, personnes, équipes, machines (…) le potentiel de création de valeur repose, en grande partie, sur des facteurs immatériels composés d'intelligence collective, de capital relationnel, organisationnel, de capacité à mobiliser des talents, d'image de marque* ».

Les enquêtes menées en vue de la rédaction de cet ouvrage permettent de répertorier (sous forme de dyades) les capacités perçues par les créateurs et leurs accompagnateurs, comme les plus favorables à l'entrepreneuriat :

* la créativité (inventivité ou innovativité) et la passion du métier ;

* les sens de la communication et de la négociation ;
* les sens des responsabilités et de l'organisation ;
* l'esprit d'indépendance et le goût du risque[1].

La **créativité** (ou l'énergie créatrice) est définie comme « *la capacité à concevoir des produits, des procédés et des processus nouveaux ; les idées créatives apparaissent rarement par déduction logique ou par induction spontanée, mais plutôt par association d'idées anciennes et/ou de traces mnésiques laissées par des expériences vécues par les créateurs ou héritées de générations antérieures* » (Storr et Souder). Cette capacité est essentielle dans les métiers de hautes technologies, mais aussi, des arts et de l'artisanat. Elle s'applique aux produits, aux procédés et à l'organisation de l'entreprise.

La **capacité d'adaptation**, qui est une forme de créativité, est désormais indispensable dans tous les métiers.

Le sens de la **communication** appliquée à l'entreprise (ou « communication organisationnelle ») est défini comme une aptitude à construire socialement de la réalité organisationnelle ; elle repose sur une empathie et un « dialogue »[2] (Bouwen et Frey) destinés à produire et diffuser un nouveau langage dans l'organisation. La communication permet de négocier des arrangements organisationnels avec les acteurs de l'entreprise et de ses réseaux.

Le sens de la **négociation** permet de trouver des accords ou des équilibres entre les avantages et les handicaps que chacune des parties estime en retirer ; l'accord répond en pratique à des « critères minimaux de satisfaction » , selon les sociologues français Crozier et Friedberg, fixés en fonction des enjeux de chaque partie.

---

1. Voir le chapitre 6.

2. Des « délibérations » (Purser *et al.*), une « conversation » (Ford) ou une « traduction » (Latour).

Les compétences et les connaissances des indépendants et des créateurs

Les notions de compétences et de connaissances

Les **compétences** et les **connaissances**[1] des créateurs doivent être, selon Dosi, d'une part non aisément substituables par d'autres ressources (valorisables par exemple grâce à l'emploi) ; d'autre part mobilisables par des phases d'exploration (ou d'expérimentation) et d'exploitation (ou d'opérationnalisation) des savoir-faire et des savoirs, développées grâce à un apprentissage individuel ou collectif.

Le **portefeuille de compétences et de connaissances** de l'entrepreneur (et le cas échéant, de ses salariés) doit être un système actionnable homogène, qui crée de la valeur pour le client, permet de s'adapter au changement et de résister à la pression concurrentielle. Il doit couvrir la durée de validité de la technologie dominante exploitée par la PME. Il doit, si possible, être difficilement captable par les concurrents, parce que non transmissible (secrets d'affaires, etc.) ou protégé par les lois sur la propriété intellectuelle (brevets, marques, etc.). Il couvre les savoir-faire, les connaissances, les procédés, et les méthodes de travail, ou bonnes pratiques.

Les **compétences** requises de l'entrepreneur doivent être :

- opérationnelles (« compétences métiers ») : ce sont les savoir-faire exigés dans les activités de terrain (conception, fabrication, logistique, distribution-commerce, conseil).
- fonctionnelles : ce sont les compétences exigées dans les fonctions d'appui ou de gestion des activités opérationnelles (marketing, finance-comptabilité-contrôle, GRH, R&D, systèmes, etc.).

---

1. Compétences : capacités (savoir-faire) à développer et à mobiliser ces ressources. Connaissances : savoirs validés, transférables et actionnables.

– stratégiques[1] : elles conjuguent des capacités transversales de diagnostic, de prise de décision, d'innovation et de coordination des managers et des leaders.

Le « cœur » (ou « noyau ») de compétences (*core competences*) doit être construit (*generative learning*) à partir de la **vision** (ou intention) **stratégique** (Hamel et Prahalad, Selznik) du créateur, destinée à créer un avantage concurrentiel fondé sur une combinaison de ressources « à dominantes immatérielles », moins mobiles et plus spécifiques, non transférables, non réplicables et donc, plus durables.

Les formations des travailleurs indépendants et des créateurs d'entreprise

En 2008, les formations des 326 000 créateurs d'entreprises françaises (dont 11 % d'étrangers et 26 % de femmes) étaient les suivantes : formation supérieure (33 %), dont près de la moitié de niveau bac + 5) ; baccalauréat (17 %) ; CAP/BEP (24 %) ; sans diplôme (26 %). Jusqu'à la crise de 2008, les niveaux de formation des jeunes créateurs ne cessaient de s'élever. À la fin de 2008 et au cours de 2009, la **tendance s'est provisoirement inversée**, en raison notamment de la proportion plus importante des employés et ouvriers demandeurs d'emplois (victimes de licenciements économiques) aspirant à devenir des travailleurs indépendants.

Les enquêtes menées dans les différentes familles de métiers permettent de tirer les conclusions suivantes.

– Le créateur a intérêt à avoir poursuivi la **formation théorique et pratique la plus complète possible** à son métier, avant d'engager son projet, car il est souvent difficile, pour un chef d'entreprise, de prendre des congés de formation d'une durée

---

1. Également qualifiées de compétences cardinales, compétences générales, compétences clés, compétences inter-fonctionnelles, compétences transversales, *core competences*, avec quelques nuances de sens selon les auteurs.

de plusieurs semaines, ou même de se former à temps partiel. Son apprentissage doit être permanent, dans le cadre de son activité quotidienne, par la pratique, l'observation, la lecture des revues professionnelles, la consultation de sites spécialisées et par de courtes actions de formation continue.

– Dans certains métiers réglementés, dans les professions libérales et dans les services sanitaires et sociaux, les créateurs doivent être **obligatoirement titulaires de certains diplômes** (spécifiés dans chapitres 7 à 16).

–Dans la plupart des activités, il est souhaitable qu'ils maîtrisent à la fois les techniques propres à leurs métiers, les **méthodes de base du management des entreprises** et la **pratique** – au moins rudimentaire[1] – de l'**anglais des affaires**.

– Le besoin de formation diffère selon les métiers, mais aussi selon le profil du nouvel entrepreneur : l'étudiant a besoin de stages pratiques ; le salarié, le demandeur d'emploi ou le retraité qui s'établit dans la même discipline, a souvent besoin d'une formation en management et en anglais ; le candidat en reconversion, a besoin d'une formation pratique complète à son nouveau métier.

– Malgré le foisonnement des offres de formation, le travailleur indépendant souffre d'une relative **discrimination** vis-à-vis du travailleur salarié.

---

1. Pratique courante, notamment dans les métiers du conseil, de la formation et du tourisme.

Les cultures socio-professionnelles des indépendants et des créateurs

La culture du métier

La **culture** d'entreprise est définie comme un ensemble de croyances, de valeurs, de normes, de mythes[1], de rites[2] et de tabous[3] propres à l'entreprise et à son environnement (Reitter). Elle est influencée par les cultures internationale (européenne et/ou américaine), nationale et régionale, par la culture du métier et par la culture personnelle du chef d'entreprise. Elle contribue à une meilleure reconnaissance mutuelle – par des conventions et un langage communs – des professionnels d'un même métier et d'une même entreprise. Le respect des valeurs et des normes d'un métier favorise le développement de liens de confiance entre l'entrepreneur, ses parties prenantes et ses réseaux d'accompagnement. Il favorise l'intégration du travailleur indépendant dans son milieu professionnel.

L'importance d'une « acculturation » du créateur à son métier et à sa région a été révélée par de nombreuses observations de sociologues.

---

1. Représentation idéalisée de leaders (« héros » de l'organisation), groupes, métiers, évènements, etc.
2. Pratique régulée issue de croyances ou de l'exercice d'un pouvoir.
3. Pratique déconseillée par des « peurs collectives » et symbolisée par des rumeurs.

Tableau 2. Les principales approches théoriques de la culture d'entreprise

Théories/ auteurs	Approches
Culture internationale Bond King	Syncrétisme des valeurs dominantes du pays dominant dans le secteur d'activité (exemple des États Unis pour les NTIC).
Cultures nationales ou régionales Hofstede d'Iribarne Trompenaers	Valeurs de l'entreprise influencées par les cultures nationales. Prégnance du service public et sens de l'honneur en France.
Cultures métiers ou professionnelles Sainsaulieu	Valeurs influencées par le métier et défendues par les partenaires sociaux, enquêtes sur les types de sociabilité professionnelle.
Cultures de réseaux ou d'écosystèmes Hedberg Butera	Valeurs dominantes de réseaux verticaux (écoles, corps, etc.) et horizontaux (dirigeants, communautés de pratiques, etc.)
Culture d'entreprise Schein Morgan Smircich Peters, Waterman Kennedy	Représentations et valeurs construites dans les interactions sociales et exprimées par des métaphores, sous formes de symboles et d'images. Culture d'entreprise influencée par le leader de l'entreprise.

Les valeurs positives qui doivent être de préférence **incarnées** par l'entrepreneur et exprimées dans ses décisions et ses comportements, différent d'un métier à l'autre[1]. Elles vont directement contribuer à forger son image, à asseoir sa réputation, à construire son identité socio-professionnelle.

---

1. Valeurs recensées dans les deuxième et troisième parties de l'ouvrage.

L'éthique de l'entrepreneur

Ces valeurs sont principalement de nature « éthique ». Le créateur doit se plier au code déontologique de sa profession, sous peine d'être rapidement exclu de ses marchés et de ses réseaux relationnels.

Focus sur… éthique, morale et déontologie de l'entreprise

La notion d'« éthique » s'applique à un « état de sagesse » ou une « rationalité de comportement ». Elle n'est ni universelle comme la morale, ni territoriale comme la loi, ni corporatiste comme la norme, mais est généralement qualifiée d'« identitaire » (Canto-Sperber, 1999). Le *management éthique* soulève la question du sens de l'action du salarié dans l'entreprise et de l'entreprise dans son écosystème. L'éthique contribue à assurer la régulation entre les aspirations sociales (ou sociétales) des acteurs des entreprises et les contraintes de l'économie de marché. L'éthique constitue un des facteurs structurants de la conscience et de la culture du manager ; elle s'est progressivement enrichie de concepts et de pratiques empruntés aux sciences du vivant (la bio-éthique), au monde du travail (l'éthique professionnelle), aux échanges marchands (l'éthique des affaires), aux métiers de la finance (l'éthique financière), et plus récemment à l'exploitation des ressources naturelles (le développement durable). L'éthique managériale a toutefois été plus influencée par la notion de valeur d'utilité des produits matériels et financiers, qui régule l'économie marchande, que par celle de valeur morale des comportements, qui fonde les rapports sociaux.

Le terme de « morale » – et notamment son corollaire « morale des affaires » – est d'un usage moins courant depuis les années 1980, en raison de sa visée prescriptive (voire répressive) et de ses effets considérés comme aliénants dans un environnement marqué par la dérégulation des marchés et par la déconstruction de certaines valeurs sociales. La crise actuelle résulterait, selon les sociologues Lipovetsky et Servay (2008), de ce mouvement de déconstruction des codes sociaux observé à partir des années 1960, conjugué au processus de déréglementation des marchés amorcé vers 1980. La « culture-monde » issue de ce double mouvement, reposerait sur cinq systèmes étroitement imbriqués : le **néo-libéralisme**, le **consumérisme**, les **techno-sciences**, l'**individualisme** et l'**ordre médiatique**. Il en est notamment résulté une certaine désinstitutionnalisation de l'économie (notamment financière) et une relativisation des principes moraux appliqués dans les relations d'affaires.

Le terme « déontologie » (forgé par le philosophe anglais Bentham en 1834) connaît en revanche un regain de faveur depuis la faillite frauduleuse d'Enron en 2001. Il recouvre un ensemble de normes *(best practices)* et de règles du jeu encadrant les comportements des membres d'une profession. Le code déontologique vise à y instaurer un ordre à la fois moral (encourager de « bonnes mœurs » professionnelles) et disciplinaire (sanctionner les infractions aux règles). Il semble donc, selon la formule du philosophe français Paul Ricœur, que *« la morale et la déontologie soient réellement des étapes de la réalisation de l'intention éthique »*, mais que la difficulté réside dans l'appréhension de la nature de cette intention.

D'après Pluchart, J.-J., Simon, F.-X., « Vers un capitalisme éthique », in Repenser la planète finance, Éditions d'Organisation, 2009.

Les parties prenantes de l'entreprise sont de plus en plus attachées à deux référentiels :

- Le **référentiel « financier »** mesure la rentabilité et la solidité financière de l'entreprise.
- Le **référentiel « durable »** apprécie la responsabilité sociale de l'entreprise, au travers de :
  - ses relations sociales ;
  - son management de la qualité ;
  - sa gestion environnementale ;
  - ses relations avec ses associés et ses partenaires ;
  - les relations avec ses clients et fournisseurs ;
  - le respect de la déontologie professionnelle.

Synthèse

Les enquêtes engagées dans le cadre de cet ouvrage viennent dans l'ensemble confirmer les observations consignées dans la littérature entrepreneuriale. Elles soulignent le caractère indispensable d'une solide formation pratique au métier exercé par le créateur, complétée par des connaissances de base de la gestion d'entreprise et de l'anglais. Elles mettent également en lumière l'importance des capacités personnelles, telles que les aptitudes à créer, à s'adapter, à communiquer et à négocier. Elles montrent enfin le prix que le créateur doit attacher aux valeurs culturelles et à la déontologie de son métier. Il est nécessaire, selon le précepte de Montaigne, de bien se connaître soi-même et de pallier ses déficiences à l'aide de ses réseaux personnels.

Les aides, les financements et les rétributions de l'entrepreneur indépendant

Au cours de 2008, les financements des créations d'entreprises se sont répartis entre apports en fonds propres des créateurs (49 %), crédits bancaires (37 %) et aides et crédits bonifiés (14 %). Ces chiffres masquent un foisonnement d'apports, d'aides et de crédits d'organismes divers, dont l'identification et la négociation constituent l'une des difficultés rencontrées par le créateur d'entreprise.

Les financements et les aides en amont de la création

Ces concours financiers sont accordés au futur créateur, avant la constitution juridique de l'entreprise, mais ne sont disponibles que lors de la création effective.

Les fonds propres et quasi fonds propres

La plupart des créateurs (89 %) utilisent leurs ressources personnelles pour mener à bien leurs projets. Mais ils peuvent également faire appel à leurs proches, solliciter des associations, obtenir des prêts d'honneur ou encore mobiliser différents dispositifs.

▸ Solliciter ses proches

Si cela peut paraître aisé et simple, attention cependant : mêler famille, amitié, argent et affaires se révèle en effet parfois dangereux.

▸ Solliciter des associations

Les possibilités sont nombreuses.

L'ADIE (Association pour le Droit à l'Initiative Économique) prête des petites sommes (1 000 à 5 000 euros) à des créateurs d'entreprise en voie d'insertion.

Les PFIL (Plates-Formes d'Initiative Locale) proposent des prêts, à taux nul ou bonifié, à des créateurs manquant d'apport personnel pour lancer leur affaire. Ces prêts peuvent atteindre 45 000 euros.

L'AFACE (Association pour Favoriser la Création d'Entreprise) garantit des prêts bancaires et alloue des prêts directs et sans intérêts.

▸ Obtenir des prêts d'honneur

La plate-forme France INITIATIVES réunit des experts bénévoles venus d'horizons variés (chefs d'entreprises, experts comptables, avocats, banquiers) et propose un prêt d'honneur sans intérêts ni garanties d'un montant moyen de 7 500 euros.

Le Réseau Entreprendre accorde le même type de prêts, allant de 15 000 à 50 000 euros.

Les collectivités territoriales (région, département, commune) proposent des prêts d'honneur dont le montant, très variable, peut tout de même atteindre 38 000 euros.

▸ Faire appel à différents dispositifs

Le dispositif le plus connu s'appelait EDEN (Encouragement au Développement des Entreprises Nouvelles) et permettait d'obtenir une avance remboursable sans intérêt d'un montant maximum de 6 098 euros. EDEN a été remplacé par le NACRE (Nouveau dispositif d'Accompagnement pour la Création et la Reprise d'Entreprise), qui propose un prêt d'honneur de 5 000 euros en moyenne. Étant systématiquement couplé à un prêt bancaire et à une garantie publique, il peut cependant atteindre 10 000 euros.

L'aide à l'innovation est un dispositif financé par OSEO pour favoriser la recherche et le développement des produits nouveaux. Il permet d'obtenir une avance à taux nul pouvant représenter jusqu'à 30 % des dépenses internes et externes du projet.

Les concours bancaires et assimilés

Les banques « traditionnelles » étudient les dossiers qui leur sont présentés avec beaucoup d'attention, notamment dans le contexte actuel de crise financière. Il faut donc présenter un dossier solide et convaincre la banque que ce projet est viable.

Ainsi, le **livret d'épargne entreprise** leur permettra d'obtenir un prêt à taux réduit sur une période de deux à quinze ans. Le principe est sensiblement le même que celui du plan d'épargne logement.

Les banques « solidaires » collectent, quant à elles, l'épargne locale et accordent des **prêts à taux bonifié** allant jusqu'à 23 000 euros remboursables sur deux à 5 cinq ans.

Pour leur part, plusieurs organismes sont spécialisés dans l'**aide au financement de micro-projets** :

– La Banque du Développement des Petites et Moyennes Entreprises (BDPME) a créé un prêt à la création d'entreprise (PCE). Ce complément à un prêt bancaire classique peut se monter de 2 000 à 7 000 euros au taux très intéressant de 1,70 %.

– La Région Île-de-France s'est également associée à la BDPME pour proposer une garantie élargie des concours bancaires, notamment en cas de reprise d'entreprise (70 % au lieu de 50 %), des contrats de développement-création (de 15 000 à 80 000 euros) et des contrats de reprises (de 40 000 à 240 000 euros), des prêts avec amortissement progressif ou différé venant compléter un concours bancaire, un prêt d'honneur, un apport de *business angel* ou de société de capital-risque.

Enfin, des **fonds de garantie** peuvent apporter leur caution au créateur d'entreprise, lui permettant ainsi d'améliorer ses chances d'obtenir un prêt bancaire. Parmi ces fonds, on peut citer :

– OSEO SOFARIS.

– Le Fonds France Active, qui offre une garantie qui s'élève en général à 50 % du montant du prêt.

– Le Fonds de Garantie à l'Initiative des Femmes (FGIF), réservé aux femmes qui souhaitent créer leur entreprise, peut cautionner jusqu'à 70 % de l'emprunt bancaire dans la limite de 27 000 euros.

– Les sociétés de cautionnement mutuel proposent une caution pouvant atteindre 50 à 100 % des prêts. Pour pouvoir en bénéficier, la seule condition est de faire partie d'une structure coopérative.

Les autres contributions

Il est également possible de faire appel à des contributions qui peuvent revêtir la forme de :

- concours ;
- aides au conseil ;
- allégements fiscaux ;
- exonération de charges sociales ;
- accompagnement post-création.

▸ Les concours

Il en existe de nombreux (dont l'actualité est « fluctuante ») ayant chacun une « cible privilégiée ».

– Le concours national « initiative jeunes », organisé par le ministère de l'Éducation Nationale, récompense les meilleurs projets de création d'entreprise.

– Le concours national d'aide à la création d'entreprise de *technologies innovantes,* organisé par le ministère de la Recherche, permet à ceux qui ont choisi ce « secteur » de l'innovation d'espérer des subventions importantes.

– Le concours « talents », organisé par le Réseau des Boutiques de Gestion, est doté de 300 000 euros de prix, répartis entre les différents lauréats.

– Le concours « Talents des cités » est ouvert aux créateurs d'entreprises de moins de 40 ans qui désirent s'installer dans un quartier prioritaire de la politique de la ville et/ou en zone franche urbaine (ZFU).

– Le concours « CRE'ACC » (Créez, Accompagné), créé par

l'APCE et l'Ordre des Experts comptables, permet aux lauréats de gagner des chéquiers-services et un accompagnement pour les aider à finaliser leurs projets.

– L'appel à projets : PM'up. Ce dispositif créé par la Région Île-de-France a lancé sa première édition le 5 mai 2008. Les entreprises lauréates bénéficient d'un financement pouvant atteindre 250 000 euros pour des aides au conseil, au développement à l'international, à l'investissement et au recrutement.

▶ L'aide au conseil

Mais si les fonds sont indispensables au lancement d'une entreprise, **l'aide au conseil** s'avère tout aussi capitale à la réussite d'un projet.

– Les CCI dispensent des conseils et des formations.

– Les CMA proposent elles aussi des conseils, notamment lors des salons, forums, tables rondes, mais aussi sur le site Internet www.artisanat.fr.

– OSEO propose une aide à la création d'entreprise innovante. Elle aide ainsi le créateur à préciser son plan d'entreprise et à procéder à des vérifications à minima, techniques et juridiques, pour valider la faisabilité du projet.

– De nombreux sites Internet aident les créateurs d'entreprise à trouver les organismes indispensables pour l'étape de la création, dont www.aide-subvention.com ou encore www.aides-entreprises.fr. Ce dernier site, développé par l'Institut des Métiers, recense tous les types d'aides aux entreprises. Pour Paris, par exemple, six cent cinq aides sont proposées... Nous vous recommandons tout particulièrement le site www.apce.com, qui fait partie des sites français les plus visités, avec un million deux cent mille visiteurs. Son moteur de recherche, conjugué à une information très ciblée, propose notamment un accès personnalisé en fonction de la taille de l'entreprise et de la situation du créateur (jeunes, personnes de nationalités étrangères, femmes, fonctionnaires, plus de 50 ans, etc.), répond aux requêtes de l'internaute et lui suggère des pistes connexes de recherche en fonction des mots recherchés. Il possède également une boîte à outils avec notamment l'aide aux choix des statuts, les journaux d'annonces légales, une rubrique « Contacter une banque », mais aussi « Consulter des documents types ».

– L'ANPE propose des formations aux demandeurs d'emploi qui souhaitent créer leur propre entreprise.

– L'APEC organise des réunions d'information.

– Certaines entreprises qui possèdent des **cellules d'essaimage** apportent leur aide à leurs salariés désireux de créer leur propre entreprise.

– **CAP Entreprise,** placé sous l'égide du Conseil Régional d'Île-de-France, propose aux futurs créateurs d'entreprises de financer, à hauteur de 80 à 90 %, un diagnostic de projet et des journées de formation et de conseil (de manière collective et individualisée). Il est ainsi proposé des formations collectives généralistes (de quarante à deux cents heures) sur la gestion comptable et financière, la stratégie commerciale, les ressources humaines, mais aussi des formations sur des thématiques particulières : reprise de commerce ou PME par exemple. Des formations individualisées (huit à seize heures) sont également prévues. La loi pour l'initiative économique prévoit la mise en place du CAPE (Contrat d'Appui au Projet d'Entreprise) afin de tester une activité en grandeur nature. Il s'agit d'un contrat d'accompagnement entre le créateur d'entreprise et une association qui le soutiendra dans la mise en place de l'activité. Ce soutien pourra prendre plusieurs formes : mise à disposition de locaux, transfert de savoir-faire, formations en gestion.

– Le **Club des Eco Business Angels**, quant à lui, propose un accompagnement de projet et un audit gratuit de l'action envisagée. Si les résultats de cet audit sont positifs, une convention d'accompagnement sera signée entre le Club des Eco Business Angels et le créateur d'entreprise. Un *business* *angel* est une personne physique qui investit une part de son patrimoine dans une entreprise innovante et qui, en plus de son argent, met gratuitement à disposition de l'entrepreneur ses compétences, son expérience, ses réseaux relationnels et une partie de son temps.

– Les **chéquiers-conseils** : avant d'être remplacé par le NACRE, ce dispositif permettait aux créateurs d'entreprises de pouvoir recevoir des conseils auprès d'un réseau de spécialistes. Pour en disposer, il fallait bénéficier des dispositifs ACCRE (Aide aux Chômeurs Créateurs et Repreneurs d'Entreprises) ou EDEN, ciblant les jeunes de 18 à 26 ans, mais aussi les moins de 30 ans ne pouvant prétendre aux indemnités chômage, les bénéficiaires du RSA et les salariés reprenant leur entreprise en difficulté. Ce dispositif est vraiment intéressant pour bénéficier d'un appui pour la réalisation de la simulation financière mais aussi pour obtenir des réponses aux questions juridiques et sociales. Cet accompagnement se fait sur huit ou dix séances et quatre mois maximum.

– Enfin, les organismes d'informations sur la création d'entreprises jouent également un rôle primordial : l'APCE est chargée, dans le cadre de la politique gouvernementale, de favoriser la création d'entreprises et les CFE permettent de procéder à toutes les opérations et obligations administratives et ainsi d'alléger la gestion.

▸ Autres contributions

Une fois créée, l'entreprise peut également bénéficier, lors des premières années de vie, d'aides financières sous forme d'allégements fiscaux, d'exonérations de charges sociales et de conseils post-création.

Les financements et les aides en aval de la création

Les aides ne sont souvent allouées que lorsque les entreprises répondent à plusieurs critères extrêmement précis. Elles se présentent sous diverses formes.

L'exonération d'impôt

Elle est destinée aux entreprises réellement nouvelles et implantées dans une zone géographique prioritaire : ZAFR (Zone d'Aide à Finalité Régionale) ZRR (Zone de Revitalisation Rurale) et ZRU (Zone de Redynamisation Urbaine).

Elle prévoit que les bénéfices réalisés au cours des vingt-quatre premiers mois à compter de la date de création sont exonérés à 100 %, les douze mois suivants à 75 %, les douze mois suivants à 50 %, les douze mois suivants à 25 %. Cette exonération est même augmentée pour les entreprises qui s'implantent dans une ZRR puisqu'elles bénéficient d'une exonération totale pour cinq ans. Elle est plafonnée à 200 000 euros sur trois ans. Pour les ZFU (Zone Franche Urbaine), cette exonération sur les bénéfices est totale pendant cinq ans, puis à taux dégressif sur une période de trois à neuf ans selon la taille de l'entreprise, dans la limite de 61 000 euros par an.

▸ L'exonération de l'IFA (Imposition Forfaitaire Annuelle des sociétés)

L'IFA est due par toutes les personnes morales passibles de l'impôt sur les sociétés.

L'exonération bénéficie aux sociétés nouvelles dont le capital est constitué pour moitié au moins par des apports en numéraire. Elle est totale durant les trois premières années d'activité, mais plafonnée à 200 000 euros.

▸ L'exonération des impôts locaux

Destinée aux entreprises nouvelles qui bénéficient déjà d'une exonération d'impôts sur les bénéfices, elle peut porter, si elle a été décidée par les organismes consulaires et les collectivités locales, sur la taxe professionnelle, la taxe foncière, la taxe pour frais de CCI et de CMA. Sa durée peut aller de deux ans minimum à cinq ans maximum. Elle est plafonnée à 200 000 euros sur trois ans.

▸ La déduction des intérêts d'emprunts

Sous certaines conditions, il sera possible de déduire des revenus imposables à l'impôt sur le revenu les intérêts de l'emprunt contracté pour financer la création de l'entreprise. En bénéficie toute personne qui a emprunté pour créer son entreprise.

Le créateur d'entreprise-emprunteur peut déduire 50 % du montant brut des intérêts versés au prêteur. Cette déduction n'a pas de limite dans le temps. Elle dure aussi longtemps qu'il doit verser des intérêts.

Enfin, le nouvel entrepreneur peut bénéficier d'aides sociales liées pour la plupart au lieu d'implantation de l'entreprise ou au statut de l'entrepreneur.

Les exonérations liées au statut

▸ L'ACCRE

Il permet aux bénéficiaires d'obtenir une exonération de charges sociales pendant la première année d'exercice, sauf concernant la CSG (contribution sociale généralisée) et la CRDS (contribution au remboursement de la dette sociale). Cette exonération peut être cumulée avec les revenus de solidarité (allocation de solidarité spécifique, RSA, allocation veuvage).

Les exonérations liées au lieu d'implantation

▸ ZRU

Elles font l'objet d'aides particulières en raison de leur taux de chômage élevé, de leur large proportion de personnes non diplômées et de leur faible potentiel fiscal communal :

- exonération de la cotisation assurance-maladie à 100 % pendant cinq ans, plafonnée à 25 674 euros ;
- exonération des charges sociales patronales (Sécurité sociale et allocations familiales) s'il y a embauche de salariés travaillant en ZRU, à 100 % pendant douze mois, avec un plafond de 1,5 SMIC mensuel par salarié et cinquante salariés exonérés par mois.

▸ ZFU

Il s'agit de zones comprenant huit mille cinq cents à dix mille habitants et présentant des indices de difficultés les plus élevés :

- exonération de la cotisation assurance-maladie à 100 % pendant cinq ans, puis taux dégressif sur trois ou neuf ans selon que l'entreprise emploie plus ou moins de cinquante salariés ;
- exonération de charges sociales patronales (Sécurité sociale et allocations familiales) de 100 % pendant cinq ans, puis partielle pendant cinq ans.

Cependant toutes ces aides doivent respecter les règles de cumul de l'État ainsi que le cadre communautaire général. Si une aide publique est versée à une entreprise en dehors du respect de ces règles, celle-ci encourt le risque de devoir reverser le montant de l'aide excédentaire en cas de contrôle ou de contentieux. D'une façon générale, les aides ne peuvent excéder le seuil de 200 000 euros par période de trois ans. Ce plafond s'applique quels que soient la forme et l'objectif des aides.

Le dispositif « zéro charges »

La mise en place le 4 décembre 2008 du dispositif « zéro charges » a contribué à la création d'environ cinq cent mille emplois en 2009, dans les entreprises de moins de dix salariés. Cette mesure exonère l'employeur de charges sociales patronales pendant un an, pour toute embauche au SMIC. Cette exonération est dégressive jusqu'à 1,6 SMIC. La TPE ne doit pas avoir procédé à des licenciements économiques dans les six mois qui ont précédé l'embauche. La part des recrutements en CDD observée en 2009 est inférieure de 7 % à celle de 2008 (61 contre 68 %). Les secteurs les plus bénéficiaires ont été ceux du commerce et des transports (25 %), de la construction (21 %), des activités de services (11 %) et de l'hébergement-restauration (10 %).

L'accompagnement pendant les premières années

Malgré toutes ces aides, les créateurs doivent déjouer de nombreux pièges au cours de leurs premières années d'activité. Plusieurs dispositifs proposent donc de les accompagner :

- **CAP Entreprise** accompagne le jeune entrepreneur dans ses démarches pendant les quatre premières années afin de lui donner un maximum de chances pour réussir.
- **NACRE** propose une aide sur trois ans pour viabiliser, rentabiliser et pérenniser l'entreprise, le but étant également d'assurer la solvabilité du créateur et sa capacité à rembourser les emprunts. Des objectifs de résultats seront fixés et des mesures d'évaluation seront mises en place.
- Les « **pépinières d'entreprises** », créées notamment par le Conseil Régional d'Île-de-France, offrent aux entreprises qu'elles accueillent des services qui les mettent à l'abri des risques des premiers mois, notamment un suivi régulier et une écoute privilégiée. Le directeur de la pépinière peut prodiguer des conseils généralistes, mais aussi orienter le jeune

entrepreneur vers des spécialistes sélectionnés. Il est également proposé un ensemble de services : hébergement, secrétariat, standard téléphonique, mise à disposition de salles de réunions et de conférences, locaux, etc. Entrer dans une pépinière, c'est avoir l'assurance d'un interlocuteur présent pour répondre aux questions et pour sortir de l'isolement du créateur. Ainsi, l'association Salveterra conseille les jeunes dirigeants et leur propose un hébergement « de départ » dans un bureau « pouponnière ».

Les rétributions des entrepreneurs indépendants

Les rétributions[1] des entrepreneurs et des travailleurs indépendants présentent une **grande variété de formes et de niveaux**, qui varient en fonction de plusieurs facteurs : type de métier exercé ; santé, taille et statut de l'entreprise ; niveau d'endettement ; mode d'exploitation, etc. La rétribution peut revêtir la forme d'une part du bénéfice (nette d'impôt), si le travailleur indépendant a constitué une entreprise, ou celle d'un salaire, s'il a opté pour une formule de portage salarial.

Le cas de l'entreprise indépendante

Dans le cas le plus fréquent de constitution d'une entreprise indépendante, la rétribution de l'exploitant est calculée par différence entre le chiffre d'affaires (hors TVA) et l'ensemble de ses dépenses (ou charges) d'investissement et d'exploitation (incluant les charges sociales). Ce solde des recettes et des dépenses constitue le Bénéfice Industriel et Commercial (BIC) ou le Bénéfice

---

1. Concept plus large (couvrant tous les types de revenus) que celui de rémunération (réservé aux salaires et aux traitements).

Non Commercial (BNC) assujetti à l'IRPP. Aucune distinction n'est effectuée sur le plan fiscal entre le bénéfice de l'entreprise et la rémunération du chef d'entreprise ; celle-ci n'est donc pas déduite du bénéfice avant impôts.

Différents régimes sont imposés ou proposés à l'entrepreneur selon le chiffre d'affaires réalisé dans le cas du paiement des revenus d'activité à l'IR. Dans un ordre décroissant du chiffre d'affaires réalisé par l'entrepreneur :

– **Le régime réel d'imposition** est applicable aux entreprises dont le chiffre d'affaires annuel est supérieur à 763 000 euros pour les ventes et à 230 000 euros pour les prestations de services. Il est applicable sur option pour les entreprises qui ont la possibilité d'être soumises au régime de la micro-entreprise ou au réel simplifié. L'impôt est déterminé en fonction du bénéfice réel (déduit des charges).

– **Le régime réel simplifié** est applicable de plein droit aux entreprises qui ont un chiffre d'affaires compris entre 80 000 et 763 000 euros pour les activités de ventes, et entre 32 000 et 230 000 euros pour les prestations de services. Les entreprises bénéficiant du régime micro-entreprise peuvent également opter pour le régime réel simplifié.

– **Le régime micro-entreprise** s'applique de plein droit aux entreprises individuelles dont le chiffre d'affaires est inférieur à 80 000 euros pour les activités de ventes ou de prestations d'hébergement, et à 32 000 euros pour les prestations de services ainsi que les activités non commerciales. Le bénéfice sera calculé forfaitairement après un abattement de 71 % pour les activités de ventes, de 50 % pour les prestations de services et de 34 % pour les activités non commerciales, avec un minimum d'abattement de 305 euros. Cette diminution du chiffre d'affaires représentera les frais professionnels supportés par l'activité.

Par ailleurs, sur le plan **patrimonial**, il existe **deux régimes dits « séparatistes »** : celui de la séparation des biens, où chaque époux est propriétaire de l'ensemble de ses biens et de ses revenus acquis avant ou pendant le mariage ; celui de la participation aux acquêts a un traitement similaire au précédent régime pendant le mariage, mais le régime de la communauté s'applique en cas de divorce ou de décès. Ces deux régimes impliquent que l'entrepreneur assume seul ses dettes professionnelles. La loi sur l'initiative économique a offert à l'entrepreneur la possibilité de déclarer insaisissable sa résidence principale et la loi de modernisation de l'économie du 4 août 2008 étend cette protection au foncier bâti et non bâti, non affecté à l'usage professionnel. Une déclaration notariée doit être faite. Une autre méthode permet également de protéger une partie des biens d'un foyer, par le régime matrimonial adopté entre les deux époux. En effet, un régime séparatiste sépare, comme son nom l'indique, les biens appartenant à l'homme et ceux de la femme, et la responsabilité de l'entrepreneur ne concernera que ses biens propres.

Le cas de l'auto-entrepreneur

L'auto-entrepreneur est un nouveau régime d'EI né avec la loi de modernisation de l'économie du 4 août 2008. Il est aligné sur le régime fiscal de la micro-entreprise en certains points. Ce nouveau régime a été créé en France en temps de crise pour essayer de développer au maximum le nombre d'entrepreneurs en France en facilitant les conditions d'accès de développement de sa propre activité au rythme voulu. Il n'est pas nécessaire d'immatriculer l'entreprise au RCS ou au Répertoire des Métiers et il bénéficie de certains droits supplémentaires. L'entrepreneur paiera des indemnités seulement s'il a des revenus liés à son activité. La première idée était de faciliter l'accès aux chômeurs, aux retraités ou même aux étudiants à la possibilité de se lancer dans sa propre activité économique. Une autre cible de cette nouvelle loi concerne les salariés qui pourront en dehors de leur travail monter leur propre affaire. Les chiffres sont pour le moment très encourageants et même supérieurs aux prévisions. Il semblerait donc que ce nouveau dispositif plaise à de nombreuses personnes, mais seul l'avenir dira s'il est efficace ou non.

Pour bénéficier de ce régime, certaines conditions doivent être réunies. Comme pour le régime de la micro-entreprise, les plafonds du chiffre d'affaires réalisable sont fixés à 80 000 euros pour les activités de ventes, à 32 000 euros pour les activités de prestations, et également à 32 000 euros pour les prestations de services relevant des BNC. Une autre limite est ajoutée en rapport avec le revenu de référence du foyer fiscal, de 25 195 euros par part de quotient familial en 2007.

Les taux d'imposition seront les suivants :

- 1 % s'il s'agit d'entreprises dont le commerce principal est de vendre des marchandises, objets, fournitures et denrées à emporter ou à consommer sur place, ou de fournir le logement, ;
- 1,7 % pour les entreprises dont l'activité principale est de fournir des prestations autres que celles relevant du seuil de 80 000 euros ;
- 2,2 % pour les autres prestations de service, imposables dans la catégorie des BNC.

Ces taux s'appliquent directement au chiffre d'affaires (et non aux bénéfices après déduction des charges comme pour le régime de la micro-entreprise) réalisé par l'auto-entrepreneur et la somme retenue sera donc imposable à l'impôt sur le revenu dans la catégorie correspondante.

Les cotisations sociales dues par l'auto-entrepreneur s'élèvent à :

- **12 %** pour une activité commerciale ;
- **21,3 %** pour une activité de prestations de services ;
- **18,3 %** pour les prestations de service des professionnels libéraux affiliés à la CIPAV (taux passé de 21 % à 18,3 % dans le décret n° 2009-120 du 2 février 2009).

L'auto-entrepreneur est également exonéré de la taxe professionnelle pendant les trois premières années de son activité et ne pourra pas, comme les micro-entreprises, collecter ni déduire de TVA.

Le cas du portage salarial

Le salaire net de l'EI en portage salarial est soumis à l'IRPP.

Synthèse

Les aides publiques aux créations d'emplois indépendants et aux PME présentent diverses formes (financières, fiscales, sociales), actionnent des dispositifs variés (apports en capital, subventions, prêts à taux zéro ou bonifiés, garanties), et sont d'origines multiples (Commission européenne, État national, collectivités locales, organismes semi-publics, établissements bancaires, etc.).

Par ailleurs, la recherche de financements adaptés et le montage des dossiers de demande d'aides ou de crédit sont devenus d'autant plus lourds, complexes et variables, notamment pour les PME capitalistiques, qu'aux modalités générales d'aides présentées dans ce chapitre s'ajoutent des dispositions spécifiques aux différents secteurs d'activité (présentées dans les deuxième et troisième parties). Les créateurs doivent donc intégrer ce difficile « parcours » de recherche d'aides financières dans l'organisation de leur dispositif d'accompagnement.

Les risques encourus par l'entrepreneur indépendant

Plus que les salariés – et *a fortiori* que les fonctionnaires –, les entrepreneurs indépendants sont exposés à des difficultés et des risques, qui menacent leurs conditions d'activité, leurs niveaux de rétribution, leurs patrimoines professionnels (et parfois personnels), et surtout la survie de leur entreprise. Ces risques sont de nature variée et d'importance inégale ; ils évoluent en fonction du développement de l'entreprise (de la TPE à la PE, puis à la ME, la MI et la GE[1]), du type de métier exercé (notamment selon que l'activité est industrielle, commerciale ou de services), du statut juridique adopté et des conditions d'exploitation. Selon sa personnalité et son expérience, l'entrepreneur indépendant est un manager du risque plus ou moins efficient.

Nous allons d'abord dresser un état (non exhaustif) des difficultés et des risques encourus par les entrepreneurs indépendants

---

1. Voir l'introduction générale.

dans la plupart des secteurs d'activités. Puis nous analyserons les mesures de prévention et de gestion de ces risques. Enfin, nous identifierons les qualités et les capacités de l'entrepreneur indépendant nécessaires ou souhaitables pour faire face aux risques. Les risques spécifiques à certains métiers sont présentés dans la deuxième partie du livre.

Les types de difficultés et de risques encourus

Une enquête de l'APCE réalisée en 2008 révèle que les principaux obstacles à la création d'entreprise perçus par les EI sont, dans l'ordre des citations, le poids des charges à supporter, l'irrégularité des revenus perçus, la multiplicité des démarches à effectuer et l'isolement professionnel.

Le créateur est en fait exposé, à des degrés divers, à la plupart des risques affrontés par toute entreprise, quels que soient sa taille et son métier. Il est ainsi parfois qualifié de « manager du risque global ». Ces risques sont liés au fonctionnement de l'entreprise elle-même (risques internes) ou aux relations entre celle-ci et son environnement (risques externes).

Les risques internes à l'entreprise

Ils présentent une douzaine de dimensions différentes.

Tous les risques identifiés peuvent, directement ou indirectement, entraîner la **faillite** (redressement judiciaire puis liquidation) de l'entreprise, car généralement, s'ils ne sont pas rapidement maîtrisés, ils se cumulent et deviennent ingérables : par exemple, un chiffre d'affaires insuffisant conjugué à des charges fixes excessives, entraîne une rupture de trésorerie et une incapacité à rembourser les banques et les fournisseurs…

Tableau 1. Les types de risques internes des EI

Risques	Principale origine des risques
Stratégique ou entrepreneurial	Choix d'un métier et/ou d'un marché en impasse.
Partenarial	Choix de partenaires incompétents et/ou opportunistes.
Juridique	Choix d'un statut inadapté.
Technique	Conception d'un *business model* inefficient, trop coûteux, non commercial. Choix d'équipements et/ou matériels inadaptés ou déficients.
Commercial achats	Fournisseurs et/ou sous traitants à fort pouvoir de marché.
Commercial ventes	Marketing mix mal positionné[1], notamment : - prévisions de débouchés erronées ; - marché hyper-concurrentiel ; - tarifs de prix trop ou pas assez élevés ; - clients douteux ou défaillants ; - clients et/ou distributeurs à fort pouvoir de marché.
Comptable	Erreurs ou « créativité »[2] comptable(s).
Financier	Apports personnels insuffisants. Crédits trop coûteux. Trésorerie insuffisante.
Fiscal	Absence ou erreur de déclaration fiscale entraînant des amendes.
Organisationnel	Organisation inefficace. Logiciels de gestion inadaptés. Équipements surdimensionnés
Social*	Personnel en sureffectif et/ou sur-rémunérés. Conflits sociaux.
Psychologique	Défaillance personnelle de l'entrepreneur indépendant.

** Si l'entreprise comporte des salariés.*

L'intensité du risque varie selon les phases du cycle de vie du projet de création et de développement de l'entreprise.
(Voir graphique ci-après.)

Graphique 1. Le risque selon les phases du projet

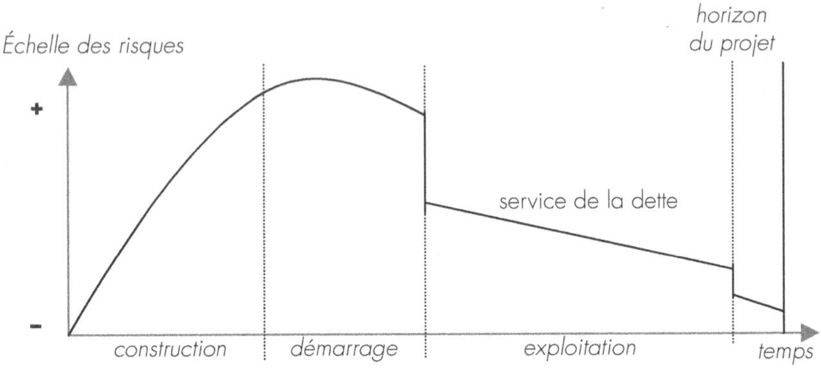

▸ Les risques de développement du projet

Les facteurs d'échec de la création d'entreprise sont d'abord de nature stratégique et organisationnelle : perception biaisée du métier ciblé, conception erronée du modèle d'affaires, surestimation de la rentabilité du projet, organisation inadaptée de l'entreprise, méconnaissance des règles de base du management, etc.

Dans le cas de projets capitalistiques – notamment, dans les métiers de l'agriculture, de la pêche, du commerce, de l'artisanat, du tourisme (hôtels-restaurants, des services sociaux (maisons de retraite), etc. – les phases de construction et de démarrage d'un projet (dont la durée peut être d'une ou deux années) sont exposées à des risques de trois natures principales :

– Le risque de surcoûts de construction (*cost over-run risk*) est couvert notamment par des contrats « clés en main ».
– Les risques de non-achèvement des travaux et de dépassement des délais de réalisation font l'objet de traitements similaires aux précédents.
– Les risques de surcoûts de financement (agios et commissions) induits par ces dépassements ou par des augmentations de taux

d'intérêts (en cas de prêts à taux variables) sont limités par des techniques financières de *swaps* ou d'options[1].

▸ Les risques d'exploitation

Les **risques d'exploitation**, ou risques opérationnels (*operations ans maintenance risks*) encourus après le démarrage des installations, sont de divers ordres.

Le choix de certains équipements, procédés et systèmes de la « société-projet » s'avère parfois inadapté et implique des modifications coûteuses ; ce risque d'origine technique peut être limité par des systèmes de :

* veilles technologique (notamment surveillance des brevets), concurrentielle (procédés et méthodes des principaux concurrents) et environnementale (réglementations techniques applicables) ;

* « assurance qualité fournisseur » (AQF), imposant aux contractants (fournisseurs et sous-traitants) des notifications internationales (de type ISO), des normes spécifiques d'homologation ;

* assurances privées « bris de machine », « chantier », « retards d'installation », « retards de mise en route », etc., généralement coûteuses ;

* clauses contractuelles de garanties « construction », « maintenance », retenues de garanties, etc., dont les durées d'application sont négociables.

Les risques de « non-performance » et de surcoût de fonctionnement sont d'origines multiples.

– La non-performance des installations et/ou des systèmes traduit la non-réalisation des objectifs opérationnels (de productivité des procédés et/ou systèmes, de qualité des produits et services, etc.) et entraîne donc la non-rentabilisation du projet.

---

1. Voir le chapitre 3.

Cette contre-performance est souvent imputable à des dysfonctionnements internes : matériels et systèmes inadéquats ou déficients, organisation défaillante, compétences des personnels inadaptées, etc. Dans ce cas, l'engagement d'audits, la mise en place de *reportings* industriels, le lancement d'opérations de réingénierie de processus, etc., constituent les actions correctrices les plus courantes.

- Les dommages au personnel (accidents, maladies) de l'entreprise, ou causés par ce dernier à des tiers, sont couverts par des assurances « responsabilité civile », des assurances sociales locales, des mutuelles et/ou des contrats d'assistance particuliers.
- Les actifs matériels (bâtiments, équipements, outillages, véhicules) et immatériels (brevets, logiciels, bases de données, etc.) sont assurés par des polices classiques (vol, incendie, dégradation, etc.).

▶ Les risques commerciaux

Les **risques commerciaux** (risques transactionnels ou risques sur recettes ou *revenue risks*) sont souvent classés en trois catégories.

Les « risques sur les ressources et débouchés » recouvrent les éventuelles ruptures ou baisses d'approvisionnement ou de ventes, imputables à un ralentissement de la conjoncture (risque économique), ou à des changements dans les comportements des fournisseurs ou des clients (risque commercial). Leurs impacts peuvent être limités par des engagements fermes d'approvisionnement ou de fournitures, parfois garantis par les gouvernements locaux lorsque ces engagements sont pris par des entreprises publiques ou des sociétés d'économie mixte (c'est notamment le cas pour certains projets énergétiques).

Les « risques de prix » portent sur le renchérissement des coûts d'accès aux matières premières, sources d'énergie ; utilités, composants, services, etc., en amont de la filière du projet, et, en aval, sur l'affaiblissement des cours des produits et services[1]. L'une ou l'autre de ces variations de prix affecte directement la valeur ajoutée (ou la marge opérationnelle) du « système-projet ». Ces aléas sont traditionnellement couverts par trois types de contrats ou opérations.

– Des contrats spécifiques d'approvisionnement à prix garantis, indexés ou révisables (« *put-on-pay* », « *supply-on-pay* », « *throughout* », etc.), par lesquels les fournisseurs s'engagent à approvisionner la société-projet à des prix fermes indexés, (suivant une formule négociée) ou révisables (sous certaines conditions).

– Des contrats spécifiques de fournitures *(« take-or-pay », « ship-or-pay »*, etc.), par lesquels les clients de la « société-projet » s'engagent à s'approvisionner à des conditions irrévocables (fermes, indexées ou révisables), en versant des acomptes périodiques sur achats.

– Des opérations de couvertures à terme, d'achat-vente de *warrants* sur les marchés dérivés de matières premières.

Enfin, la facturation de biens et services en devises étrangères et les opérations financières associées aux contrats internationaux (emprunts, prêts, prises de participations, transferts de capitaux, etc.) exposent inévitablement leurs opérateurs à des « risques de change », dont la couverture fait appel à des techniques :

• « externes » : contrat de change à terme[2], avances en devises[3], swaps de devises[4], options de change[5] ;

---

1. Le blocage ou la taxation des prix du marché local décrétés par les pouvoirs publics relève du risque politique.
2. Achat-vente de devises à un cours garanti.
3. Emprunts bancaires en devises.
4. Échange de crédits entre entreprises dans des devises différentes.
5. Option d'achat-vente à terme de devises, librement exerçable et rémunérée par une prime.

- « internes » : auto-couverture[1], netting[2], gestion globalisée[3] ;
- de « garantie » (en France, par la Coface) : « assurances change négociation », « assurances change offre », « assurances change contrat », assurances sur accord-cadre, sur caution, sur programme, etc.

La gestion des risques internes

Les techniques de management des risques internes relèvent de multiples disciplines.

Tableau 2. Les modes de gestion des risques internes des entrepreneurs indépendants

Risques	Principales mesures à prendre
Stratégique ou entrepreneurial	Procéder à un diagnostic stratégique (lire chapitre 2).
« Partenarial »	Procéder à une enquête réseau (lire chapitre 2).
Juridique	Faire appel à un conseiller juridique.
Technique	Tester le *business model* auprès de fournisseurs et/ou de clients pionniers (« *early adopters* »). Souscrire des assurances adaptées sur les équipements et les systèmes informatiques.
Commercial ventes	Effectuer une étude de marché approfondie (lire chapitre 2). Mettre en place un système de gestion des risques clients (lire encadré ci-après). Engager une démarche qualité. Souscrire un contrat commercial de type franchise.
Comptable	Maîtriser les règles comptables de base et faire appel à un comptable (lire chapitre 2).
Financier	Tester le montage financier auprès de plusieurs partenaires et banques (lire chapitre 5). Maîtriser le besoin en fond de roulement de l'entreprise (lire encadré ci-après).

.../...

1. Compensation des achats-ventes d'une entreprise dans une même devise.
2. Compensation systématique des créances, des dettes et des mouvements de fonds au sein d'un groupe international.
3. Gestion des facturations et des réglements d'un groupe par un centre unique domicilié dans un « paradis fiscal ».

…/…

Fiscal	Faire appel à un conseiller fiscal.
Organisationnel	Procéder à un audit organisationnel.
Social*	Faire appel à une structure d'accompagnement.
Psychologique	Suivre les recommandations formulées dans le paragraphe intitulé « L'intelligence émotionnelle de l'entrepreneur, dans ce chapitre.

***** *Si l'entreprise comporte des salariés.*

La gestion du **risque client** (retard de paiement, défaillance partielle ou totale, etc.) s'appuie sur les techniques d'**OALV** (opérations administratives liées à la vente) suivantes.

Le risque de perte de clientèle peut être limité par un management orienté vers l'amélioration de la qualité des produits et/ou des procédés de l'entreprise (selon Deming, Juran, Ohno, Shingo). Les dirigeants doivent alors opter pour un ou plusieurs des positionnements suivants.

– La mise en conformité de leurs produits aux **normes officielles** nationales et/ou internationales définies par des organismes normalisateurs indépendants (AFNOR, DIN, BSI, normes européennes ou CEN, etc.).

– L'alignement des produits sur des **normes** (ou labels) **professionnelles** : caractéristiques techniques, esthétique, sûreté, ergonomie, documentation technique, services associés, etc.

– La **certification** de leurs processus normalisés de conception, fabrication et/ou distribution (« **manuel qualité** », « **Système d'Assurance Qualité** » ou **SAQ),** suivant les normes **ISO** (International Organization for Standardization).

– L'**homologation** ou la qualification du SAQ du fournisseur par le client industriel donneur d'ordres (**Assurance Qualité Fournisseur)** de l'entreprise.

– La mise en place d'un système de management dit de la **Qualité Totale (***Total Quality Management* ou **TQM),** visant la recherche continue de progrès, au niveau de l'ensemble de l'entreprise, par application de méthodes de management de la qualité des produits et des processus, comme le « **5 zéros** » ou le « six sigma ».

Afin de **maîtriser sa trésorerie**, l'entrepreneur indépendant doit réduire au maximum son BFR, correspondant à la différence entre ses stocks et ses créances sur les clients, d'une part, et ses dettes auprès des fournisseurs, d'autre part.

La gestion du BFR consiste à :

– Minimiser le niveau de ses stocks (calcul des quantités optimales de commande, fixation du stock-outil, éviter les ruptures de stocks, limiter les écarts d'inventaire, etc.), grâce à divers outils (modèle de Wilson, règle du 20/80, etc.).

– Maximiser le crédit inter-entreprises (ou « dettes fournisseurs ») négocié par le service des achats : maximisation du crédit gratuit (cinquante et un jours en France) et minimisation des agios de retard (plafonnés au taux BCE + 7 % sur seize jours en moyenne).

– Minimiser le « crédit clients ».

– Gérer les règlements aux fournisseurs et des clients (> 95 % par virements bancaires en dates d'opération) : gestion du *float* (minimisation du délai entre la date de livraison du client la date de valeur de son règlement ; maximisation du délai entre la date de livraison par le fournisseur et la date de valeur de son règlement).

Les risques externes de l'entreprise

La nature des risques externes

Les risques et les aléas[1] externes sont également variés.

Tableau 3. Les types de risques externes des entrepreneurs indépendants

Risques	Principale origine des risques
Conjoncturel	Récession économique entraînant une baisse durable des ventes de l'entreprise.
Monétaire	Variations de cours de change défavorables à l'entreprise importatrice ou exportatrice.
Politique, réglementaire	Lois, règlements et/ou normes techniques (notamment environnementales) entraînant des surcoûts.
Social	Climat social défavorable à l'activité du secteur.
« Risque pays »	Nationalisations, contrôle des changes, etc.
Environnemental	Climat défavorable à l'exercice du métier.
	Dégradation de l'environnement dû à l'entreprise.
	Atteinte à l'image de l'entreprise.
Majeur	Risques technologique (« marée noire », etc.) ou naturel (incendie, inondation, tremblement de terre, etc.).

Ces risques diffèrent d'un secteur d'activité à l'autre. Les principaux risques afférents à chaque famille de métiers sont analysés dans les deuxième et troisième parties du livre.

Les PME qui s'engagent dans des projets à l'international sont exposées à des risques spécifiques, parmi lesquels le « risque pays », le risque de non-transfert et le risque majeur. Le « risque-pays » (ou « risque souverain ») et le risque de « non-transfert » portent plus particulièrement sur l'occurrence de politiques, réglementations et/ou comportements des autorités locales, contraires aux intérêts des promoteurs et des prêteurs : nationalisations, expropriations, contrôles des prix ou des changes, inconvertibilité de la devise locale, restrictions diverses aux échanges, alourdissement des taxes et des droits de douane, discriminations diverses, notamment dans la délivrance de permis et de licences, etc.

---

1. Les risques sont identifiables, mesurables et gérables, contrairement aux aléas.

De nouvelles formes de risques souverains apparaissent ainsi, consécutives à la déréglementation de certains services publics et à la privatisation des réseaux d'utilités. Les banques internationales disposent de classifications (ou grilles de cotations) des « risques pays », qu'elles actualisent en permanence ; ces analyses statistiques sont complétées par des « études monographiques » par secteurs d'activité et par zones géographiques. La technique la plus efficace de couverture du risque-pays consiste à partager (ou à diluer) les risques entre des zones diversement exposées. Les risques résiduels peuvent alors être couverts par des assurances contractées notamment auprès des agences publiques chargées de promouvoir les investissements privés dans les pays en voie de développement. Le « non-transfert » des recettes tirées des projets constitue un autre risque du financement sur projets, qui peut revêtir des formes diverses :

- obligation imposée par le gouvernement du pays d'accueil de reconvertir tout ou partie des recettes dans des projets locaux ;
- plafonnement des dividendes dus aux actionnaires étrangers ;
- taxation des capitaux transférés aux actionnaires et aux prêteurs ;
- majoration des royalties, loyers et/ou impôts locaux appliqués aux actifs exploités et aux produits vendus ;
- retards dans les procédures de transfert des fonds, etc.

Ces risques peuvent être couverts par des polices de type « risque politique » délivrées par les assureurs-crédit internationaux.

Certains projets sont de nature à porter atteinte à leur **environnement** par pollution des sols, de l'eau, de l'air, sonore, etc. Ces impacts environnementaux exposent les sociétés-projets à des risques croissants d'ordre pénal, civil et pécuniaire (sous forme d'amendes, de dépenses de remise en état, d'investissements en équipements de sécurité et en formation). Ils les soumettent également au risque de dégradation des images de marque de leurs *sponsors*. Les mesures de protection sont principalement préventives, car les contrats privés d'assurances contre ce type de risques, sont généralement assortis de primes très élevées.

La gestion des risques externes

La limitation des effets des risques exogènes est d'autant plus difficile que la jeune entreprise a peu d'emprise sur ses marchés amont et aval. Les risques « externes » sont identifiables notamment par une analyse du champ concurrentiel de l'entreprise. Plusieurs méthodes de diagnostic – notamment celles des « cinq forces » (lire encadré ci-après) préconisée par Michael Porter et du « profil d'attraits » (présenté dans le chapitre 2) – peuvent être appliquées.

Les attraits relatifs du marché visé par l'entreprise sont mesurés grâce à une analyse de l'évolution des rapports de forces entre cette dernière et les principaux acteurs et facteurs de son environnement.

Focus sur… le schéma des « cinq forces » de Porter (1980)

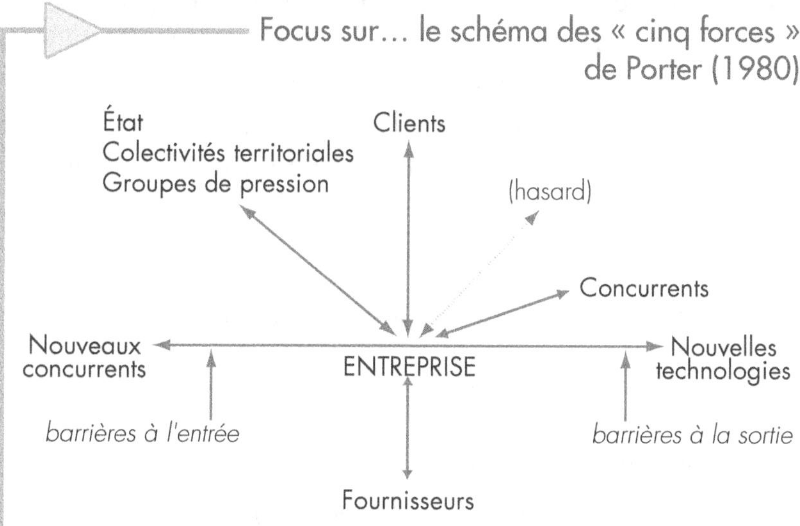

rapport de force : *capacité de négociation et de réaction de l'entreprise : élevée (+) ou faible (–)*

Les rapports de force sont défavorables à l'entreprise si ses marchés amont (fournisseurs) et aval (concurrents et clients) sont concentrés (et inversement) et s'ils comportent des risques de pénétration de nouveaux rivaux ou de technologies innovantes de substitution (qui produiront un effet de « destruction créatrice » des technologies du métier). L'entreprise peut être également pénalisée par le « **risque pays** » ou certains **aléas** (notamment, des risques naturels et/ou technologiques). Un « métier-marché » est encore plus attrayant s'il comporte des barrières élevées à l'entrée et à la sortie, qui découragent les nouveaux entrants dans le marché :

- **barrières à l'entrée** : hautes technologies, investissements coûteux, lois et normes contraignantes, barrières douanières et fiscales élevées, culture différente, etc. ;
- **barrières à la sortie** : coûts élevés de retrait en cas d'échec, moins-values de cession, coûts sociaux de départ, etc.

Chaque type de risque fait appel à des modes variés de détection, de mesure et de traitement spécifiques. Le management du risque est de plus en plus complexe et technique. Les nouveaux entrepreneurs ont donc intérêt à faire appel à l'assistance d'experts (chambres de commerce ou de métiers, structures d'accompagnement[1], compagnies d'assurances, cabinets d'avocats, sites Internet divers, etc.) dans chaque domaine concerné.

Les différents types de risques à l'international et leurs principaux outils de couverture sont classables conformément à la typologie suivante.

L'intelligence émotionnelle de l'entrepreneur

Le risque psychologique et l'intelligence émotionnelle

L'exposition permanente à des risques multiples et/ou répétés et, le cas échéant, l'affrontement de situations incertaines ou critiques, exigent de la part du créateur une confiance en soi et une maîtrise de ses émotions.

---

1. Présentés dans le chapitre 2.

La maîtrise de soi

La maîtrise des risques psychologiques auxquels est exposé le créateur d'entreprise repose sur ses capacités à mobiliser des réseaux, à gérer son temps et à surmonter les crises.

▶ Le soutien des réseaux relationnels : l'accompagnement

Les conditions d'une limitation des risques psychologiques sont d'autant mieux réunies que le créateur a su s'entourer de réseaux solidaires – notamment familiaux et amicaux – qui le soutiennent dans les périodes inévitables de doute, de découragement ou de dépression :

* réseaux de parents (notamment le ou la conjoint(e)), convaincus de l'intérêt du projet et, si possible, impliqués dans sa réalisation ;
* réseau d'amis et de relations qui partagent leurs expériences des situations ;
* réseaux d'accompagnateurs et de conseillers, qui l'assistent dans la gestion des phases critiques de la création.

▶ La gestion des urgences et des crises

L'entrepreneur indépendant travaille fréquemment dans l'urgence, du moins au cours des premiers mois précédant et suivant son installation. La création d'une entreprise – comme la réalisation de tout projet est soumise à des contraintes de temps croissantes à mesure que se rapproche l'échéance de l'installation d'un magasin, d'un équipement ou d'un système informatique, la signature d'un premier contrat, le lancement d'un nouveau produit, la réalisation d'un premier chantier, etc. Sa représentation du temps dépend de sa perception du rapport entre les ressources et le délai dont il dispose : ses ressources (compétences personnelles, sous-traitants disponibles, équipements adaptés, etc.) sont-elles suffisantes pour atteindre son objectif dans le délai imparti [1] ?

---

1. Lire chapitre 2.

La maîtrise du temps exige une organisation à la fois rigoureuse et flexible du travail de l'entrepreneur Il doit définir les différentes tâches, en mesurer le degré d'urgence, en estimer les délais de réalisation et les planifier. Il peut utiliser des outils d'ordonnancement tels que le diagramme de Gantt ou le PERT-temps (Giard, 2003). Les plannings ainsi établis doivent demeurer flexibles, afin de pouvoir réagir rapidement face à des événements critiques imprévus.

Synthèse

Les principales difficultés rencontrées par le nouvel entrepreneur – dont les solutions conditionnent parfois la survie de son entreprise – résultent de son incapacité à surmonter les logiques contradictoires, de nature spatiale et temporelle, qui sous-tendent son projet.

Les conflits liés à la gestion de l'espace portent sur l'incompatibilité entre le projet personnel et la vie familiale, sur le changement de taille de l'entreprise (le franchissement du « plafond de verre » entre la TPE et la PE implique la recherche d'associés, le recrutement de salariés, des investissements), sur le pari de l'exportation ou de la localisation de la sous-traitance, sur l'enjeu de la diversification dans des activités connexes, sur l'alternative entre *click* et *mortar* (le recours à l'*e-business*), etc.

Les dilemmes temporels soulèvent les questions de l'arbitrage entre la rentabilité à court et à long termes, de la transformation de pratiques routinières (les « routines statiques ») en processus apprenants (les « routines dynamiques »), etc.

L'entrepreneur est exposé à des **risques internes** (liés à son projet) et **externes** (induits par son environnement) qui présentent de multiples dimensions : stratégique, commerciales, juridique, financière, fiscale, sociale, organisationnelle, psychologique, etc.

Ces risques doivent être, dans la mesure du possible, détectés, anticipés, mesurés et traités. Ces risques sont généralement plus limités dans les secteurs traditionnels (peu innovants) et les activités faiblement capitalistiques (notamment les services). Ils sont plus aisément maîtrisables si le créateur met en place une structure juridique, un montage financier et une organisation conventionnels (dans le secteur concerné), s'il est expérimenté dans son métier et dans la gestion d'entreprise et surtout s'il a su s'entourer de réseaux familiaux et « partenariaux » solidaires.

PARTIE 2

Les secteurs traditionnels de création d'emplois indépendants et d'entreprises

La deuxième partie de cet ouvrage a pour objet de présenter, dans chacune des cinq familles de métiers traditionnels, les principaux types d'emplois indépendants offerts (les gisements d'emplois de demain), les principales démarches permettant d'accéder à ces emplois, les ressources financières nécessaires (aides, crédits, rétributions, etc.), les ressources humaines requises (capacités, compétences, diplômes) et enfin, les difficultés et les risques les plus fréquemment rencontrés.

Ces secteurs d'activité en principe pourvoyeurs d'emplois conventionnels, ont donné lieu, depuis 2000, au développement de nouvelles niches de métiers, sous la pression de la concurrence, du progrès technique et des mutations de la demande des consommateurs.

Les métiers de l'agriculture

L'agriculture regroupe un grand nombre de métiers – dont certains sont à découvrir ou à redécouvrir – en **production** (culture et élevage), en **transformation**, en **commercialisation**, en **maintenance**, en **élevage** et en **services variés**. En 2008, le secteur agricole français couvrait 3,6 % du PIB et 3,5 % de la population active, mais n'en représentait pas moins six cent mille emplois, dont 404 400 exploitants, 117 500 salariés permanents non familiaux, 81 600 saisonniers et 8 600 salariés d'Entreprises de Travaux Agricoles (ETA) et de Coopératives d'Utilisation du Matériel Agricole (CUMA).

Après une exploration des gisements d'emploi dans ce secteur, seront successivement présentés les démarches de recherche d'emploi et de sélection des statuts juridiques appropriés, les ressources financières nécessaires, les compétences et les connaissances requises, enfin les risques encourus par les travailleurs et les entrepreneurs indépendants.

Les gisements d'emplois agricoles

Les métiers relevés dans les nomenclatures socioprofessionnelles du secteur agricole (INSEE, chambres d'agriculture, etc.) sont particulièrement variés :

- exploitant agricole ;
- horticulteur ;
- botaniste ;
- paysagiste ;
- mécanicien en maintenance de matériel agricole ;
- gérant de gîte rural ;
- accompagnateur de tourisme équestre ;
- palefrenier ;
- vétérinaire rural ;
- vendeur en animalerie ;
- zoologiste ;
- horticulteur ;
- garde-forestier et garde-chasse ;
- pépiniériste ;
- agent de la qualité de l'eau ;
- animateur environnement ;
- conducteur de machines agricoles ;
- responsable de station d'épuration ;
- technicien de traitement des déchets, etc.

Parmi ces multiples offres, quelques emplois indépendants seront plus particulièrement étudiés.

L'exploitant agricole

Le métier d'exploitant agricole constitue l'un des métiers les plus anciens et les plus actuels, car le plus **polyvalent**. L'exploitant agricole exerce pleinement le métier de chef d'entreprise. Les principales fonctions assurées sont la culture (notamment de produits régionaux), l'élevage, la conduite et la réparation des équipements, la gestion comptable et administrative, la veille des normes et des aides européennes, etc., mais aussi l'accueil à la ferme, ferme-auberge, vente de produits de la ferme, visites pédagogiques, etc. Le « retour à la terre » de nombreux citadins français, qui s'est intensifié depuis le début de la crise économique démarrée en 2008, atteste de l'attractivité retrouvée de ces métiers traditionnels. Il est favorisé par le départ en retraite de plus de cent soixante-dix mille exploitants chaque année. L'avenir du secteur est lié à ceux de l'agriculture biologique et du développement durable (étudié dans le chapitre 16), qui doivent se montrer innovants afin de répondre aux besoins des consommateurs favorables à l'écologie.

Les métiers de ce secteur peuvent être exercés collectivement (avec d'autres travailleurs indépendants, ou avec des salariés permanents ou temporaires[1]) ou individuellement.

Le gérant de gîte rural

Le responsable de gîtes dans les années 1980 était principalement un agriculteur à la recherche d'un complément de rémunération. Depuis les années 2000, de nombreux citadins se sont établis dans des zones rurales et engagés dans l'« accueil à la ferme », en l'ouvrant notamment à la clientèle internationale. Les années 2000 ont été ainsi marquées par une multiplication des chambres d'hôtes. Dans le Nord, par exemple, ce type d'hébergement a été presque multiplié par cinq depuis 2001. Le secteur devrait se développer, en raison de la multiplication des séjours de courte durée en province.

---

1. Lire encadré sur le travail saisonnier en page xxx.

Le paysagiste

Le paysagisme est une activité en forte croissance, le chiffre d'affaires du secteur (4,3 milliards d'euros) ayant progressé de 30 % depuis 2005. Cette dynamique devrait se poursuivre en raison de l'engouement – accentué par la crise économique initiée en 2008 – des particuliers et des collectivités locales pour les espaces verts.

Le mécanicien en maintenance de matériels de parcs et jardins

Ce métier, complémentaire du précédent, recouvre les tâches de mécanicien-réparateur de matériels divers et de commercial auprès des fournisseurs et des clients. Il est artisan lors des réparations mécaniques, commerçant lorsqu'il vend des produits à ses clients, et effectue des services lorsqu'il se rend au domicile du client pour un dépannage.

L'apiculteur

Le traitement des abeilles et du miel nécessite des équipements (ruches, terrain isolé, tenues adaptées, etc.).

Les démarches

Les démarches de recherche d'emploi

En complément des sources usuelles de recrutement (Pôle Emploi, bouche-à-oreille, candidatures spontanées), le milieu agricole a développé ses propres réseaux :

– Le Centre d'Économie Rural (**CER**) participe au diagnostic de la future exploitation, puis en contrôle la comptabilité.

- L'**ADASEA** (Association Départementale pour l'Aménagement des Structures des Exploitations Agricoles) informe les candidats sur les exploitations mises en vente.

- L'**ANEFA** (Association Nationale Emploi Formation en Agriculture), créée en 1992 afin de développer l'emploi et la formation en agriculture, a pour mission de favoriser le développement de l'emploi salarié dans ce secteur, d'informer de l'évolution des métiers et des compétences requises dans ce secteur, ainsi que d'orienter les publics de jeunes, salariés et employeurs, vers le domaine de l'emploi et de la formation en agriculture. Une bourse de l'emploi a été créée sur le site de l'ANEFA, permettant à tous de pouvoir postuler et recruter.

- L'**APECITA** (Association Pour l'Emploi des Cadres, Ingénieurs et Techniciens de l'Agriculture et de l'agroalimentaire) recense environ quinze mille candidats et treize mille offres d'emploi par an. Elle accompagne les employeurs, les candidats à l'emploi ainsi que les organismes de formation en proposant des entretiens d'insertion professionnelle, des conseils en recrutement et diverses formations.

- De nombreux **sites Internet** spécialisés proposent des offres d'emplois dans ce secteur[1].

- Par ailleurs, les entrepreneurs désirant trouver rapidement de nouvelles aides pourront se retourner vers l'Union Nationale des Maisons Familiales et Rurales d'éducation et d'orientation **(MFR).** Les partenariats avec des écoles de formation qui proposent des contrats d'apprentissage ou des jeunes diplômés constituent également une voie de recrutement majeure dans le secteur, même si le principal mode de recherche passe tout de même par la Chambre d'Agriculture, qui gère toute l'administration et les inscriptions d'entrepreneurs ou de candidats collaborateurs.

---

1. Le site du ministère de l'Agriculture est www.emploi.agriculture.gouv.fr/.

– Enfin, le **Salon de l'Agriculture** à Paris est une vaste plate-forme de rencontres.

Les statuts juridiques des entreprises

Outre les statuts classiques (présentés dans le chapitre 3 de ce guide), le secteur agricole dispose de statuts spécifiques.

▸ L'EARL (Exploitation Agricole à Responsabilité Limitée)

L'EARL peut être unipersonnelle ou comprenant des associés, chacun ne supportant les pertes qu'à concurrence du montant de ses apports, avec un maximum de dix associés (exploitants ou simples apporteurs de capitaux).

▸ Le GAEC (Groupement d'Associés En Commun)

Le GAEC permet de s'associer avec des tiers pour former une unique société. Des époux ne peuvent s'associer seuls dans ce type de société. Les GAEC ont pour objet la mise en valeur en commun des exploitations des agriculteurs associés. Ils peuvent également avoir pour objet la vente en commun du fruit du travail des associés. Les GAEC « totaux » regroupent l'intégralité des exploitations des associés ; les GAEC « partiels » regroupent seulement certaines des exploitations de ces associés.

▸ La SCEA (Société Civile d'Exploitation Agricole)

Chaque membre a sa propre exploitation, mais certains équipements sont mis en commun, à la disposition de tous.

▸ La SCL (Société Commune Laitière)

Pour constituer une SCL, il faut au préalable être en EARL ou en SCEA. Chaque associé doit être exploitant, sans se limiter à la direction ou à la surveillance de l'exploitation. Tous les quotas laitiers des associés sont transférés à la SCL. Les procédures administratives et le suivi sont effectués par la Direction Départementale de l'Agriculture et de la Forêt (DDAF) du siège de la SCL.

▸ Le gérant de gîte rural

L'exploitant d'un gîte rural peut créer une société, mais dans la plupart des cas, il relève du statut de travailleur indépendant et est donc imposé sur les BIC *via* trois régimes possibles :

- micro-entreprise ;
- réel simplifié ;
- normal.

Il est assujetti à la taxe d'habitation, la taxe professionnelle, la taxe foncière, la taxe d'enlèvement des ordures ménagères, les taxes locales, etc.

▸ Le paysagiste

La plupart des entreprises évoluant dans ce métier sont des SARL.

▸ Le mécanicien en maintenance de matériel de parcs et jardins

Les principaux statuts juridiques applicables ici sont ceux d'entreprise individuelle, SARL (EURL).

Les ressources financières

Les financements

▸ L'exploitant agricole

Les exploitants européens peuvent bénéficier de plusieurs aides.

– Le **droit au paiement unique (DPU)** : la dernière réforme de la Politique Agricole Commune (PAC) a prévu le remplacement (total ou partiel) des aides compensatoires par un paiement unique, fonction d'une référence historique (moyenne des aides perçues pour les campagnes 2000, 2001 et 2002) rapportée à la surface, indépendamment de la production. Pour le percevoir, les bénéficiaires des DPU doivent :

- exercer une activité agricole (production ou maintien des terres dans de bonnes conditions agricoles et environnementales) ;
- avoir un nombre d'« hectares admissibles » correspondant au nombre de DPU ;
- respecter certains critères (identification santé et bien-être des animaux, préservation de l'environnement, sécurité alimentaire, etc.).

– Les **aides à l'installation des jeunes agriculteurs** sont versées par l'État. Pour en bénéficier, plusieurs critères sont à prendre en compte :

- nationalité (faire partie d'un pays membre de l'UE ou de l'association européenne de libre-échange) ;
- âge (entre 18 et 39 ans) ;
- formation et diplômes (bac professionnel option « conduite et gestion de l'exploitation agricole » ou brevet de technicien agricole complété par un stage de formation de six mois hors de l'exploitation familiale) ;
- étude de viabilité économique du projet ;
- engagements du jeune agriculteur.

Ils peuvent ainsi bénéficier de :

- une dotation d'installation aux jeunes agriculteurs (DJA) ;

Tableau 1

Zones	Taux minimum	Taux moyen	Taux maximum
Plaines	8 000 euros	12 650 euros	17 300 euros
Défavorisées (hors montagnes)	10 300 euros	16 350 euros	22 400 euros
Montagnes	12 500 euros	26 200 euros	35 900 euros

- prêts bonifiés ;

Tableau 2

	Zone de plaine	Zone défavorisée et de montagne
Taux des prêts	2,5 %	1 %
Plafonds	110 000 euros	110 000 euros

- déductions de charges sociales et fiscales ;

Tableau 3. Avantages sociaux : exonération partielle des cotisations sociales pour les agriculteurs entre 18 et 40 ans pendant 5 ans

1re année : 65 %	2e année : 55 %	3e année : 35 %	4e année : 25 %	5e année : 15 %

- abattement de 50 % sur le bénéfice réel imposable pendant cinq ans, porté à 100 % l'année où la DJA est inscrite au bilan ;
- réduction de la taxe départementale de publicité foncière sur les acquisitions d'immeubles ruraux ;
- dégrèvement de 50 % de la taxe foncière sur les propriétés non bâties pour une durée de cinq ans (les collectivités locales peuvent accorder un dégrèvement supplémentaire pour une durée maximum de cinq ans).

– Le **programme pour l'installation et le développement des initiatives locales (PIDIL)** vise à faciliter le renouvellement des exploitations agricoles en soutenant les jeunes agriculteurs, non issus du milieu agricole. Les mesures du PIDIL concernent :
- les aides aux conseils pour les candidats souhaitant s'installer ;
- les aides à la formation[1] ;
- les aides au remplacement[2] ;
- les aides à l'investissement et subvention à l'installation ;

---

1. Financement d'un stage de parrainage, d'un an maximum sur l'exploitation qu'il souhaite reprendre ; le stagiaire reçoit une aide de 310 à 708 euros par mois ; ce stage permet à un jeune d'origine non agricole de se préparer à la reprise d'une exploitation.
2. Le PIDIL permet dans la limite de cent jours de prendre en charge les coûts d'un service de remplacement sur l'exploitation afin que le jeune puisse compléter ses connaissances par des stages courts.

* un complément local de DJA[1] ;
* la prise en charge partielle des frais d'audit pour faciliter la démarche transmission-installation.

Outre les aides précédentes, l'exploitant peut souscrire à différentes formes de crédits bancaires (notamment de la part du Crédit Agricole), afin de financer ses équipements et son besoin en fond de roulement. Les jeunes agriculteurs de moins de 40 ans bénéficient systématiquement d'un « prêt jeune agriculteur » et de la « dotation jeune agriculteur », une aide versée par l'État. Les banques habilitées à accorder ces prêts sont le Crédit Agricole, le Crédit Mutuel ainsi que la Banque Populaire de la région concernée. Par ailleurs, les associés en GAEC bénéficient de certains prêts spécifiques, qui leur sont accordés par leur statut.

▸ Le gérant de gîte rural

De nombreuses aides lui sont accordées. Les relais départementaux de gîtes de France sont une mine à exploiter : ils renseigneront sur les diverses aides financières et logistiques (www.gites-de-france.com/gites /fr/gites_ruraux).

▸ Le paysagiste et le mécanicien en maintenance de matériel de parcs et jardins

Une exonération de la taxe d'apprentissage est possible à condition d'avoir un apprenti.

Les rétributions et la fiscalité

▸ L'exploitant agricole

Les revenus des exploitants agricoles français varient en fonction de multiples facteurs : type d'activité, taille et niveau d'endettement de l'exploitation, priorités de la PAC, etc.

---

1. Cumul de l'aide avec la DJA ne pouvant excéder 25 000 euros ou 35 900 euros en zone agricole défavorisée et de montagne.

Tableau 4. Indicateur d'évolution français du revenu net d'entreprise agricole
par actif non salarié et selon l'orientation

	Évolution 2007/2006 (en %)*	Disparité du résultat**
Ensemble des exploitations professionnelles	17,0	100
Ensemble grandes cultures	71,3	131
Céréales, oléagineux, protéagineux	103,9	139
Autres grandes cultures	18,4	134
Maraîchage et fleurs	- 48,8	77
Ensemble viticulture	24,3	158
Viticulture d'appellation	20,3	71
Autre viticulture	51,0	137
Arboriculture fruitière	- 19,8	89
Bovins lait	2,5	81
Bovins viande	- 24,7	84
Bovins mixtes	- 1,2	90
Ovins et autres herbivores	- 31,8	51
Hors sol	- 38,4	100
Polyculture	28,3	79
Élevage et culture	23,9	97

Source : Service Central des Enquêtes et Études statistiques (Scees),

*RICA et comptes nationaux par catégorie d'exploitation
résultat courant avant impôts par unité de travail annuel non salarié (UTANS).

**Moyenne des années 2005 à 2007

Sur le plan pratique, la MSA reçoit des cotisations des agriculteurs. Les versements sont calculés en fonction du revenu N -1 ; une déclaration est établie en début d'année ; l'exploitant connaît à l'avance les cotisations requises et choisit de payer mensuellement ou non. La déduction pour aléas (DPA), mise en place en 2002, permet aux exploitants agricoles de n'être imposés que sur une fraction de leur bénéfice. Celle-ci est affectée à un compte d'épargne en vue de faire face aux aléas climatiques, économiques, sanitaires ou familiaux. L'imposition n'intervient que lorsque les sommes déposées sur le compte sont effectivement mobilisées pour faire face à de tels aléas affectant le revenu, ou, à défaut, dans un délai de sept ans.

Par ailleurs, chaque travailleur indépendant remplit sa déclaration fiscale chaque année, basée sur le résultat comptable qui vient d'être réalisé et déclaré par le centre de gestion CER.

▶ Le gérant de gîte rural

Selon la source www.gitesdefrance.com, les revenus d'un gérant sont en moyenne de 408 euros par semaine en période haute, 267 euros par semaine en basse saison et 163 euros par week-end. Le taux d'occupation moyen sur l'année équivaut à un peu plus de 40 % (nombre de semaines louées sur le nombre de semaines ouvertes). L'investissement initial moyen serait d'environ 58 400 euros.

▶ Le paysagiste

Rares sont les paysagistes qui obtiennent des salaires de départ élevés. Un paysagiste débute en moyenne à un salaire brut de 1 200 euros à 1 400 euros et un professionnel confirmé perçoit en moyenne entre 2 300 euros et 2 700 euros. En libéral, les revenus s'échelonnent du SMIC jusqu'à 400 euros ou 500 euros mensuels. Le paysagiste bénéficie d'un cadre fiscal plutôt avantageux, l'État ayant décidé de développer les services à la personne. Grâce au Cesu (chèque emploi service universel), les employeurs de paysagistes peuvent obtenir une réduction d'impôt de l'ordre de 50 % sur les prestations.

▶ Le mécanicien en maintenance de matériel de parcs et jardins

Les revenus (d'une à trois fois le SMIC) sont directement fonction du niveau de diplôme et de l'expérience.

Les ressources humaines

L'exploitant agricole

Il n'est pas nécessaire d'être issu d'une famille d'agriculteurs pour se lancer dans le métier. Cependant, compte tenu de sa **technicité croissante**, il est indispensable de suivre une formation et de se renseigner sur ses règles et ses usages avant de s'engager. Le goût (voire la passion) de la nature constitue une condition incontournable. Des compétences minimales dans les domaines suivants sont requises :

- biologie végétale ;
- soins vétérinaires ;
- mécanique agricole ;
- normes agricoles européennes ;
- comptabilité et gestion.

Plusieurs formations et un stage en exploitation sont souhaitables (CAP, brevet technique, baccalauréat, BTS, etc., agricoles).

Le gérant de gîte rural

Aucune formation spécifique n'est indispensable, mais un séjour préalable de formation dans un gîte pilote est recommandé.

Le paysagiste

Plusieurs formations (niveaux BEP, bac et BTS) sont proposées dans les spécialités de l'aménagement de l'espace, des travaux paysagers et des productions horticoles.

Le mécanicien en maintenance de matériel de parcs et jardins

Un diplôme de CAP, le bac ou un BTS en maintenance de matériel de parcs et jardins est exigé.

L'apiculteur

L'apiculteur doit posséder des connaissances en biologie de l'abeille, de la flore, des techniques, mais aussi de la législation. Il est préférable d'acquérir une formation auprès d'un apiculteur expérimenté, puis d'aller dans un rucher école. Ces formations sont dispensées notamment par les CFPPA (Centre de formation professionnelle et de promotion agricoles) et par la Société Centrale d'Apiculture de Paris.

Les difficultés rencontrées et les risques encourus

L'exploitant agricole

Le métier d'exploitant agricole cumule de multiples handicaps naturels et économiques : exposition aux aléas climatiques, aux épidémies frappant les troupeaux (« vache folle », etc.), aux invasions de prédateurs en tout genre menaçant leurs récoltes, etc. Ils sont également exposés aux aléas économiques : pression exercée par les centrales d'achat des grandes surfaces, chute du cours des produits (comme l'illustre le conflit sur le prix du lait en 2009), hausse des taux d'intérêt et/ou restrictions du crédit finançant leurs équipements, etc. Afin de préserver ses marges, l'exploitant agricole s'efforce de développer les circuits directs (de producteur à consommateur) de distribution de certains de ses produits, dans le cadre d'associations pour le maintien d'une agriculture paysanne.

Par ailleurs, l'agriculture est par nature une activité saisonnière, avec beaucoup plus de travail en été qu'en hiver. Certains exploitants cumulent plusieurs emplois en période creuse. Il est également fréquent que le conjoint exerce une autre activité dans le commerce, l'artisanat, les services ou l'administration locale.

Les autres métiers

Les trois autres métiers présentés sont moins exposés, mais demeurent essentiellement saisonniers. Une bonne fidélisation de la clientèle permet un meilleur étalement des tâches tout au long de l'année. Ces métiers sont par ailleurs de plus en plus concurrentiels, notamment dans les régions touristiques. Le mécanicien en maintenance de matériel de parcs et jardins est surtout concerné, car ses services sont de plus en plus concurrencés par le « *do it yourself* », rendu possible par la vente à prix accessibles de matériels de jardin dans grandes surfaces de bricolage et les jardineries.

Dans tous ces métiers, l'exploitant doit également respecter les normes sanitaires, sous peine d'être sanctionné. La qualité de ses produits doit être surveillée, comme les appareils de **motoculture** vendus et leur réparation, ou encore les services proposés dans les **gîtes ruraux**. Une marque collective appelée « marque de certification » peut être créée, requérant l'intervention d'un « organisme certificateur » (l'AFAQ en France). Il existe également des labels régionaux contribuant à la promotion des produits traditionnels, mais exigeant le respect de chartes de qualité.

Synthèse

Les métiers de l'agriculture ont largement renouvelé leurs techniques et leurs pratiques au cours des trente dernières années, notamment sous l'effet des progrès du développement durable. Leur nature essentiellement capitalistique, leur technicité croissante et leur exposition aux aléas saisonniers et conjoncturels les exposent toutefois à des risques variés. L'exercice de ces métiers exige – probablement plus que pour beaucoup d'autres – un solide accompagnement de la part de multiples réseaux professionnels et familiaux. Ils n'en conservent pas moins un pouvoir croissant d'attraction sur les jeunes entrepreneurs épris de valeurs authentiques.

Les métiers de la mer

Les métiers liés à l'exploitation de la mer sont nombreux : marin-pêcheur, aquaculteur (pisciculteur, conchyliculteur, crevetticulteur, algoculteur, etc.), mareyeur, marinier, gérant de base nautique ou association sportive, skipper, biologiste, océanographe, océanologue, garde-pêche, conseiller technique en aménagement des systèmes aquatiques, plongeur professionnel, poissonnier, etc. Certains de ces métiers ont perdu en attractivité, d'autres en revanche suscitent un intérêt croissant, comme ceux de la filière nautique.

Selon le plan type de chaque chapitre, seront successivement présentés :

- les gisements ;
- les démarches ;
- les ressources financières et humaines ;
- les difficultés propres à ces métiers.

Les gisements d'emploi dans les secteurs de la mer

La filière de la pêche

En 2006, la production française (métropole et DOM) s'est élevée à 792 000 tonnes, pour un chiffre d'affaires de 1,70 milliard d'euros en première vente. Sur ces 792 000 tonnes, 336 000 tonnes (1 milliard d'euros) correspondent à de la pêche fraîche et 214 000 tonnes (177 millions d'euros) à de la pêche congelée. Enfin, 240 000 tonnes (532 millions d'euros) proviennent de l'aquaculture (189 300 tonnes de la production conchylicole et 50 700 tonnes de la production piscicole).

La pêche de poisson, bien qu'ayant augmenté en volume des ventes (+ 2,1 %) a diminué en valeur (- 0,7 %). Ceci s'explique par un prix de vente inférieur à la tonne en 2006. Le type de pêche le plus rémunérateur est la **pêche de céphalopodes et invertébrés** avec une hausse du chiffre d'affaires de 8,1 % entre 2005 et 2006. À l'inverse, la pêche aux coquillages affiche une baisse des ventes en valeur de 8,5 %.

Les métiers de la pêche, de la transformation ou de la poissonnerie (activités collectives) s'effectuent toute l'année. Ce sont des métiers d'artisanat et de commerce. L'aquaculture est un métier collectif, puisque le chef d'exploitation a besoin d'employés, et peut être assimilée à une activité d'artisanat pour son activité d'entretien et de récolte, mais aussi de commerce pour la vente de ses produits. Il s'agit d'une activité saisonnière pour certains domaines, comme la production d'huître qui n'a pas lieu toute l'année (octobre à avril). Certaines entreprises ont ouvert leurs portes au public et font visiter leur établissement, monnayant un droit d'entrée.

Depuis quelques années, la création d'entreprise dans le secteur de la pêche maritime connaît une réelle désaffection. L'entreprise de pêche était à 85 % individuelle en 2007. Le montant d'investissement nécessaire à sa création est relativement élevé (en moyenne 270 000 contre 90 000 euros dans d'autres secteurs). Le coût d'achat de l'outil de travail est nettement plus important que dans les autres secteurs et constitue un réel frein à la création d'entreprise au regard, notamment, des risques d'exploitation liés au contexte réglementaire actuel du secteur des pêches. Par ailleurs, le secteur se caractérise par une difficulté à renouveler la population de marins, la nette réduction de la durée des carrières ne faisant qu'accentuer cet état de pénurie. La pêche souffre actuellement d'un certain manque d'attractivité, mais des actions de revalorisation de ces métiers ont été engagées.

La filière nautique

La filière nautique française compte quatre millions de pratiquants réguliers d'un ou de plusieurs loisirs nautiques. Elle représente un chiffre d'affaires de plus de 4 milliards d'euros, réalisés par treize mille entreprises et associations employant 44 600 emplois. Depuis 2000, la filière a généré dix mille emplois supplémentaires, avec une perspective de huit mille à neuf mille embauches entre 2008 et 2010, grâce aux départs en retraite. La France est le leader mondial de la production de bateaux à voile, de bateaux pneumatiques, de la glisse (planche à voile, surf, kitesurf, etc.), de la location maritime et fluviale et troisième producteur européen de bateaux à moteur.

L'exploitation d'un club nautique (métier individuel ou collectif) se fait également toute l'année. L'activité peut varier en fonction de l'orientation choisie (scolaire, parascolaire, loisir ou touristique). Il s'agit d'une activité de service, mais aussi de commerce si elle vend certains accessoires et produits.

La recherche d'emploi

Le métier de marin-pêcheur

Il existe différents moyens de chercher un emploi. On peut consulter les magazines spécialisés de petites annonces ou professionnels. Pour ceux qui débutent, la meilleure voie consiste à se faire embaucher à la fin de la période d'apprentissage. Certains sites Internet sont spécialisés dans les annonces de domaines spécifiques (www.aquaculture.com par exemple, ou encore www.annonces-nautiques.com). La recherche d'emploi concernant les métiers de la pêche (notamment l'aquaculture) peut s'effectuer sur le site du ministère de l'Agriculture (www.emploi.agriculture.gouv.fr/).

Les métiers du nautisme

Plusieurs possibilités s'offrent pour créer un centre nautique : l'association sportive ou la société sportive.

▸ L'association sportive

La création d'une association permet de bénéficier de certains avantages. Le club acquiert une personnalité morale et une « capacité juridique ». Cela permet d'ouvrir un compte bancaire, d'acheter du matériel, d'assurer ses membres, d'embaucher du personnel et de bénéficier de subventions venant de l'État.

Il faut être au minimum deux pour créer son association. La rédaction des statuts est obligatoire. Ils définissent les modalités de fonctionnement (les instances dirigeantes, comment et par qui sont élus les représentants du club). Les associations sont régies par la loi de 1901, qui laisse une grande souplesse d'exercice. Les statuts doivent comporter obligatoirement le nom et le cas échéant, le sigle de l'association, l'objet de l'association (but et champ d'action), son siège social (l'adresse d'un de ses membres éventuellement) et désigner les dirigeants (un président, un trésorier, voire un vice-président et un secrétaire). Le reste des statuts est libre : on peut spécifier les moyens d'action pour la réalisation de l'objet social, les modalités de versement des cotisations, la durée de l'association (illimitée, limitée ou pour une tâche précise), les ressources de l'association, les conditions d'adhésion des membres, les conditions de perte de la qualité de membre, les modalités de désignation des administrateurs, la durée de leurs fonctions, le mode de remplacement, les modalités de réunions des assemblées, etc.

Une association ne peut bénéficier d'aides financières publiques que si elle est agréée. Cet agrément ne peut être accordé que si les statuts contiennent un certain nombre de dispositions (décret du 9 avril 2002). L'agrément est soumis à l'existence et au respect de dispositions statutaires. Elles garantissent l'absence de discrimination dans l'organisation et la vie de l'association, l'égal accès des hommes et des femmes au poste de dirigeant, ainsi que la transparence de gestion (tenue d'une comptabilité, etc.). Une association sportive doit présenter également un fonctionnement démocratique, c'est-à-dire une assemblée générale tenue par tous les membres de l'association, l'élection des responsables par bulletin secret, un compte rendu aux électeurs et adhérents venant des dirigeants. Plusieurs instances de contrôle et de décision existent.

Le fait d'ouvrir un compte bancaire permet aux clubs de recevoir les cotisations des membres et les subventions des collectivités locales. Les pièces à fournir auprès de l'établissement bancaire sont un exemplaire des statuts, l'extrait de déclaration au *Journal Officiel*, l'extrait du procès-verbal de l'assemblée générale où ont été désignés les responsables du compte et une photocopie de la carte d'identité de ces derniers[1].

---

1. Source : www.linternaute.com.

Il n'est pas obligatoire pour une association de s'affilier à une fédération. Si elle choisit de le faire, certaines règles sont à respecter. Elle doit payer une cotisation auprès de la fédération en question (montant variable selon les sports) et respecter les règles de celles-ci sur la formation, l'encadrement, et la pratique du sport. Elle doit s'engager à délivrer une licence à tous ses membres. La licence représente un avantage pour les clubs. En effet, ils peuvent recueillir des cotisations et dégager une marge en la revendant à ses membres afin de financer du matériel et d'organiser des compétitions. Cette licence comprend une assurance dont les membres bénéficient. Elle permet également aux associations de recevoir des subventions nationales lorsqu'elles organisent un événement sportif.

▸ La société sportive

La société commerciale peut prendre l'une des trois formes suivantes.

– L'Entreprise Unipersonnelle Sportive à Responsabilité Limitée (EUSRL) ne comprend qu'un seul associé.

– La Société Anonyme à Objet Sportif (SAOS) désigne une société de droit commun à caractère désintéressé avec interdiction de distribuer des dividendes.

– La Société Anonyme Sportive Professionnelle (SASP) est une société de droit commun qui permet de distribuer des dividendes aux actionnaires, mais pas d'être cotée en Bourse. Elle peut faire appel à toutes les formes de financement.

Les statuts des sociétés commerciales sont conformes à des statuts types définis par décret en Conseil d'État. Aucune des sociétés anonymes mentionnées ci-dessus ne pourra faire appel public à l'épargne.

Une association sportive, affiliée à une fédération sportive qui participe habituellement à l'organisation de manifestations sportives dont les recettes dépassent 1,2 million d'euros et qui emploie des sportifs dont la rémunération excède 800 000 euros a l'obligation de constituer une société sportive à statut particulier pour la gestion de son activité. L'association qui crée la société commerciale n'en disparaît pas pour autant. Elle devient une association dite support et continue de gérer les activités non professionnelles, ne relevant pas de la société commerciale. Une convention régit les relations entre l'association et la société commerciale (décret n° 2001-150 du 16 février 2001). C'est l'association qui est chargée de gérer les compétitions et les manifestations du calendrier de la fédération sportive agréée auxquelles participe la société.

Les ressources financières

Les aides au secteur de la pêche

Les principales aides financières sont délivrées par les organismes suivants.

- Le **FEP (Fonds Européen pour la Pêche)** est l'un des principaux instruments des dépenses effectuées au titre de la Politique commune de la pêche. Son objectif actuel consiste à octroyer une aide financière durant la période 2007-2013. Les aides aux investissements sont limitées aux micro, petites et moyennes entreprises employant moins de deux cent cinquante salariés ou ayant un chiffre d'affaires inférieur à 200 millions d'euros. La contribution minimale du FEP est de 20 % des dépenses publiques totales, le maximum étant de 50 %.

- L'**IFOP (Instrument Financier de l'Opération de la Pêche)** peut aussi cofinancer les projets à hauteur de 15 % à 50 % des dépenses éligibles.

Ces organismes dispensent différents types d'aides.

▶ Les aides à l'installation

La Commission européenne et la Région consentent chacune des aides de 10 % du montant du devis HT pour la reprise d'entreprise, et de 15 % pour la création. Il en va de même pour le régime d'aide européen. Une prime à l'installation a été mise en place pour encourager les jeunes à s'établir comme pêcheurs ou conchyliculteurs. Son montant s'élève à 5 % du coût total de l'outil de production (dans la limite de 25 000 euros maximum).

▶ Les aides au cours de l'activité

Certaines subventions sont distribuées en cours d'activité pour l'amélioration des conditions de travail, de la sécurité du personnel, de la qualité de production (installation de chambre froide, respect de la chaîne du froid, construction de nouveaux bassins ou rénovation) et de l'environnement (diminuer la pollution).

▶ Le dispositif Horizon

Une épargne est constituée pendant la formation du futur professionnel. À son installation, la Région accorde une aide supplémentaire, ainsi que la banque.

Les aides à la filière nautique

Les associations sportives (clubs nautiques) peuvent bénéficier d'une grande diversité d'aides versées sous forme de subventions ou de prêts accordés aux associations.

▶ Les subventions versées au titre de l'article 19-13

Limitées à 2,3 millions d'euros, elles sont destinées à financer des missions d'intérêt général portant sur :

- la formation, le perfectionnement et l'insertion scolaire ou professionnelle des jeunes sportifs accueillis dans les centres de formation agréés ;

- la participation de l'association ou de la société à des actions d'éducation, d'intégration ou de cohésion sociale ;
- la mise en œuvre d'actions visant à l'amélioration de la sécurité du public et à la prévention de la violence dans les enceintes sportives.

▸ Autres concours financiers

Les associations sportives peuvent bénéficier, en tant qu'organismes à but non lucratif, de concours financiers des collectivités territoriales sans restriction particulière, dans la mesure où leur activité présente un intérêt public local.

- **Les prêts** : les sociétés sportives sont exclues du champ d'application du régime de droit commun des interventions économiques des collectivités territoriales (art. 19-1, circulaire du 29 janvier 2002 : INTB0200026C). Les associations ou sociétés de mission d'intérêt général peuvent recevoir des subventions publiques d'un montant maximum de 2,3 millions d'euros (art. 19-3 de la même circulaire). Les collectivités territoriales peuvent garantir les emprunts contractés par les associations sportives dont les recettes annuelles sont inférieures à 76 224,51 euros, en vue de l'acquisition de matériel ou de la réalisation d'équipements sportifs.
- **La subvention d'équipement du CNDS** (Centre National pour le Développement du Sport) vise à participer au financement de constructions neuves, de rénovations d'équipements, de remise en état des équipements sinistrés et au financement de la mise en accessibilité aux personnes handicapés. Le taux de financement des projets par le CNDS est limité à 20 % du montant subventionnable.
- **Les autres subventions** : les associations bénéficient d'aides financières locales, voire régionales, ou encore de la jeunesse et des sports. La demande doit émaner de l'association. Les subventions sont délivrées par les collectivités locales si leur

activité présente un intérêt public local. Les « associations support » peuvent bénéficier d'une subvention pour financer des activités sortant du cadre des missions d'intérêt général disposées à l'article 19-3 de la circulaire du 29 janvier 2002. D'après la loi 200-321 du 12 avril 2000 et le décret 2001 du 6 juin 2001, la création d'une convention est obligatoire au-delà de 23 000 euros de subvention. Les associations recevant des subventions annuelles supérieures à 153 000 euros doivent déposer à la préfecture du département où se situe leur siège social leur budget, leur compte, leur convention et les comptes rendus des subventions reçues.

▶ Les garanties financières

Les associations sportives souhaitant acquérir du matériel et des équipements sportifs peuvent contracter des emprunts. Ces prêts peuvent être garantis par les collectivités territoriales, à condition que les recettes annuelles de l'association soient inférieures à 76 224,51 euros.

▶ L'accompagnement éducatif

Il a été mis en place afin d'« *augmenter le volume d'activités physiques et sportives pratiquées par les adolescents…* ». Les conditions à remplir sont la mise en place d'une séance hebdomadaire d'APS (activité physique et sportive) de deux heures durant un semestre dans le temps périscolaire (de 16 heures à 18 heures). Toutes les associations sportives sont concernées. Le montant du soutien du CNDS pourra être de 1 200 euros (par module de 18 x 2 heures) si l'association assure la rémunération de l'intervenant et que l'activité sportive pratiquée nécessite l'acquisition de matériel ou l'organisation de déplacements[1].

---

1. Renseignements au 02 54 55 22 50.

Les rétributions et la fiscalité

▸ Le gérant de club nautique

Les événements sportifs sont soumis à une taxe sur le spectacle, calculée d'après les droits d'entrée demandés pour assister à ces réunions. Le cas d'un club nautique relève de la troisième catégorie. Le taux s'élève alors à 8 % et peut aller jusqu'à 50 % selon les conseils municipaux. Toutefois, certaines manifestations et recettes bénéficient d'exonérations particulières. Seul l'aviron est exempt d'impôt, ainsi que les activités désignées par le conseil municipal après délibération annuelle.

▸ L'aquaculteur

La convention collective des employés conchylicoles prévoit une rémunération pour chaque niveau de responsabilité dans l'entreprise, depuis l'ouvrier de manutention au SMIC jusqu'au cadre d'entreprise dont le salaire est souvent très élevé et peut varier beaucoup d'une année sur l'autre : de 15 245 à 45 730 euros bruts par an. Une prime d'ancienneté est accordée aux salariés de plus de quatre ans de présence dans la société (art. 24 de la convention collective). Le salaire du chef d'entreprise dépend de la taille de l'entreprise et de son activité. Un responsable de quatre à six personnes peut gagner plus 2 000 euros par mois.

Les ressources humaines nécessaires

En cas de reprise d'activité, il est conseillé dans tous ces métiers au repreneur de travailler avec le cédant, afin de connaître l'organisation de l'entreprise et de mettre en confiance le vendeur. Dans tous les cas, il est préférable de travailler dans ce domaine avant de se lancer en solo.

Le marin-pêcheur

Le métier traditionnel de marin-pêcheur est considéré comme l'un des plus durs et comme le plus dangereux du monde. Seuls les passionnés de la mer ayant une expérience – dès leur plus jeune âge – de la navigation, sont encouragés à s'engager dans cette aventure. Plusieurs lycées professionnels délivrent des CAP et BEP formant à certains métiers de la mer, mais, de l'avis des professionnels, seuls l'apprentissage et le compagnonnage permettent de maîtriser les pratiques des différents types de pêche.

L'aquaculteur

L'aquaculture nécessite de solides connaissances, notamment en biologie marine et en écologie des milieux d'élevage (écologie marine littorale). Le responsable de l'exploitation doit connaître et savoir utiliser le matériel de production (navigation, conduite mécanique, électricité, etc.). Certains devront même savoir conditionner la production, avoir des notions de commercialisation, ou être capables de définir une stratégie d'entreprise. Le chef d'exploitation possède en général soit un diplôme en biologie (niveau Master ou Bac + 5), un diplôme d'ingénieur agronome, d'ingénieur en agriculture ou de vétérinaire. Des formations spécifiques existent, telles qu'un DU Chef de Projet en Aquaculture et Halieutique, ou un Diplôme d'Études Supérieures des Techniques Aquacoles (DESTA).

Les aquaculteurs peuvent exercer leur métier avec des diplômes allant du CAP au BTS, mais le BEP est le niveau minimum pour s'installer. Le Bac pro est conseillé pour développer le côté commercial. Le titulaire d'un BEP maritime peut se spécialiser en pisciculture d'eau douce dans le cadre du Bac pro cultures marines. Les diplômés d'un BTSA (Brevet de technicien supérieur avicole) peuvent présenter leur candidature à certains concours d'entrée en école d'ingénieurs. Le Bac pro cultures marines est également bien coté. Il comporte deux options Production ou Commercialisation dont l'enseignement est bien adapté au monde du travail. Concernant les formations post-bac, il existe différentes formations comme le BTSA Production Aquacole, le DUT Génie Biologique orienté en aquaculture, le DEUST Technicien de la mer et du littoral, etc. Des écoles d'ingénieurs agronomes proposent également des options Aquaculture.

Le ministère de l'Agriculture, de l'Alimentation, de la Pêche et des Affaires Rurales propose des diplômes dans le secteur aquacole, pour préparer aux métiers de la production, tandis que le ministère de l'Équipement délivre des titres maritimes permettant d'exercer un métier dans le domaine des cultures marines.

Le responsable de club nautique

Le chef de club nautique dirige un club ou une école d'activités nautiques. C'est un professionnel polyvalent : responsable de la sécurité et de l'entretien du matériel, c'est également lui qui planifie et organise les stages d'apprentissage, recrute les éducateurs sportifs nécessaires pour les formations ou les activités de loisirs organisées. Il participe également à la gestion financière de la structure. Pour exercer ce métier, il est nécessaire de suivre un cursus de deux ans à plein-temps, alternant formation au centre et stages en entreprise. Généralement, lorsqu'il s'agit d'un petit club nautique, le patron dispense les cours. Il doit donc également savoir maîtriser les compétences d'un moniteur. Plus tard, lorsque l'activité du club nautique deviendra plus importante, il pourra se contenter de superviser et de gérer le club.

Le moniteur (aviron, kayak de mer, planche à voile, voile, ski nautique, plongée)

Il doit avoir obtenu les brevets fédéraux, le permis A, la carte Mer ou le permis mer. Le Brevet d'État d'Éducateur Sportif (BEES) (avec option correspondante) premier degré est le diplôme officiellement exigé pour exercer contre rémunération, la profession d'éducateur sportif à titre de salarié ou de travailleur indépendant. La formation comporte un tronc commun à tous les sports (biomécanique, physiologie, psychopédagogie, etc.) et une formation spécifique au sport choisi. Pour suivre cette formation il faut être âgé d'au moins 18 ans, être titulaire de l'Attestation de Formation aux Premiers Secours (AFPS), avoir un bon niveau de pratique sportive (compétiteur de niveau régional) et un bon niveau de culture générale (seconde ou première au minimum).

Les difficultés et les risques

Tous les métiers de la mer sont sensibles au climat et à la conjoncture économique.

L'aléa climatique

La pêche est naturellement concernée – les bateaux ne peuvent pas sortir en cas de tempête –, mais aussi l'aquaculture, car les intempéries peuvent endommager un élevage (huîtres, moules, etc.), ou encore le gérant de club nautique (association sportive) car toutes les activités de plein air (le char à voile, le kayak, la plongée, etc.) ne peuvent être maintenues en l'absence de vent ou en cas de tempête.

Ces activités sont par ailleurs saisonnières L'exploitant doit s'organiser pour combler son activité en dehors des temps de production. C'est le cas par exemple de l'ostréiculture, qui se déroule d'octobre à avril, tandis que la mytiliculture ne se produit qu'en été.

L'incertitude conjoncturelle

Une conjoncture défavorable peut affecter la consommation des produits de la mer et l'activité touristique côtière.

La fixation des quotas et Totaux Admissibles de Captures (TAC) de la Pêche est sensible à la conjoncture. Ces quotas ont pour but de préserver les réserves des mers européennes, afin d'éviter la disparition d'espèces, dans les années à venir. La Commission européenne les a encore diminués de 15 à 25 % pour 2009 selon l'état des stocks, après avis d'experts.

Par ailleurs, le pêcheur et l'aquaculteur sont dans l'obligation de respecter des normes sanitaires, notamment établies dans le Code OIE (Office International des Épizooties). Le contrôle sanitaire est effectué par le service vétérinaire sur les lieux de production. L'alimentation des poissons d'élevage est strictement encadrée. Il est également important de respecter la chaîne du froid, entre la production et la consommation du produit.

Synthèse

La plupart des métiers exploitant directement la zone maritime française (la plus vaste d'Europe) peuvent être considérés comme des gisements d'emplois toujours prometteurs, dans la mesure où les ressources de la mer sous toutes ses formes (poissons, crustacés, plancton, mais aussi oxygène, iode, espace, etc.) seront de plus en plus recherchés. La diversité des aides européennes, nationales et régionales, dont bénéficient ces secteurs rend les métiers de la mer – au-delà du cadre naturel attrayant que cette dernière offre – un facteur supplémentaire d'attraction de nouveaux entrepreneurs.

Les métiers du bâtiment

Le secteur du bâtiment est divisé en deux familles : le gros œuvre – dominé par des moyennes et des grandes entreprises – et le second œuvre – plus ouvert aux emplois indépendants (artisans) et aux PME. Ce secteur regroupe en France plus de trois cent soixante-dix mille entreprises, dont plus de 50 % n'ont pas de salariés et plus de 90 % comptent moins de dix salariés. La moitié de ces exploitations a moins de dix ans. Le bâtiment couvre un nombre croissant de métiers plus ou moins réceptifs au progrès technique.

Les gisements d'emplois indépendants, les démarches à suivre, les ressources financières et humaines à maîtriser, ainsi que les risques des métiers du bâtiment seront successivement étudiés.

Les gisements d'emplois indépendants dans le secteur du bâtiment

Le secteur est structuré en sept grandes familles de métiers d'importances inégales, dont chacune comporte de nombreuses « niches » d'emplois souvent attractifs.

Tableau 1. Les familles de métiers du bâtiment en France (2007)

Métiers	Chiffre d'affaires (millions d'€)	% de TPE
Maçonnerie carrelage	27 057	50
Charpente menuiserie agencement	11 726	73
Peinture vitrerie revêtement	13 455	72
Couverture plomberie chauffage	15 697	62
Électricité et électronique	8 982	43
Serrurerie-métallerie	4 235	61
Métiers et techniques du plâtre	4 078	69

Source : EAE 2007

Les activités ayant le plus progressé jusqu'en 2007 et le mieux résisté à la crise de 2008-2009 ont été l'entretien et la maintenance des bâtiments (dans tous les corps de métiers), les mises aux normes européennes des équipements électriques, les installations thermiques et de climatisation et les travaux d'isolation. Depuis 1999 (et jusqu'au 31 décembre 2010, en principe), les travaux d'amélioration et d'entretien des logements de plus de deux ans bénéficient du régime fiscal de la TVA à taux réduit.

Outre les métiers de base (maçon-carreleur, vitrier, serrurier, charpentier couvreur, plâtrier-plaquiste, plombier, électricien, peintre, chauffagiste, menuisier), le secteur du **bâtiment** recèle une **grande variété d'activités de production et de services** :

- architecte ;
- solier ;
- métreur ;
- moquettiste ;

- tailleur de pierre ;
- façadier ;
- ébéniste ;
- installateur de chauffage et de climatisation ;
- agenceur de cuisines et de salles de bains, etc.
- étanchéiste ;
- métallier ;
- cordiste ;

Plusieurs de ces métiers sont recherchés dans le cadre des grands travaux d'utilité publique engagés sur les monuments nationaux. Le secteur complémentaire de l'**immobilier** comporte également une certaine diversité de métiers de services : agent immobilier, syndic de gestion, marchand de biens, bailleur professionnel, expert, etc.

Quatre métiers de ce secteur ont été plus particulièrement étudiés.

Le plombier

Le métier de plombier consiste à installer les canalisations d'eau, de gaz et d'air comprimé. En outre, il a une mission de maintenance et de réparation de ces installations. Ces missions peuvent être effectuées aussi bien chez un particulier que dans l'industrie. Il débouche sur une multitude d'emplois différents (installation, maintenance, étude, formation/conseil ou fabricant/distributeur) et offre de nombreuses perspectives de carrière (chef d'entreprise, de chantier, d'équipe, ouvrier qualifié, artisan, etc.). Cependant, c'est un métier qui a tendance à être oublié par la future population active, d'où un besoin accru de plombiers qualifiés. Cette grande diversité dans les emplois proposés, des perspectives de carrière importantes et un secteur en manque de main-d'œuvre font de ce métier une réelle opportunité pour l'avenir.

Le carreleur-mosaïste

Le carreleur intervient lorsque le gros œuvre est terminé. Il exerce un rôle très important dans la décoration et la finition. Il travaille en intérieur, seul ou en équipe, dans tout type de locaux. Il utilise une grande variété de matériaux, exigeant maîtrise technique et sens artistique. Le secteur du bâtiment manque de spécialistes dans ce domaine, ce qui explique par ailleurs les rémunérations intéressantes.

Le solier-moquettiste

Le solier-moquettiste réalise tous les travaux nécessaires à la mise en œuvre des revêtements souples de sols et de murs. Avec l'apparition de nouveaux revêtements (moquettes, dalles, liège), le métier a beaucoup évolué. L'investissement initial étant relativement peu important, l'installation à son propre compte constitue donc une alternative intéressante et (relativement) peu contraignante.

L'installateur en chauffage et électricité

Le monteur en installation thermique assure le confort des bâtiments en installant et en entretenant des systèmes de chauffage, de climatisation et de ventilation. Il raccorde des appareils (chaudière, climatiseur, ventilateur, radiateur et équipements de régulation) à des réseaux transportant de l'énergie ou des fluides (électricité, gaz, fioul, vapeur, eau).

L'évolution constante des techniques et les nouvelles orientations vers des énergies renouvelables (solaire, éolienne, géothermie, biomasse, etc.) oblige l'installateur en chauffage et climatisation à s'adapter en permanence.

Les démarches

La démarche de recherche d'emploi dans le secteur du bâtiment est identique à celle couramment appliquée dans les autres secteurs d'activité. Elle passe par les organismes publics appropriés[1]

---

1. Lire chapitre 2.

et les différents sites Internet (comme www.monster.fr, www.manpower.fr, www.adecco.fr, etc.). Les offres d'emplois salariés de Pôle Emploi s'adressent plus particulièrement à la branche des travaux publics et aux métiers du gros œuvre (maîtres d'œuvre, ingénieurs et techniciens spécialisés, chefs de chantiers, conducteurs de travaux, conducteurs d'engins, etc.).

Le second œuvre présente plus d'opportunités en matière d'entreprenariat indépendant. Les créateurs d'entreprises optent pour des statuts juridiques variés, avec une préférence pour la forme de la SARL, qui permet de limiter la responsabilité des gérants à leurs seuls apports. Dans les métiers les moins capitalistiques, le statut simplifié de l'auto-entrepreneur connaît un vif succès dans le secteur du bâtiment.

Les ressources nécessaires

Les ressources financières

Les entrepreneurs du secteur du bâtiment font appel aux sources de financement standard analysées dans le chapitre 4.

Les ressources humaines

Les professionnels du bâtiment doivent détenir un ensemble de qualités personnelles (énergie, résistance physique, sens pratique, habileté manuelle, etc.) et de compétences (maîtrise pratique de métiers de plus en plus techniques), qui s'acquièrent ou se développent dans le cadre de formations spécialisées (le plus souvent en apprentissage) et d'expérience, notamment en compagnonnage.

Ils disposent d'une filière complète de formations (publiques et privées) dédiées aux différents métiers, du CAP au DUT, en passant par le BEP, le BP, le bac Pro, le bac STI (sciences et techniques industrielles) et le BTS. De nombreux ingénieurs (ponts et chaussées, travaux publics, etc.), ont créé leur propre entreprise. Le site de la Fédération Française du Bâtiment dresse un inventaire complet des formations possibles pour les principaux métiers du bâtiment.

Tableau 2. Les formations aux métiers du bâtiment (3 exemples)

Le carreleur
CAP carreleur mosaïste
BEP construction bâtiment gros œuvre
BEP technique du gros œuvre du bâtiment
BP carrelage mosaïste
Le solier-moquettiste
CAP solier-moquettiste
CAP peintre application de revêtement
BP peinture, revêtement
L'installateur en chauffage et électricité
CAP installateur thermique
BEP technique des installations sanitaires et thermiques
BP monteur en installation de génie climatique
BP monteur et dépanneur en froid et climatisation

L'exemple de la **formation du plombier** est en soi éclairant, car ce dernier bénéficie d'un vaste éventail de formations permettant de le spécialiser dans un domaine spécifique. Il est recommandé au futur plombier de commencer sa formation par un BEP Techniques des installations sanitaires et thermiques et de préparer, simultanément à cette formation, un BEP Équipements sanitaires ou/et Génie Climatique afin de disposer à l'issue de sa formation d'un bagage technique diversifié. Il pourra par la suite se spécialiser dans un domaine grâce à des diplômes regroupés en quatre niveaux.

– Niveau II et plus :
- Licence Pro commerce thermique énergétique ;
- Master Pro (DESS) thermique et régulation.

– Niveau III :
- BTS fluides, énergies, environnement option génie climatique
- BTS fluides, énergies, environnement option génie sanitaire et thermique ;
- DUT génie civil option génie climatique et équipement du bâtiment ;
- Préparation au concours MOF ;
- CQP technicien supérieur d'études en génie climatique ;
- CQP technicien supérieur de maintenance et d'exploitation en climatique ;
- CQP technicien d'études et de chantier en plomberie.

– Niveau IV :
- BP équipements sanitaires ;
- BP monteur dépanneur en froid et climatisation ;
- BP monteur en installations de génie climatique ;
- BP énergétique ;
- Bac Techno STI génie énergétique ;
- BM plombier installateur sanitaire ;
- BM monteur en chauffage ;
- BM frigoriste ;
- Titre homologué : technicien de maintenance en chauffage et climatisation et technicien de maintenance en génie climatique.

– Niveau V :
- CAP installateur sanitaire ;
- CAP froid et climatisation ;
- CAP installateur thermique ;

- MC maintenance en équipement ;
- BEP techniques des installations sanitaires et thermiques ;
- BEP technique du froid et du conditionnement d'air ;
- BCP installateur sanitaire thermique ;
- CQP agent de maintenance chauffage ;
- CQP installateur en thermique et sanitaire.[1]

À ces diplômes proposés par l'Éducation Nationale, il faut ajouter un mode de formation propre au monde de l'artisanat : le **compagnonnage**. Il s'agit d'une association de professionnels qui créent entre eux un réseau d'échanges technologiques, méthodologiques ou d'entraide dans le but de permettre une formation permanente, des aides et des conseils de professionnels compétents. De nombreuses associations en France proposent le compagnonnage comme l'Association des Compagnon du Devoir (www.compagnons-du-devoir.com), l'Association des Compagnon du Tour de France (www.compagnons.org), l'Union Compagnonnique (http://ucddu.free.fr), ou la Fédération Compagnonnique des métiers du bâtiment.

Dans le secteur de la plomberie, il existe cinq domaines d'activité eux-mêmes composés de plusieurs emplois différents.

---

1. Abréviations : BTS = Brevet de Technicien Supérieur ; DUT = ;Diplôme Universitaire de Technologie ; CQP = Certificat de Qualification Professionnelle ; BP = Bac Professionnel ; BM = Brevet de Maitrise ; CAP = Certificat d'Aptitude Professionnelle ; MC = Mention Complémentaire ; BEP = Brevet d'Études Professionnelles ; BCP = Brevet de Compagnons Porfessionnels.

Tableau 3. Les métiers de la plomberie

Installation	Maintenance	Étude
Plombier-chauffagiste	Plombier-chauffagiste	Ingénieur d'équipement sanitaire et thermique
Monteur en génie climatique	Monteur en génie climatique	Technicien de bureau d'étude
Metteur au point	Metteur au point	Responsable de bureau d'étude
Chef d'équipe	Chef d'équipe	
Chef de chantier	Chef de chantier	
Conducteur de travaux	Conducteur de travaux	
Directeur d'agence	Directeur d'agence	
Chef d'entreprise	Chef d'entreprise	
	Agent de maintenance	
	Technicien de maintenance	
	Chargé d'affaires	

Formation/Conseil	Fabricant/Distributeur
Formateur	Expert technique
Expert technique	Consultant
Consultant	Technico-commercial
	Responsable qualité
	Responsable recherche et développement

Les difficultés et les risques

Si le secteur présente de réelles opportunités, il reste exposé à de multiples handicaps.

– Il est sensible à la **conjoncture** économique (« *Quand le bâtiment va, tout va !* » et inversement). Une récession se répercute d'abord sur le gros œuvre, puis sur le second œuvre, comme l'illustre la crise démarrée en 2008.

– Il est très **concurrentiel** (sauf dans certaines zones rurales). La concurrence s'exerce souvent dans le second œuvre, par l'« économie grise » (« souterraine » ou « sans facture »), malgré la baisse du taux de TVA applicable aux travaux de rénovation. L'instauration du statut d'auto-entrepreneur a favorisé l'apparition sur le marché d'exploitants inégalement compétents, qui n'hésitent pas à « casser les prix » de certaines prestations.

– Il est exposé à l'aléa **climatique**, notamment dans le gros œuvre.

– Il est relativement **capitalistique** et donc exigeant en financements personnels et bancaires, dans la mesure où il nécessite l'utilisation de véhicules professionnels et d'équipements de plus en plus spécialisés.

Synthèse

Les métiers du bâtiment constituent – du moins en période d'expansion économique – une des principales sources de création d'emplois indépendants et de PME (avec le commerce et l'artisanat). La plupart de ces métiers sont bien connus et relativement accessibles, mais n'en sont pas moins, dans certaines régions, en situation de pénurie de main-d'œuvre, en raison des difficultés techniques et des servitudes physiques qu'ils comportent.

La consultation des professionnels du métier (formateurs, fédérations professionnelles, chambres syndicales, etc.) doit permettre de détecter et de diagnostiquer les niches de métiers qui se multiplient dans ce vaste secteur. Certaines activités du bâtiment sont dynamisées par les mesures en faveur du développement durable[1].

---

1. Étudiées au chapitre 15.

Les métiers du commerce et de l'artisanat

Le commerce et l'artisanat constituent un champ foisonnant qui regroupe des activités diverses et souvent connexes, exercées par des travailleurs indépendants, des PME et des grandes entreprises. Le commerce est une activité à but lucratif qui consiste en l'achat de marchandises en vue de leur revente avec une valeur ajoutée. Le secteur du commerce est scindé entre le commerce de gros et le commerce de détail, et au sein de ce dernier, entre la grande distribution et le « petit commerce » ou commerce de proximité, objet de cet ouvrage.

L'artisan transforme et/ou assemble des matières premières, des semi-produits et/ou des produits finis en vue de leur revente. Le commerce *via* Internet, l'artisanat du bâtiment, les métiers d'art, l'édition et l'hôtellerie-restauration, sont traités dans d'autres chapitres.

Ce chapitre aborde successivement les gisements d'emplois, les démarches à suivre, les ressources à réunir et les obstacles rencontrés dans l'exercice des métiers du commerce et de l'artisanat.

Les gisements d'emplois

Le commerce de détail

Le commerce de proximité trouve aujourd'hui un second souffle, car il privilégie le service au client et sa fidélisation. Il est traditionnellement divisé en quatre catégories :

- l'alimentation, avec les épiciers, poissonniers, marchands de fruits et légumes, de boissons, etc. ;
- l'équipement de la personne, avec les vendeurs de prêt-à-porter, de chaussures, parfumerie, horlogerie-bijouterie, etc. ;
- l'équipement du foyer et l'aménagement de l'habitat, avec les vendeurs de meubles, électroménager, micro-informatique, etc. ;
- les services et loisirs, avec les vendeurs d'électro-loisir, de jouets, les libraires, etc.

Globalement en 2008, le commerce français de détail a créé plus de cinquante-six mille entreprises, tandis que le commerce de bouche en générait environ cinq mille et les prestataires de services (notamment aux personnes) plus de cinquante-quatre mille. Malgré la crise, le nombre de commerces de proximité progresse de 3 %, mais celui du commerce de bouche de... 68,5 %.

L'INSEE publie des chiffres sur le commerce de détail, disponibles sur son site Internet.

Tableau 1. Activité dans le commerce de détail et artisanal (2007)

	Chiffre d'affaires (milliards d'euros)	Évolution en volume (en %)
Alimentation spécialisée*	34,4	- 0,5
Boulangeries-pâtisseries	10,6	0,6
Boucheries-charcuteries	8,4	- 2,2
Autres magasins d'alimentation spécialisée	15,3	- 0,2
Petites surfaces d'alimentation générale**	15,5	- 0,3
Grandes surfaces d'alimentation générale	172,9	1,2
Grands magasins***	7,2	4,8
Pharmacies et commerce d'articles médicaux	37,8	6,0
Magasins non alimentaires spécialisés	156,8	5,4
Habillement-chaussures	30,7	3,4
Autres équipements de la personne	15,8	4,1
Culture, loisirs, sports	40,7	5,7
Équipement du foyer	33,5	9,7
Aménagement de l'habitat	30,0	4,7
Autres magasins spécialisés	6,1	-2,7
Commerce hors magasin	20,6	1,2
Vente par correspondance	11,4	1,9
Autres	9,2	0,4
Réparation d'articles personnels et domestiques	2,2	1,8
Commerce de détail*	447,3	2,9
P : données provisoires.		

Y compris l'artisanat commercial : boulangeries, pâtisseries, charcuteries.
*** Y compris les magasins de produits surgelés.*
**** Y compris les autres magasins non alimentaires non spécialisés.*
Champ : France ; ventes TTC de marchandises au détail aux ménages.
Source : INSEE, comptes du commerce.

Les magasins qui connaissent la croissance du chiffre d'affaires la plus forte, sont les **magasins non alimentaires spécialisés**. Le chiffre d'affaires des magasins « équipement du foyer » a augmenté de près de 10 % par an jusqu'à la crise démarrée en 2008. De même, les magasins « habillement et chaussures » et « culture, loisirs, sports » ont un chiffre d'affaires en croissance depuis 2005 (avec une augmentation respective de plus de 3 % et de près de 6 % chaque année depuis 2007).

L'artisanat

L'artisanat correspond à l'exploitation d'un savoir qui permet la mise en œuvre d'une activité de production, de transformation de matière ou de prestation de service. Les artisans sont aussi des commerçants puisqu'ils vendent aux consommateurs les produits et services qu'ils ont eux-mêmes créés.

Ils sont regroupés en quatre familles :

- **l'alimentation (bouchers, boulangers, charcutiers, chocolatiers, confiseurs, pâtissiers, poissonniers, traiteurs, volaillers, etc.) ;**
- le bâtiment et la décoration intérieure (étudiés au chapitre précédent) ;
- la production (métiers de la mode et de la beauté, de la maintenance et de la réparation, de l'édition, de l'image et de l'imprimerie – présentés dans le chapitre suivant –, du travail du bois, des métaux et du cuir, etc.) ;
- les services (métiers de l'automobile et du transport, de la santé et des services à la personne, présentés au chapitre 11).

Tableau 2. L'artisanat en France au 1er mars 2008

Nombre d'entreprises	920 000
Chiffre d'affaires consolidé	300 milliards €
Nombre d'actifs	3,1 millions
Nombre de créations d'entreprises en 2007	60 000
Nombre d'apprentis formés	170 000

Source : chiffres extraits de http ://artisanat.info

L'artisanat connaît une croissance annuelle supérieure à 2 % dans toutes les régions de France. Depuis 2000, il a contribué à créer plus de quatre cent trente mille emplois salariés, soit 25 % du total des emplois créés en France durant la même période. La plupart des secteurs de l'artisanat détiennent encore un potentiel d'embauches important, évalué à plus de cent cinquante mille emplois. Parmi le nombre total d'apprentis formés, 80 % ont obtenu un emploi stable à l'issue de leur formation.

Les démarches

L'accompagnement des nouveaux commerçants et artisans

Dans ces métiers, l'accompagnement s'avère être particulièrement utile, car si la plupart des exploitants maîtrisent les compétences techniques requises et peuvent réunir les ressources financières nécessaires, peu d'entre eux connaissent les règles du management (marketing, comptabilité, systèmes d'exploitation, etc.).

Les statuts juridiques des commerçants et des artisans

Les commerçants et les artisans français adoptent des statuts juridiques variés, partagés en 2008 entre la forme de l'EI (environ cent soixante-dix mille créations), celle de société (cent soixante mille) – notamment de **SARL** – et celle d'**EURL** (trente-quatre mille). Le statut simplifié d'auto-entrepreneur mis en place le 1ᵉʳ janvier 2009 a connu un vif succès, avec environ cent cinquante mille créations au premier semestre. Dans l'ensemble, les créations progressent de 3 % en 2008 (4 % pour les entreprises individuelles et 5 % pour les EURL).

Le mode d'exploitation commerciale

Parmi les diverses formules commerciales possibles (commerce indépendant, coopératif, associatif, etc.), la formule de la **franchise** et celle du portage salarial sont de plus en plus pratiquées dans presque tous les secteurs du commerce et de l'artisanat. Ces formules contribuent à limiter les risques commerciaux du nouvel entrepreneur.

Selon la définition de la Commission européenne, une **franchise** est « *un accord par lequel une entreprise – le franchiseur – accorde* *à une autre, le franchisé, en échange d'une compensation directe ou indirecte, le droit d'exploiter une franchise dans le but de commercialiser des types de produits et/ou des services déterminés ».* Le contrat de franchise est basé sur une collaboration étroite et continue entre des entreprises juridiquement et financièrement distinctes et indépendantes. Le franchiseur accorde le droit à ses franchisés d'exploiter son enseigne ou sa marque pour que ces derniers créent leur propre entreprise. Le franchisé bénéficie du savoir-faire de la franchise, de sa notoriété, de ses compétences, de ses méthodes commerciales, des procédures et autres droits de propriété intellectuelle.

Les avantages d'une entreprise qui souscrit à un contrat de franchise sont multiples :

- Le franchisé est accompagné pendant la durée du contrat par le franchiseur.
- Le franchiseur garantit une efficacité constante dans son assistance au franchisé.
- Un contrat de franchise permet à l'entrepreneur de garder son indépendance, la responsabilité de son activité et la pérennité de son entreprise face au franchiseur, tout en respectant l'homogénéité du réseau.
- Il permet également la répartition des investissements et des compétences entre le franchiseur et le franchisé.
- Si l'entrepreneur choisit de se franchiser, le démarrage de son entreprise sera plus rapide, moins coûteux et moins risqué.
- Le franchisé bénéficie d'un système de gestion commerciale conçu et expérimenté par le franchiseur, d'où l'économie de temps liée à l'utilisation d'un savoir-faire existant, permettant ainsi de réduire le risque financier.
- La réputation et l'image de marque de la franchise permettent d'augmenter la reconnaissance du franchisé auprès de la clientèle, mais aussi des banques.

– Le franchisé sera assisté en matière de gestion par le franchiseur et recevra une formation.

Afin de bénéficier de tous ces avantages, le franchisé doit respecter des obligations financières, des obligations contractuelles, des normes, et l'image de marque du franchiseur. L'entrepreneur choisissant de se franchiser a l'obligation de respecter les normes propres à l'enseigne et doit moyenner une rémunération comprenant :

- le droit d'entrée ;
- une redevance publicitaire ;
- la redevance d'enseigne (égale à une redevance sur le chiffre d'affaires) et d'autres redevances possibles.

Un contrat de franchise doit respecter le **Code de déontologie** européen de la franchise, instauré par la Fédération Française de la Franchise depuis 1971. Ce texte a été élaboré par les franchiseurs pour discipliner la pratique de la franchise. Outre ce document, les franchises, comme tous les autres réseaux, doivent respecter la loi Doubin destinée à la protection du franchisé.

Pour minimiser son risque de faillite, l'entrepreneur a intérêt à adhérer à un contrat de franchise, car le franchiseur apporte un savoir-faire testé et expérimenté, une assistance continue commerciale et technique. Le franchisé bénéficie alors de 95 % de réussite au bout de cinq ans (contre 50 % hors franchise), ce qui signifie 5 % de risque de faillite due à un mauvais franchiseur.

Le portage salarial s'est récemment adapté au domaine de l'artisanat en proposant des services mutualisés dans des conditions économiques particulièrement intéressantes : approvisionnements, assurances (en particulier décennales), communications, etc.

Les ressources nécessaires

Les concours financiers

Les dispositifs généraux (présentés dans le chapitre 4) sont complétés ou substitués par des dispositions spécifiques à chacun des secteurs d'activité.

▸ Le FISAC

Le FISAC (Fonds d'Intervention pour les Services, l'Artisanat et le Commerce) est un dispositif principalement destiné à financer les opérations de création et de développement des entreprises du commerce, de l'artisanat et des services. L'objectif est de préserver et de développer un tissu d'entreprises de proximité. Cette aide nous intéresse particulièrement dans le cadre de notre analyse.

Toutes les activités sont concernées, à l'exclusion des pharmacies, des activités liées au tourisme (hôtels, restaurants, campings) et des professions libérales.

Les aides du FISAC se matérialisent par une subvention qui peut servir à couvrir trois types de dépenses :

- les dépenses d'investissements relatives à la modernisation et à la sécurisation des entreprises et des locaux d'activité ;
- l'acquisition de matériel professionnel ;
- les dépenses d'investissements réalisées par des entreprises en faveur de l'accessibilité aux personnes handicapées et à mobilité réduite.

Le montant des dépenses d'investissement subventionnables hors taxe est limité à 75 000 euros.

Pour prétendre à cette aide, les intéressés doivent établir un dossier. Pour cela, il convient de se rapprocher de la CCI ou de la CMA compétente territorialement.

▸ L'ACCRE

L'ACCRE est un dispositif d'encouragement à la création et à la reprise d'entreprise qui permet au créateur de bénéficier d'une exonération des charges sociales et, le cas échéant, d'un maintien de revenu pendant les premiers mois de la vie de l'entreprise.

Les personnes qui peuvent demander l'ACCRE sont les suivantes :

- demandeurs d'emplois indemnisés ou susceptibles de l'être ;
- demandeurs d'emplois non indemnisés inscrits six mois à Pôle Emploi au cours des dix-huit derniers mois ;
- bénéficiaires de l'allocation parent isolé, de l'allocation veuvage, du RSA, de l'allocation de solidarité spécifique (ASS) et de l'allocation temporaire d'attente (anciennement allocation d'insertion).

Cette exonération porte sur les cotisations relatives :

- à l'assurance-maladie, maternité, invalidité, décès ;
- au risque accident du travail ;
- aux prestations familiales ;
- à l'assurance-vieillesse et veuvage ;

L'ACCRE peut être cumulé avec les revenus de solidarité suivants :

- ASS ;
- RSA ;
- allocation veuvage.

▸ Le dispositif NACRE[1]

Comme nous l'avons vu plus haut, dans le cadre de la réforme des aides d'État à la création et reprise d'entreprise, le dispositif EDEN et les chèques conseils sont remplacés depuis le 1er janvier 2009 par le parcours NACRE.

---

1. Informations APCE.

Peuvent prétendre à ce dispositif :

* les demandeurs d'emploi indemnisés, bénéficiaires de l'allocation de retour à l'emploi (ARE) ;
* les bénéficiaires de l'ASS ;
* les bénéficiaires de l'allocation temporaire d'attente ;
* les demandeurs d'emploi non indemnisés inscrits à Pôle Emploi six mois au cours des dix-huit derniers mois ;
* les bénéficiaires du revenu de solidarité active (RSA) ;
* les jeunes de 18 à 25 ans et les jeunes de moins de 30 ans non indemnisés ou reconnus handicapés ;
* les salariés reprenant leur entreprise en redressement ou liquidation judiciaire ;
* les titulaires d'un contrat d'appui au projet d'entreprise (Cape) ;
* les personnes créant leur entreprise en ZUS ;
* les bénéficiaires des prestations d'accueil pour jeune enfant complément libre choix d'activité (CLCA) ;
* les personnes de 50 ans et plus inscrites sur la liste des demandeurs d'emploi.

Il s'agit d'un dispositif global ayant pour objectif de donner aux porteurs de projet le maximum de chances de réussite et comprenant une aide au montage du projet et au développement de l'entreprise, ainsi qu'une aide financière.

L'offre de service s'adresse aux porteurs de projet ayant déjà une idée précise du projet d'entreprise qu'il souhaite créer ou reprendre.

Chaque phase du parcours correspond à un type d'accompagnement auquel peut prétendre le porteur de projet selon ses besoins et selon le niveau de finalisation de son projet. Le porteur de projet peut ainsi entrer dans le parcours si l'entreprise n'est pas encore créée *via* la phase d'aide au montage de projet si le porteur de projet (ou sa société) n'est pas immatriculé(e) ; ou directement *via* la phase de structuration financière.

Si l'entreprise est créée depuis moins de deux ans et que le porteur de projet atteste du bénéfice de l'ACCRE, il peut rentrer directement dans le parcours par la phase d'appui au démarrage et au développement de l'entreprise.[1]

▸ L'AGEFIPH

Le dispositif AGEFIPH (Association chargée de gérer le fonds pour l'insertion des personnes handicapées) a pour vocation de favoriser les initiatives des personnes handicapées qui créent leur emploi en accédant à une activité non salariée.

▸ Les organismes d'information sur la création d'entreprise

L'APCE est chargée dans le cadre de la politique gouvernementale de favoriser la création d'entreprise, tandis que les CFE permettent de procéder à toutes les opérations et obligations administratives de création.

Les ressources humaines

Pour être entrepreneur indépendant, il ne suffit pas d'avoir une aptitude professionnelle ou une expertise particulière dans un domaine.

▸ Les capacités requises

L'entrepreneur affranchi du statut de salarié s'épanouit à travers son projet professionnel. Pour un commerçant ou un artisan, devenir entrepreneur signifie être directement responsable de son résultat, être impliqué dans toutes les fonctions de gestion de l'entreprise,

---

1. Voir la Circulaire DGEFP n° 2008-20 du 4 décembre 2008 relative à la mise en œuvre de la réforme des aides d'État à la création/reprise d'entreprise par les demandeurs d'emploi et les bénéficiaires de minima sociaux. Son annexe 1.1 décrit les caractéristiques du parcours d'accompagnement pour la création/reprise d'entreprise Nacre. **Pour plus d'informations** sur ce dispositif, dont la **liste des organismes labellisés, consulter la** Direction régionale du travail de l'emploi et de la formation professionnelle (DRTEFP). La liste des organismes labellisés et conventionnés est accessible sur www.entreprises.gouv.fr/nacre/contacts-nacre.html.

et développer des relations professionnelles avec toutes les parties prenantes (clients, fournisseurs, comptable, banquier, collectivité locale, fisc, etc.). Il doit donc avoir une compréhension suffisante des techniques de base de la gestion.

▸ Les formations utiles

Les CCI et les CMA ont notamment pour mission de guider le commerçant et l'artisan tout au long de son parcours professionnel. Les multiples filières publiques et privées de formation sont hiérarchisées du CAP au diplôme d'école de commerce. Deux exemples appliqués à des emplois recherchés d'artisan sont développés.

Les difficultés et les risques

Les commerçants et les artisans sont exposés aux mêmes difficultés et risques que les autres entrepreneurs. Ils sont toutefois plus particulièrement vulnérables aux aléas commerciaux et bancaires.

La difficulté de capter et de fidéliser une clientèle

Le nouvel entrepreneur est souvent soumis à la concurrence (voire à l'« hyper-concurrence ») des autres exploitations du même type situées dans sa zone de chalandise. Les commerçants sous franchise d'enseignes ou de marques réputées et les artisans offrant des services spécifiques sont généralement moins exposés à ce handicap.

Dans tous les cas, le commerçant comme l'artisan doivent demeurer attentifs à l'évolution des goûts des consommateurs et aux progrès techniques réalisés dans leur métier, afin d'éviter une captation de leur clientèle par la concurrence.

Dans certains secteurs de base (alimentaire, électroménager, électro-loisir, etc.), l'entrepreneur encourt le risque de l'implantation d'un maxi-discounter dans sa zone de proximité.

Les difficultés liées à l'immobilier et au mobilier

Se lancer dans une activité de commerce ou d'artisanat implique l'exploitation d'un local, l'utilisation de machines, la reprise d'un fonds de commerce (valeur d'une clientèle fidélisée), le rachat d'un stock, etc., qui impliquent des ressources financières conséquentes et, le plus souvent, des crédits bancaires.

L'obtention (difficile en période de crise et toujours avec des garanties) de ces crédits, entraîne une charge d'amortissement généralement sur des périodes de trois à dix ans, qui élèvent le « point mort » (ou seuil de rentabilité) de l'entreprise. En cas de baisse prolongée du chiffre d'affaires, l'exploitant peut être confronté à des problèmes de trésorerie, qui le placent dans une situation de dépendance vis-à-vis de son banquier.

Synthèse

Le vaste secteur de l'artisanat et du commerce de proximité offre une multitude d'emplois variés et de perspectives de carrière parfois méconnues, comme le montre l'exemple du plombier. Bien que le contexte de crise soit *a priori* défavorable à la prise d'initiatives dans le commerce de proximité ou l'artisanat, l'enquête montre qu'un nombre croissant de personnes souhaite prendre en main leur destin professionnel en créant leur propre affaire. L'État accompagne ce mouvement en facilitant la prise d'initiatives personnelles et en réduisant les risques liés au passage du salariat à l'entreprenariat, comme en atteste l'instauration du régime del'auto-entrepreneur.

Les métiers de l'édition, des arts et des spectacles

Les métiers de l'édition, des arts et des spectacles se situent à la confluence de l'art et de l'artisanat. Ils comportent de multiples filières, souvent intriquées et parfois difficilement identifiables. Ils évoluent constamment sous l'effet du progrès technique (le développement accéléré des technologies de l'information et de la communication) et des mutations des comportements des consommateurs (l'avancée du matérialisme, la mondialisation de la culture consumériste). Ils sont donc confrontés à des défis permanents, que ce chapitre s'efforce d'analyser. Les gisements, les démarches, les ressources et les risques de ces métiers seront successivement présentés.

Les gisements d'emplois

Les métiers de l'édition

Les métiers du livre se décomposent en trois familles : l'édition, la fabrication (imprimerie) et la commercialisation (librairie). Le métier de l'édition recouvre la gestion du projet éditorial et l'exploitation de l'ouvrage. Les canaux de distribution se répartissent également entre VPC, grandes surfaces spécialisées, grandes surfaces non spécialisées et librairies. Seuls les deux derniers canaux relèvent des PME. Environ dix mille éditeurs se partagent le marché français, mais une dizaine réalise à elle seule 80 % du chiffre d'affaires du secteur. Le nombre de points de vente spécialisés (librairies, kiosques de presse, etc.) s'élève à près de six mille, pour la plupart des commerces indépendants situés en ville.

Les filières de publication et de distribution des œuvres ouvrent des opportunités aux entrepreneurs souhaitant se lancer dans ce secteur. Le métier d'éditeur d'ouvrages de toutes natures (livres, magazines, journaux, partitions, DVD, etc.), demeure très recherché, malgré les risques qu'il comporte.

Les métiers d'art

Les métiers d'art (estimés à deux cent cinquante selon l'INSEE) recouvrent ceux du bâtiment et de la pierre (notamment des bijoux), du bois et du meuble, du textile et de la mode. Ils sont également compartimentés en métiers de tradition, métiers de la création et métiers de la restauration et de la conservation. Ces derniers résistent mieux en période de crise. Toutes ces activités font appel à un savoir-faire complexe de transformation de matière, à une production en série limitée et à un grand professionnalisme.

En 2008, on comptait environs trente-sept mille entreprises (principalement artisanales) pour un chiffre d'affaires de près de

4 milliards d'euros. Les filières bois, bijou, textile, mode et pierre sont de loin les plus représentées. De nombreux métiers d'art sont actuellement en développement, parmi lesquels les trois suivants.

▸ L'architecte d'intérieur

Il aménage des appartements, maisons, bureaux, boutiques, usines, musées ; imagine et structure des espaces publics ou privés en jouant avec les volumes, la lumière, les matériaux, l'atmosphère, etc. Il exerce son activité en profession libérale, en société ou en tant que salarié. En libéral, il passe des contrats avec les artisans qui exécutent ses créations. Il peut être salarié d'organismes exerçant pour le compte de l'État ou des collectivités locales. Le secteur recense deux mille sept cents professionnels dont sept cents réellement qualifiés.

▸ L'ébéniste

Il fabrique et répare des meubles et des accessoires en bois (copies d'anciens ou créations). Les meubles étant de plus en plus fabriqués à la chaîne dans les manufactures, le marché des meubles faits sur commande est devenu spécialisé et ne donne du travail qu'aux ébénistes les plus compétents. On exige de plus en plus de compétences de base pour cette profession, notamment des aptitudes en lecture, en calcul et en sciences du bois. Les programmes de CAO et les machines à commande numérique pilotées par ordinateur se répandent. Les ébénistes se lançant dans l'entreprise privée doivent posséder des compétences sur des logiciels de traitement de texte, de comptabilité, la gestion de bases de données et l'utilisation du courrier électronique.

▸ L'infographiste

Souvent « free lance », c'est un créateur et un concepteur de supports de communication visuelle pour tous les types d'actions de publicité et de promotion.

Les métiers du spectacle

Les métiers du spectacle couvrent les spectacles audiovisuels (dont les effectifs sont en régression) et les spectacles vivants (en légère progression). Ils distinguent les filières technique, artistique, de management et de médiation. La demande par le public en spectacles vivants progresse en moyenne de 4 % par an, mais ce secteur attire plus de candidats que de postes disponibles. L'ensemble de ces secteurs emploie près de cent trente mille personnes, notamment sous le statut d'intermittent. Plusieurs métiers sont toujours recherchés, dont les deux suivants.

▶ L'organisateur de spectacle vivant

Il exerce des activités d'exploitation de lieux de spectacles, de production ou de diffusion. Le secteur compte cent quarante entreprises pour un chiffre d'affaires de 120 millions d'euros pour plus de douze mille représentations par an.

▶ Le producteur

Il initie et réalise une œuvre (film, émission, pièce de théâtre, etc.) et en assume la responsabilité financière et artistique. Ce métier touche aussi bien le domaine du cinéma, de la télévision, du spectacle que du multimédia.

Les démarches

L'exercice de ces métiers repose sur une forme particulière de « coopétition » – ou de coopération-concurrence – basée sur une dynamique relationnelle orientée vers un « encastrement » dans différents réseaux socioprofessionnels :

– En phase de conception des œuvres, les créateurs échangent des impressions et repèrent des tendances, dans des instances diverses (salons, forums, expositions, concours, etc.), où se croisent concurrents, fournisseurs et clients.

– En phase de production, les professionnels défendent et protègent leur savoir-faire, suivant une tradition du secret héritée des compagnons du Moyen Âge.

– En phase de promotion et de distribution, les éditeurs, artisans d'art et gens du spectacle mutualisent tout ou partie de leurs moyens.

Focus sur… l'archipel des métiers d'art

La région Languedoc-Roussillon a lancé en 1991 un programme destiné à promouvoir les initiatives des villes en faveur du développement de pôles de métiers d'art. Ce projet a donné lieu à la création de nombreuses manifestations et associations (comme Ars Longa et Imagiers de France) qui ont permis à des artistes locaux de s'épanouir et attiré des amateurs du monde entier.

Source : Loup, S., « *Les petites entreprises des métiers d'art* », **Revue française de gestion**, *n° 144, mai-juin 2003.*

Dans ces secteurs, la **concurrence** revêt donc une forme à la fois interactive et coopérative, puisque chaque œuvre étant par définition un produit unique, issue d'une combinaison particulière des ressources immatérielles et matérielles, elle s'exerce sur chaque micro-segment de marché, entre un nombre limité de rivaux.

Pour ces raisons, le futur créateur doit s'assurer de l'adéquation entre ses capacités (inventives et relationnelles), les exigences de l'activité choisie et les spécificités de son marché-cible. Il doit consulter notamment les sites de l'APCE et de Viadeo, et se rapprocher des nombreuses associations professionnelles de ces secteurs.

Les ressources nécessaires

Les ressources financières

▸ L'édition

Les professionnels de ce secteur peuvent bénéficier des aides suivantes.

– Le **CNL** (Centre National du Livre) est un établissement public du ministère de la Culture et de la Communication qui a pour mission d'encourager la création et la diffusion d'ouvrages de qualité en soutenant les divers acteurs de la chaîne du livre (auteurs, éditeurs, etc.).

– Les **prêts économiques** aux entreprises d'édition ont été institués afin d'accompagner le développement des éditeurs indépendants. Ces prêts sans intérêts sont remboursables, après une année de franchise, en cinq à sept annuités.

– Les **subventions** aux éditeurs pour la publication ont pour objet d'accompagner la prise de risque économique d'un éditeur en faveur d'une production éditoriale de qualité, accessible au plus grand nombre. Le taux de concours maximal est de 50 % des coûts de préparation et de fabrication et doit normalement se traduire par une baisse du prix public de l'ouvrage.

– Les **prêts** aux éditeurs pour la publication d'ouvrages consistent en apports en trésorerie qui permettront à l'éditeur d'assumer les coûts de publication d'un ouvrage jusqu'à sa mise en vente. Le montant maximum du prêt susceptible d'être accordé représente 60 % des frais de préparation, correction, composition du manuscrit et de coût de fabrication.

▸ Les arts

Les entreprises des métiers d'art – entreprises dont 30 % minimum des salariés exercent un métier d'art –, entreprises industrielles des secteurs des métiers d'art, entreprises portant le label « Entreprise du patrimoine vivant » peuvent bénéficier d'un crédit d'impôt dès lors que les dépenses engagées le sont dans le but de la conception de nouveaux produits. Ce crédit d'impôt est égal à 10 % de la somme des dépenses éligibles et est plafonné à 100 000 euros par entreprise et par période de trois ans.

▸ Les spectacles

Les aides concernent plus particulièrement le domaine du spectacle vivant.

– Les **aides publiques** : il faut s'adresser à la DRAC (Direction Régionale des Affaires Culturelles), présente dans chaque région.

– Le **FCM (Fonds pour la Création Musicale)** peut verser une aide, plafonnée à 12 200 euros par projet, impliquant des artistes ayant sorti au moins un album ou un DVD, mais qui n'auraient pas reçu de disque d'or durant les cinq dernières années. Elle est versée à des structures titulaires d'une licence d'entrepreneur de spectacle.

– L'**ADAMI (Administration des Droits des Artistes et Musiciens-Interprètes)** apporte son aide financière aux projets d'action artistique favorisant l'emploi, le développement de carrière, la promotion des artistes interprètes professionnels. Elle dispose d'un budget de 13 millions d'euros par an qui lui permet de financer à peu près mille projets. Les demandeurs d'aides doivent être des artistes-interprètes qui sont hébergés par une structure, ont monté la leur ou encore sont des producteurs indépendants. Ils doivent aussi répondre à un certain nombre de critères que vous trouverez en annexe.

– L'**Aide à la production scénique** s'adresse aux entrepreneurs de spectacle qui font appel à des répertoires nouveaux ou qui prennent le risque de produire des artistes créateurs en développement. Les entrepreneurs doivent être titulaires d'une licence valide et avoir comme activité principale le développement des artistes de leur catalogue. Cette aide concerne le financement de :

* premières parties (cinq dates sur deux mois minimum) : subvention plafonnée à 12 % des dépenses artistiques dans la limite de 3 500 € ;

* production de spectacles dans un lieu unique (chanson, rock, huit dates sur deux mois minimum ; musiques du monde, musique électronique, jazz, cinq dates sur deux mois minimum) : subvention plafonnée à 8 % des dépenses artistiques sans excéder 5 000 € ;

* tournées (chanson, rock, neuf dates sur deux mois minimum ; musiques du monde, musique électronique, jazz, six dates sur deux mois minimum) : subvention plafonnée à 8 % des dépenses artistiques sans excéder 7 000 €.

Les ressources humaines

▸ Les qualités personnelles

L'entrepreneur qui souhaite évoluer dans ces familles de métiers doit être notamment :

– **Créatif** : l'entrepreneur dans les arts et spectacles doit être inventif, car il doit créer des œuvres à la fois originales et singulières.

– **Curieux** : il doit s'intéresser à son environnement.

– **Empathique** : la demande évoluant, l'entrepreneur doit modifier son offre en fonction des exigences des clients.

Enfin, il doit aussi avoir été capable de convaincre, guider, écouter et communiquer.

▸ Les formations souhaitables

Les filières de formation sont particulièrement ouvertes, comme le montrent les exemples suivants[1].

---

1. Source : APCE.

– Il n'existe pas de diplôme de **libraire**. Il faut être un bon commercial, un bon gestionnaire et posséder une bonne culture littéraire. Le niveau bac + 2 ou 3 constitue une bonne base. Plusieurs diplômes renforcent les compétences de l'exploitant :

* DUT information-communication ;
* licence de lettres modernes ;
* brevet professionnel de libraire préparé en apprentissage et en deux ans accessible aux titulaires d'un bac + 2 ;
* certificat d'aptitude professionnelle de librairie-papeterie-presse en deux ans (apprentissage réservé aux élèves d'un niveau de fin de la classe de troisième).

Par ailleurs, l'université Paris X Nanterre a constitué un pôle important de formation aux métiers du livre, installé à Saint-Cloud, dans un bâtiment construit par le conseil régional d'Île-de-France.

– **L'architecte d'intérieur** doit suivre une formation approuvée par le CFAI (Conseil français des Architectes d'Intérieur). L'enseignement va du BTS aux grandes écoles :

* niveau bac + 2 : différents BTS préparés en école privée ou dans le public, le DNAT[1] option design d'espace dans les écoles d'art et le DMA[2] spécialité habitat ;
* niveau bac + 4 : DSAA[3] architecture intérieure ;
* niveau bac + 5 : le DNSEP[4] design orienté design d'espace dans certaines écoles d'art ;
* grandes écoles : diplôme de l'Ensad et de dix autres écoles reconnues par le CFAI[5].

– Pour **devenir** ébéniste d'atelier, plusieurs formations peuvent être suivies, du CAP au DMA :

---

1. Diplôme national d'arts et techniques.
2. Diplôme de maîtrise d'architecte.
3. Diplôme supérieur d'arts appliqués.
4. Diplôme national supérieur d'expression plastique.
5. Conseil français des architectes d'intérieur.

- CAP ébéniste ;
- bac Pro artisanat et métiers d'art, option ébéniste ;
- brevet des métiers d'art (BMA) ébéniste ;
- brevet de maîtrise (BM) ébéniste ;
- brevet technique des métiers supérieur (BTM) ébénisterie ;
- diplôme des métiers d'art (Brevet des Métiers d'Art), arts de l'habitat, option décors et mobiliers, spécialité ébénisterie ;
- ingénieur et technicien des écoles Boulle et Estienne.

- **L'infographiste** : s'il existe de nombreuses formations, le parcours classique consiste en un passage en lycée technique (lycée VOX 0 PARIS École d'art (Arts Appliqués), suivi d'une spécialisation en graphisme/multimédia (niveau bac + 2).

- **L'organisateur de spectacle vivant** doit avoir des compétences en communication et en organisation. Des formations sont dispensées notamment par la Mairie de Caen *via* l'organisme CARGO, qui propose chaque année une formation.

- Pour devenir producteur, une triple expérience des métiers du spectacle est recommandée.

La première est une formation dans une fonction d'organisation ou de supervision (assistant-réalisateur au cinéma, régisseur de scène, son ou lumière au théâtre), éventuellement complétée d'une connaissance des techniques de gestion et des modes de financement d'une production.

Puis il doit suivre une formation supérieure de gestion et d'administration associée à une expérience ou à la connaissance des étapes de la fabrication technique d'un spectacle, d'un film ou d'un disque.

Enfin, une formation d'administration de production de spectacles (BTS de régie-administration par exemple) est fortement conseillée.

Par ailleurs, le producteur en art du spectacle doit obtenir une licence d'entrepreneur de spectacles auprès du ministère de l'Emploi pour exercer. Le producteur multimédia doit disposer d'une formation en économie, informatique et art. Le producteur audiovisuel doit connaître le secteur et maîtriser les techniques de production. Plusieurs formations sont possibles :

- cursus en trois ans à la FEMIS après un bac + 2 (sur concours très sélectif) ;
- Masters professionnels spécialisés.

Les risques

Les risques associés aux métiers de l'édition, des arts et des spectacles sont dans l'ensemble proportionnels au degré d'encastrement de l'entreprise dans son réseau socioprofessionnel.

- Les créateurs (romanciers, compositeurs, scénaristes, réalisateurs, graphistes, etc.) sont vulnérables aux effets de réseau, de réputation, de mode…
- Les emplois précaires (comme les intermittents du spectacle) sont soumis aux aléas des « carnets d'adresses » et par ailleurs socialement mal protégés.
- Les entreprises individuelles ont un taux de survie nettement inférieur aux sociétés (40 % des premières perdurent après cinq ans contre 56 % pour les secondes).
- Les entreprises créées par des salariés expérimentés du secteur ont un taux de survie presque deux fois supérieur à celles qui sont constituées par des chômeurs de longue durée.

Synthèse

Malgré leur diversité, les métiers de l'édition, des arts et des spectacles présentent des caractères communs. Leur exercice exige une approche relationnelle dynamique basée sur la confiance entre partenaires au sein de réseaux socioprofessionnels originaux. La coopération et la concurrence y revêtent diverses formes et contribuent à enrichir – par fertilisation croisée – les processus de création, de production, de promotion-distribution et d'apprentissage, qui conditionnent l'efficience de ces activités. Le choix de partenaires loyaux et efficaces constitue un facteur clé de réussite dans l'exercice de ces métiers. Le partage de la micro-culture spécifique à la niche de métier choisie par le nouvel entrepreneur s'avère également une condition nécessaire à sa pérennisation. La capacité d'anticiper les nouveaux courants de mode – les « sociostyles » de demain – revêt enfin une importance particulière dans la maîtrise de ces métiers.

Les métiers du tourisme

L e secteur touristique regroupe des métiers aussi divers que voyagistes, transporteurs, hôteliers, restaurateurs, exploitants de cafés, etc. Leurs activités visent principalement les touristes, définis dans le dictionnaire comme « *toute personne en déplacement hors de son environnement habituel pour une durée d'au moins une nuitée, et d'un an au plus, pour des motifs non liés à une activité rémunérée dans le lieu visité* ». Mais au-delà de ces métiers traditionnels, le secteur couvre une grande diversité de professions plus ou moins connues, qui seront identifiées et dont les conditions d'exercice seront présentées dans ce chapitre.

Les gisements d'emplois

Les métiers du tourisme

Selon la nomenclature établie par l'Insee, les métiers des services touristiques sont regroupés au sein des divisions 55 (hébergement), 56 (restauration) et 79 (activités des agences de voyage, voyagistes, services de réservation et activités connexes). Les activités d'hébergement et de restauration de la division 55 se recouvrent partiellement.

▸ L'hébergement

L'activité d'hébergement consiste à mettre à disposition des lieux d'hébergement (hôtels, gîtes, pensions, campings, etc.) pour des séjours de courte ou de longue durée pour des touristes, étudiants, travailleurs itinérants, etc.

La division 55 se décompose en quatre sous-sections.

– Hôtels et hébergement similaire (5510Z, par exemple, hôtels de tourisme, motels, hôtels à appartements et établissements similaires, fournis généralement sur une base journalière ou hebdomadaire).

– Hébergements touristiques et autre hébergement de court terme (5520Z, par exemple, auberges de jeunesse, refuges de montagne et chalets, ne comprenant pas ou très peu de services de nettoyage).

– Terrains de camping et parcs pour caravane et véhicules de loisirs (5530Z).

– Autres hébergements (5590Z, par exemple résidences d'étudiants, les internats, les foyers pour travailleurs, les chambres meublées et les pensions de famille) (INSEE).

Il ne faut pas inclure dans cette famille de métiers les activités liées à la mise à disposition de lieux d'hébergement pour des séjours de longue durée à titre de résidence principale considérée comme des activités immobilières.

▸ La restauration

L'activité de restauration consiste à fournir des repas et/ou des boissons pour consommation immédiate (restaurants traditionnels, self-services ou établissements proposant des plats à emporter). Ces établissements peuvent être permanents ou temporaires, avec ou sans places assises.

La division 56 se décompose en cinq sous-sections.

– Restaurant traditionnel (5610A, par exemple, l'activité de restauration avec un service à la table, les activités des bars et des restaurants avec service de salle installés à bord de moyens de transport, s'ils sont exploités par des unités distinctes).

– Cafétéria et autre libre-service (5610B).

– Restauration de type rapide (5610C).

– Traiteurs et autres services de restauration (562, par exemple, cantine, traiteurs, préparation de repas pour des prestataires de restauration).

– Débits de boissons (5630Z, par exemple, bars, cafés, discothèques, vendeurs de boissons itinérants) (INSEE).

Ces activités de restauration offrent la possibilité de consommer sur place avec un minimum d'installations permanentes (exemple des débits de boissons alcoolisées ou non).

L'hébergement et la restauration, considérés comme des services principaux, peuvent également faire partie de services combinés intégrant des services annexes (exemple des compagnies aériennes où la restauration est comprise dans le prix du transport, croisière où l'hébergement est également compris dans le prix). Si ces services annexes sont facturés à part, ils sont classés comme activités à part entière.

▸ Les agences de voyages

La CCI de Paris définit l'activité d'agence de voyage comme celle consistant à livrer ou participer aux opérations d'organisation ou de vente de :

- voyages ou de séjours individuels ou collectifs ;
- services pouvant être fournis à l'occasion de voyages ou de séjours tels que la délivrance de titres de transport, la réservation de chambres d'hôtel, etc. ;
- services liés à l'accueil touristique (organisation de visites de musées ou de monuments historiques, par exemple) ;
- forfaits touristiques se définissant comme la prestation résultant d'au moins deux opérations juridiques (transport et logement ou autre service touristique non accessoire) dépassant 24 heures ou incluant une nuitée, et vendue ou offerte à la vente à un prix tout compris.

Il est à noter que l'exercice de cette activité est exclusif de toute autre.

La division 79 se décompose en trois sous-sections.

– Activité des agences de voyages (7911Z) : les activités des agences consistent à vendre, en gros ou au détail, des services de voyage, voyage organisé, transport et hébergement.

– Activité des voyagistes (7912Z) : ces activités consistent à planifier et à mettre sur pied des voyages organisés vendus par des agences de voyage ou directement par des voyagistes. Les voyages organisés peuvent comporter un ou plusieurs ou l'ensemble des éléments suivants :

- transport ;
- hébergement ;
- restauration ;
- visites de musées, de sites historiques ou culturels ;
- spectacles ;
- événements musicaux ou sportifs.

Autres services de réservation et activités connexes (7990Z) : les autres services de réservation liés aux voyages comme les réservations pour le transport, les hôtels, les restaurants, la location de véhicules, les spectacles et les événements sportifs, les services d'assistance aux touristes.

Les perspectives du secteur

Plusieurs facteurs tels que la cinquième semaine de congés payés, la semaine de 35 heures, les RTT, le travail à temps partiel, les week-ends prolongés, l'abaissement de l'âge de la retraite, etc., ont contribué au **développement touristique** : « *Ces facteurs entraînent indiscutablement un accroissement des séjours, des escapades "découverte", des moments festifs, dans des sites rendus accessibles (deux heures pour Nantes ou trois heures pour Marseille par exemple, au départ de Paris), dans des formules aussi nombreuses que variées (chambre d'hôtes, gîtes ruraux, thalasso et balnéothérapie, parc à thèmes, etc.)* », explique Philippe Callot, professeur de marketing. Les **mutations démographiques et sociétales** ont contribué à amplifier le phénomène : les mono-ménages, les célibataires, les divorcés, les seniors, les passionnés « accros » de sport extrême, etc., représentent autant de nouvelles niches de marché. Ce constat général doit être cependant modulé selon les métiers du tourisme.

Le secteur du tourisme a connu une forte croissance jusqu'en 2007. Le passage aux 35 heures a permis de développer les séjours de courte durée. Cependant, depuis 2008, cette tendance semble s'inverser du fait de la mauvaise conjoncture économique française et mondiale. L'année 2008 a été marquée par une baisse de la création d'hôtels, de restaurants et de cafés de l'ordre de 7,3 %. Pour les hôtels, les créations sont de 17 721, contre 18 563 en 2007.

Les métiers des services touristiques (CHR, agences de voyages, gîtes et camping) représentent à eux seuls un chiffre d'affaires d'environ 70 milliards d'euros, soit 6,2 % du PIB français en 2008. L'ensemble de ces métiers comporte près de deux cent mille entreprises en France, dont environ vingt-cinq mille entreprises d'hôtellerie, cent douze mille restaurants, quarante et un mille cafés, et quatre mille agences de voyages.

En France, si le nombre de nuitées s'est élevé à plus de huit cents millions en 2008, la fréquentation touristique n'a pas été répartie de façon identique dans l'ensemble des régions. Les régions PACA, Rhône-Alpes, Languedoc-Roussillon et parisienne bénéficient d'une attractivité supérieure aux autres régions. Les lieux de séjours touristiques des résidents diffèrent selon la nationalité du touriste (français ou étranger), la période (été ou hiver) et la durée du séjour (long ou court). D'une manière générale, le littoral maritime est de plus en plus privilégié par rapport aux régions montagneuses ou aux zones rurales.

Les prix varient inégalement (et parfois sensiblement) d'une activité à l'autre – avec une tendance à la baisse dans les cafés-restaurants (sous l'effet de la baisse de la TVA en 2009) et les agences de voyages (concurrencées par Internet) –, d'une saison à l'autre (haute ou basse) et d'une région à l'autre (touristique ou non). Cette tendance générale doit être toutefois modulée d'une activité à l'autre.

▶ Le camping

En 2008, la fréquentation des campings a atteint 98,7 millions de nuitées. Le parc des terrains de camping en France est vaste, avec environ huit mille terrains classés possédant au total une capacité d'accueil d'un million d'emplacements.

▶ L'hôtellerie

Au 1er janvier 2008, on dénombrait environ vingt mille hôtels de tourisme dont plus de la moitié est classée dans la catégorie deux étoiles. L'ensemble de ces hôtels offrent plus de six cent mille chambres, qui ont permis près de deux cents millions de nuitées en 2008. L'hôtellerie emploie cent soixante-dix-huit mille salariés et réalise un chiffre d'affaires annuel supérieur à 15 milliards d'euros. On constate une tendance à une augmentation du taux d'occupation, quelle que soit la catégorie d'hôtel. Toutefois, l'augmentation de la fréquentation se fait davantage ressentir sur les catégories d'hôtels une, deux et trois étoiles. Pour les hôtels possédant zéro et quatre étoiles, cette croissance est beaucoup moins visible.

▸ Les agences de voyages

L'activité de voyagiste a peu progressé au cours des dernières années, en raison surtout de la concurrence des sites de voyages en ligne, conjuguée aux charges diverses (personnel, local, licence) pesant sur les agences.

Les démarches de création d'entreprise et les statuts juridiques les plus adaptés

L'une des phases les plus importantes préalables à la création d'un restaurant, d'un café, d'un hôtel, d'un camping ou d'une agence de voyage, consiste à se faire connaître du public. Le futur créateur peut faire appel aux offices de tourismes, construire un site Internet (avec des mots clés adéquats), s'inscrire sur les guides touristiques (comme le *Guide Michelin* ou le *Guide du Routard*).

Le choix du mode d'exploitation

Pour devenir propriétaire de sa propre affaire, l'entrepreneur a le choix entre plusieurs solutions : la création ou le rachat de fonds de commerce, la location-gérance, le crédit-bail, le rachat d'une entreprise en difficulté ou encore la franchise.

Si la reprise d'un petit point de restauration dans un camping par exemple nécessite un investissement peu élevé, la création d'un hôtel implique des dépenses pouvant atteindre des millions d'euros.

▸ Achat ou reprise de fonds de commerce

Dans le cas du rachat du fonds de commerce d'un établissement existant, le prix dépend de la nature de celui-ci, du nombre d'étoiles et de places, de la situation géographique du fonds de commerce, etc. Le prix peut être significativement réduit si l'entreprise est en difficulté. Ce dernier cas de figure représente une opportunité intéressante, mais risquée pour un entrepreneur qui dispose d'un budget modeste. Pour rechercher une affaire et connaître son prix, le site Internet www.pic-inter.com est le leader en matière de transaction de fonds de commerce dans le secteur du tourisme et fournit une cotation des biens disponibles sur le marché.

▸ La gérance libre ou location-gérance

La location-gérance est une solution intéressante pour acquérir l'exploitation d'un fonds de commerce dans l'hôtellerie, la restauration, les gîtes ou encore les campings, sans engager trop de dépenses. L'avantage pour le gérant est de lui permettre d'exploiter un fonds de commerce tout en étant son propre patron contre le paiement d'une redevance au bailleur.

Un minimum d'apport personnel s'avère nécessaire afin de payer la caution pour garantir les loyers. Les banques étant réticentes à accorder des prêts, cette solution permet à des jeunes entrepreneurs de « mettre le pied à l'étrier ». Si le gérant n'apporte aucun financement (en dehors de sa caution qu'il récupère en fin de gérance), il ne peut rien retirer de l'exploitation de son activité lorsqu'il cessera d'être le gérant. En effet, en fin de gérance, il n'a droit ni au renouvellement du contrat, ni à une indemnité de départ ou d'éviction, et ce, quel(s) que soi(en)t le travail ou les travaux qu'il a effectué(s).

▸ La franchise

La franchise connaît un succès grandissant, car il s'agit d'un moyen plus sûr de disposer d'un fonds de commerce de manière indépendante. C'est un contrat de collaboration entre deux entreprises indépendantes, celle du franchiseur et celle du franchisé, par lequel le franchiseur met à la disposition de son franchisé, en contrepartie du paiement d'un droit d'entrée et de redevances, une marque et des signes de ralliement de la clientèle, lui transmet un savoir-faire substantiel et spécifique exploité suivant des techniques, notamment commerciales, uniformes, préalablement expérimentées, régulièrement mises au point, contrôlées et transmises au franchisé sous forme d'une assistance continue.

En contrepartie de l'assistance, le franchisé paye une redevance au franchiseur. Cette redevance peut être calculée de différentes façons. Il peut s'agir d'un montant fixe, mais également proportionnel au chiffre d'affaires avec ou sans montant plancher. Parfois, il peut aussi être demandé au franchisé de payer une redevance pour des opérations de publicité à l'échelle nationale.

Le site Internet www.toute-la-franchise.com permet une recherche par thème et par région des franchises disponibles.

Le respect des réglementations

Si l'accès aux différents métiers du secteur ne nécessite généralement ni diplôme ni agrément spécifique, ces professions n'en sont pas moins réglementées.

▸ L'hôtellerie

L'activité hôtelière étant commerciale, l'entrepreneur voulant créer un hôtel ne doit pas avoir été condamné à l'une des infractions de l'article L. 121-8 du Code du commerce ou pour crime. Il a l'obligation d'obtenir la licence de débit de boisson. Le classement des hôtels s'effectue par étoiles. Depuis le 1er janvier 2009, cinq catégories d'étoiles existent (avant 2009 on en décomptait six) allant d'une à cinq. La demande de classement s'effectue à la préfecture du département où l'hôtel est implanté dans un délai d'au moins deux mois avant l'ouverture de l'établissement.

Le tenancier doit respecter des normes de sécurité et d'accessibilité des locaux aux personnes handicapées. Si l'hôtelier assure un service de restauration, il doit le déclarer auprès de la Direction départementale des Services Vétérinaires. L'entrepreneur doit afficher les prix tant à l'extérieur de l'hôtel qu'à l'intérieur au niveau de l'accueil et des chambres. Il a également le devoir de respecter la réglementation concernant la publicité hôtelière. L'hôtelier doit enfin payer une redevance à la SACEM pour diffuser de la musique.

▸ La restauration

Le restaurateur ne doit pas avoir commis d'infractions relatives aux stupéfiants, au proxénétisme, ou avoir subi de condamnation pour crimes et délits. Pour ouvrir son restaurant, l'entrepreneur doit au préalable obtenir une licence de débit de boisson. Il existe deux types de licence restaurant : la « petite licence », assimilée au débit de boisson de niveaux 1 et 2 ; la « licence restaurant », qui permet de vendre toutes les boissons autorisées par la loi.

Depuis le 1er janvier 2009, toute personne qui souhaite créer un restaurant avec la petite licence doit obtenir un permis d'exploitation valable dix ans. Pour l'obtenir, l'entrepreneur doit recevoir une formation spécifique sur les droits et obligations attachés à l'exploitation de ce type d'établissement ainsi que sur les dispositions de santé publique.

L'ouverture d'un restaurant nécessite de respecter les normes de sécurité, et de justifier d'un arrêté de conformité des équipements délivré par les services techniques de sécurité de la mairie ou de la préfecture de police la plus proche. Le restaurateur doit également respecter les normes sanitaires et obtenir une autorisation d'ouverture, des Services Vétérinaires de la préfecture. Il doit enfin respecter les réglementations d'affichage et payer la redevance à la SACEM s'il diffuse de la musique.

▶ Les gîtes ruraux

L'activité de gîte rural peut être civile ou commerciale. L'entrepreneur n'est pas tenu de s'inscrire au RCS s'il exerce seulement l'activité de location immobilière. Toutefois, dès lors qu'il fournit des prestations telles que petit-déjeuner, ménage ou location de vélos, son inscription au RCS devient obligatoire.

L'entrepreneur est soumis à certaines obligations, notamment de localisation. Les gîtes ruraux doivent être situés dans une zone rurale à vocation touristique et posséder un jardin. Le propriétaire du gîte rural a l'obligation de fournir un certain nombre de services minimum (chambres meublées, murs et sols isolés, accès sanitaires pour les clients). Il doit détenir une licence pour débit de boisson, respecter les normes de sécurité et afficher les prix à l'extérieur et à l'intérieur de l'établissement. Les formalités déclaratives varient en fonction du nombre de chambres du gîte.

▶ Le camping

L'activité de camping est soumise à la réglementation. L'entrepreneur doit obtenir une autorisation d'aménagement de la part de la préfecture ou de la mairie. Il doit déclarer l'achèvement des travaux à la mairie afin d'obtenir un certificat de conformité. Il doit également demander le classement du terrain en respect du Code de l'urbanisme. Ce classement s'effectue sur la durée d'exploitation et le niveau de confort. On distingue plusieurs catégories :

- aire naturelle ;
- saisonnier ;
- tourisme ;
- loisir.

Ce classement déterminer la surface du camping, sa durée d'exploitation et ses modalités d'exploitation. L'entrepreneur doit respecter la réglementation liée à l'emplacement (exemple : interdiction d'implanter un camping sur les rivages de la mer, dans des sites classés inscrits, protégés ou à moins de cinq cents mètres d'un monument historique classé ou inscrit) et aux conditions sanitaires telles que l'évacuation des eaux usées, la collecte des déchets ou l'eau destinée à la consommation. Il doit établir un règlement intérieur dont les campeurs doivent avoir connaissance. Le camping doit afficher à l'entrée le prix des journées, les équipements et les prestations. D'autres contraintes sont liées au stationnement des caravanes.

▸ Les agences de voyage

Les agences de voyages doivent être titulaires d'une licence, justifier de la souscription d'une assurance de responsabilité civile professionnelle ou auprès d'une compagnie d'assurances agréée, d'installations matérielles appropriées et d'une garantie financière pour pouvoir être créée. Il faut justifier d'une aptitude professionnelle, répondant aux conditions suivantes.

– Avoir occupé pendant trois années consécutives un emploi de cadre ou assimilé dans une agence de voyages, un organisme agréé de tourisme, un organisme de séjours linguistiques, une administration établissement public ayant des compétences propres dans le domaine du tourisme, le département tourisme d'une entreprise de transport par route ou voie ferrée bénéficiant de dérogation, ou le département tourisme d'une entreprise titulaire de l'habilitation.

– Être titulaire de l'un des diplômes suivants : BTS de tourisme, tout titre ou diplôme de niveau III, licence ou diplôme de niveau égal ou supérieur. La personne titulaire de ces diplômes doit en outre justifier d'avoir occupé un emploi répondant aux conditions prévues ci-dessus pendant deux ans au moins.

– Être titulaire de l'un des diplômes énumérés ci-dessus et avoir occupé pendant cinq ans un emploi de cadre dans une entreprise différente de celles mentionnées ci-dessus.

Les agences doivent également justifier à l'égard des clients et fournisseurs d'une garantie financière affectée au remboursement des fonds déposés et à la garantie des engagements contractés. Cette garantie financière est double. L'une couvre les engagements contractés à l'égard des clients et le remboursement des fonds déposés par ces derniers. L'autre couvre les engagements contractés envers les prestataires de services.

Chaque année, le ministère chargé du Tourisme fixe le montant de la garantie financière qui ne peut être inférieur à 99 092 euros par licence. Dans le cadre de l'exercice de son activité, l'agent de voyages doit conclure des contrats avec ses clients dont les modalités sont réglementées (arrêté du 14 juin 1982), afin de renforcer la protection et l'information de la clientèle. En qualité d'organisateur de voyages, l'agent est garant de la bonne exécution de ceux-ci et en assume la responsabilité. Il est tenu d'assurer une obligation de sécurité à l'égard de ses clients.

Les ressources nécessaires

Les ressources financières

Qu'il s'agisse d'un hôtel, d'un restaurant, d'un gîte ou encore d'une agence de voyage, la création ou la reprise d'une entreprise nécessite des investissements. Leur financement présente divers modes.

▶ Les prêts bancaires personnels

Ces prêts conventionnels sont contractés auprès d'un banquier au nom de l'entreprise, sous forme de prêt d'honneur. Celui-ci désigne un crédit à moyen terme, dont la durée est généralement comprise entre deux et cinq ans, octroyé à la personne même du créateur ou repreneur. L'avantage de ce type de prêt est qu'il n'exige aucune garantie personnelle ou réelle (d'où l'expression « d'honneur »).

Ces prêts sont attribués par des organismes spécialisés (Réseau Entreprendre, France Initiative Réseau) à taux nul ou bonifié. Toutes les entreprises peuvent y prétendre, quelle que soit leur activité. Néanmoins, l'entreprise en création ne doit pas être détenue à plus de 50 % par une ou plusieurs entreprises existantes pour obtenir ce genre de prêt. Quelques banques accordent des prêts à des conditions minorées, souvent à l'occasion d'accords passés avec des structures s'occupant de créations d'entreprise : clubs de créateurs d'entreprise, boutiques de gestion, organismes de développement économique local.

▸ Les subventions à la création

Ces aides portent sur le dispositif global NACRE, les primes régionales à la création d'entreprise et l'EDEN.

Les chèques conseils sont remplacés, à compter du 1er janvier 2009, par le parcours NACRE, dont l'objectif est de donner aux porteurs de projet le maximum de chances de réussite (voir le chapitre 10). Il comprend notamment une aide au montage de projet et au développement de l'entreprise. Des organismes labellisés par l'État et la Caisse des Dépôts accompagnent le parcours du créateur avant la création de son entreprise, dans le montage de son projet, puis dans la recherche de financements et la négociation avec les banques. Cet accompagnement se poursuit jusqu'à trois ans après la création de l'entreprise.

Le dispositif NACRE offre également une aide financière *via* un prêt à taux zéro, d'un montant de 1 000 à 10 000 euros, sans intérêt, et contracté au maximum pour cinq ans. Il est attribué après expertise du projet de création ou de reprise d'entreprise. Il doit être couplé avec un prêt bancaire dont le montant et la durée doivent être supérieurs ou égaux au montant et à la durée du prêt à taux zéro. Ce nouveau dispositif vise à proposer au porteur de projet de création ou de reprise d'entreprise l'accès à un ensemble de services et d'appuis techniques financés par l'État, en vue de l'aider à finaliser son projet et d'optimiser le démarrage et le développement de son activité pendant les trois premières années après l'immatriculation de son entreprise.

▸ Les aides sociales

Parmi les aides sociales, citons l'ACCRE, qui consiste en une exonération pendant un an (ou trois ans dans certains cas) de charges sociales sur la partie de rémunération n'excédant pas 120 % du SMIC pour les demandeurs d'emploi qui souhaitent devenir entrepreneurs. D'autres aides sociales peuvent être demandées, telles que l'exonération des cotisations sociales au bénéfice des salariés créateurs dans la limite des douze premiers mois d'activités, ou le plafonnement des cotisations sociales des micro-entrepreneurs à 14 % ou à 24,6 % du chiffre d'affaires réalisé en fonction de l'activité exercée.

▸ Les aides fiscales

Les entreprises nouvellement créées peuvent bénéficier d'aides fiscales telles que l'exonération d'impôt sur les bénéfices concernant les activités industrielles, commerciales et artisanales qui sont implantées dans certaines zones géographiques (zone à finalité régionale, revitalisation ou à redynamisation). Ces entreprises peuvent bénéficier de l'exonération d'impôts locaux tels que la taxe foncière ou professionnelle.

Durant l'exploitation de son activité, l'entrepreneur peut également bénéficier d'aides telles que l'exonération de l'impôt sur les bénéfices si elles sont implantées en zone franche. Il a aussi la possibilité de bénéficier de la réduction du taux d'impôt à hauteur de

15 % pour la fraction du bénéfice inférieure à 38 120 euros.

Des aides spécifiques sont par ailleurs attribuées à certaines activités, dont les suivantes.

- L'aide à l'embauche dans les CHR : une aide forfaitaire à l'embauche est attribuée aux CHR. Son montant est fixé pour les salariés « embauchés à temps plein et dont la rémunération est comprise entre 1 et 1,03 SMIC, à 180 euros par mois et par salarié dans le secteur de la restauration traditionnelle, des cafétérias et autres libres-services ou à 114,40 euros par mois et par salarié dans les autres secteurs d'activité, et pour les salariés dont la rémunération est supérieure à 1,03 SMIC, le montant mensuel de l'aide est de 143 euros multiplié par un coefficient dont le montant dépend de la date de création de l'entreprise, de son secteur d'activité et de son lieu d'implantation. Depuis le 1er janvier 2008, cette aide s'applique dans la limite de trente salariés équivalents temps plein et concerne les entreprises dont le code NAF correspond à l'un des suivants : 55. 10Z, 55. 20Z, 55. 30Z, 56. 10A, 56. 10B, 56. 10C, 56. 21Z et 56. 30Z[1].

- La subvention des gîtes ruraux : des aides visant à développer les hébergements touristiques en milieu rural et valoriser le patrimoine ont été créées. Elles s'adressent à la fois aux particuliers, aux sociétés ainsi qu'aux communes et se traduisent par la subvention de travaux permettant à un logement de remplir les conditions de la charte nationale.

- La subvention pour la modernisation hôtelière : certaines aides sont accordées à des hôteliers qui souhaitent moderniser leur activité sous réserve de leur adhésion à une charte de qualité, aux Logis de France ou à un label. Le montant de ces aides est plafonné à environ 20 % du budget global des dépenses que l'hôtelier veut réaliser.

- L'aide à l'embauche de travailleurs occasionnels : les employeurs du secteur CHR ont également bénéficié d'une aide financière

---

1. Source : www.apce.com.

jusqu'au 31 décembre 2009 pour l'embauche de travailleurs occasionnels.

– Avenir tourisme : cette aide vise à favoriser l'émergence des sociétés relevant du tourisme par une prise de participation minoritaire. Elle est comprise entre 300 000 et 3 000 000 euros en cas d'intervention individuelle et peut atteindre jusqu'à 5 000 000 euros en cas de co-investissement avec d'autres investisseurs financiers.

En conclusion, les aides accordées par l'État dépendent à la fois de la région où se situe l'activité ainsi que de la nature de l'activité (gîtes, camping, restauration, hôtellerie etc.). Il est donc indispensable au futur entrepreneur de s'informer auprès de sa région ou de sa commune pour connaître l'ensemble des aides ou subvention qu'il peut recevoir pour développer son activité. Ces aides sont modifiées régulièrement, ce qui nécessite une démarche de recherche de la part de l'entrepreneur.

Les ressources humaines

▸ Le problème de la qualification

Les employés faiblement qualifiés restent majoritaires dans le secteur de l'hôtellerie. On observe même une tendance à la déqualification. À titre d'exemple, en 2005, 50 % des actifs du secteur de la région Poitou-Charentes ont une qualification de niveau V ou IV. Dans le Limousin, en 2006, 51 % des demandeurs d'emplois avaient un niveau inférieur ou égal au CAP. À l'inverse, les professions du tourisme les plus qualifiées connaissent une élévation de la qualification de certains de leurs actifs. Par exemple, entre 1999 et 2005, toujours en Poitou-Charentes, les diplômés de l'enseignement supérieur (bac + 2 et plus) on crû de 4,6 % (13,4 % en 1999). Lors du renouvellement d'effectifs, les actifs âgés moins diplômés sont souvent remplacés par des actifs jeunes et plus diplômés. Certaines formations sont renforcées, comme le CAP agent polyvalent qui passe d'une formation en un an à une formation en deux ans. D'autres sont créées, comme le BEP Restauration-Hôtellerie.

▸ Le sens du client

Les métiers du tourisme requièrent des compétences qui leur sont propres. Dans ce secteur plus que dans tout autre, « le client est roi ». Sa satisfaction, sa sécurité et son plaisir doivent constituer la principale préoccupation de l'entrepreneur. Le succès des entreprises touristiques dépend de la capacité de leurs dirigeants et salariés à répondre aux exigences et aux besoins changeants de la clientèle. Il est indispensable d'avoir une excellente capacité à communiquer (sens commercial et du contact).

La satisfaction du client requiert une grande disponibilité et une excellente présentation (souriant, serviable, attentif à l'autre). La réception de touristes étrangers nécessite chez l'entrepreneur la maîtrise de plusieurs langues étrangères (principalement l'anglais). Il est difficile aujourd'hui d'exercer dans le tourisme sans pratiquer une, voire deux langues étrangères. L'enthousiasme, le dynamisme et la recherche perpétuelle des nouveaux goûts des clients permettront à l'exploitant de faire évoluer son offre afin de continuer à satisfaire une demande de plus en plus exigeante. Il est également important pour le chef d'entreprise d'afficher une connaissance et une fierté de la région dans laquelle il exerce. Il doit également entretenir et développer un réseau de « personnes ressources » (prescripteurs, relais promotionnels, etc.), afin d'attirer des prospects ou de capter des clients auprès de la concurrence.

Enfin, l'expérience professionnelle et personnelle acquise dans le passé (emplois salariés, stage, voyages, etc.) ainsi que la polyvalence – il doit assumer toutes les tâches, même les moins attractives, afin d'avoir une vision globale de l'entreprise et des attentes des clients – vont permettre à l'entrepreneur d'être à la fois un gestionnaire, un manager et un commercial. Aucune formation n'est obligatoire pour créer son entreprise dans ce secteur. Cependant, il est préférable, dans le but d'orienter les stratégies de l'entreprise et de la pérenniser dans un environnement économique instable, d'avoir bénéficié d'une formation dans en économie du tourisme, de la gestion, langues, etc. Ce type d'enseignement peut être dispensé par des écoles spécialisées publiques ou privées (il en existe plus de trois cents) ou par des filières universitaires. Ces formations vont du niveau bac + 1 à la licence professionnelle et au-delà (bac + 4 à + 5) en passant par les BTS. À l'heure actuelle, le BTS Tourisme est le diplôme représentant la formation la plus complète du secteur. Les associations professionnelles offrent également des ateliers, des séminaires ou des programmes d'apprentissage. Les associations de formation en tourisme des régions offrent parfois des séminaires. Sinon, elles peuvent renseigner sur les « salons carrière » et autres manifestations professionnelles.

▸ Les valeurs socioculturelles partagées

Une valeur partagée par tous les entrepreneurs – quel que soit le secteur d'activité – réside dans la volonté de pérenniser leurs affaires (et donc d'être rentables) ainsi que dans l'amour – voire la passion – de leur métier. L'une des principales valeurs spécifiques partagées par les acteurs des métiers du tourisme est la volonté de « créer du rêve ». Les clients attendent de leur part des moments agréables ou des expériences marquantes rompant avec la vie quotidienne. La plupart des exploitants sont à la recherche d'une identité culturelle. Ils cherchent généralement à véhiculer au travers de leur activité (hôtellerie, camping, restauration) la « passion » pour leur région ou leur ville. Tous ces entrepreneurs partagent l'envie de faire connaître leurs cultures aux autres.

Les difficultés d'exercice

Une difficulté récurrente à la création et au développement des entreprises de ce secteur réside dans le **recrutement** de personnel qualifié. L'offre de travail est supérieure à la demande pour les métiers de la restauration et de l'hôtellerie (maître d'hôtel, chef de réception, employé d'étage, agent d'accueil, gestionnaire, etc.), ainsi que de l'intervention sociale, culturelle et sportive.

La moitié des effectifs de la profession a moins de 36 ans. Certains métiers sont particulièrement demandés par les jeunes actifs (18-25 ans), dont les métiers d'animateurs de loisirs, serveurs et commis de restaurants, barmen, agents et hôtesses d'accompagnement, moniteurs et éducateurs sportifs. Quant aux effectifs de plus de 50 ans, leur part a peu augmenté. Ils occupent plutôt les domaines professionnels du spectacle et les services administratifs.

Les professions de commerçant indépendant (patron d'hôtel, de restaurant, etc.) sont exercées par des personnes qui ont majoritairement plus de 40 ans, car le métier nécessite de l'expérience. Toutefois, la tendance actuelle est à un rajeunissement de la profession.

La « gent féminine » tient une place importante dans le secteur du tourisme, avec plus de 50 % des effectifs inscrits en formation. Elles sont présentes dans les métiers les plus qualifiés du tourisme. Les métiers les plus féminisés relèvent des services commerciaux, administratifs et de l'hôtellerie.

L'emploi dans ces secteurs est largement **saisonnier**. Sur 1,8 million d'emplois dans ces secteurs, quatre cent mille sont saisonniers, dont deux cent mille dans l'hôtellerie. Une activité saisonnière se répète tous les ans à la même période, pendant quatre à six mois. On distingue trois catégories de travailleurs saisonniers. Ainsi, les travailleurs professionnels mobiles utilisent l'emploi saisonnier afin d'acquérir de l'expérience (20 %). Par ailleurs, les travailleurs « pluriactifs » locaux sont peu qualifiés et travaillent ponctuellement dans leur région en complément d'une autre activité (20 %). Enfin, la dernière catégorie est celle des étudiants pour leur premier emploi ou pour des jobs d'été (60 %). Cette variation saisonnière conduit à des problèmes de recrutement en période de forte activité. Le développement des courts séjours engendré par le fractionnement de plus en plus important des vacances (réduction du temps de travail), le vieillissement de la population, le développement des activités de loisirs, l'augmentation de la restauration hors foyer, viennent amplifier le phénomène.

Le secteur du tourisme est également caractérisé par une part importante de **contrats de travail précaires** (travail temporaire, contrats à durée déterminée de moins de six mois, emplois jeunes, temps partiel, intérim, etc.). De plus en plus d'employeurs recrutent du personnel peu qualifié et non diplômé. On sélectionne sur la compétence et l'aptitude. C'est un point positif, car cela permet à cette main-d'œuvre non diplômée de ne pas être rejetée du marché.

La gestion de ces établissements soulève enfin le problème de la gestion du temps de travail (horaires décalés, week-ends travaillés, heures supplémentaires, etc.), qui explique notamment le taux élevé d'abandon de poste dans ces métiers, et une forte rotation des salariés dans les postes les moins qualifiés. Un des enjeux de l'entrepreneur consiste donc à fidéliser son personnel. Cet impératif s'impose d'autant plus que la clientèle devient de plus en plus exigeante en termes de qualité des prestations et de disponibilité du personnel.

Synthèse

De nouvelles formes de tourisme ne cessent d'apparaître : écotourisme, tourisme responsable, tourisme « éphémère », « *slow tourism* », « tourisme premium », tourisme sportif, etc. Certains ne relèvent que d'un phénomène de mode ; d'autres sont promis à un certain avenir. Ainsi, le touriste « responsable » respecte l'environnement et les ressources naturelles. Pour sa part, le touriste « éphémère » recherche davantage la proximité (bases de loisirs, festivals locaux, packages découvertes, etc.). Quant à l'adepte de la lenteur (*slow tourist*), il apprécie les activités qui lui accordent du temps (« œnotourisme », thalassothérapie et soin du corps, « escapade gourmande », séjour en clubs ; etc.). Le touriste « premium », lui, préfére les grands voyages et recherche le luxe et l'évasion, comme les croisières prestigieuses, les « safaris photos », les voyages découvertes, etc. Enfin, le touriste « sportif » partage des valeurs de découverte et est attiré par de nouvelles expériences (parfois extrêmes). Ces exemples montrent la richesse des gisements d'emplois indépendants offerts par les secteurs touristiques.

PARTIE 3

Les nouveaux secteurs créateurs d'emplois

La troisième et dernière partie de l'ouvrage a pour objet, dans chacune des quatre familles de métiers, identifiés par les étudiants et leurs accompagnateurs comme étant en développement ou en émergence, d'explorer les types d'emplois indépendants et les opportunités de création d'entreprises, les démarches permettant d'accéder à ces emplois, les ressources financières (aides, crédits, rétributions, etc.) et humaines (capacités, compétences, diplômes) exigées ou souhaitables, ainsi que les difficultés et les risques encourus.

Les métiers des services à la personne et les métiers sanitaires et sociaux

Les services à la personne ont longtemps été considérés comme un marché de réinsertion des demandeurs d'emplois ou des travailleurs non qualifiés. Les services à la personne englobent diverses activités qui ont pour objectif de faciliter le quotidien des particuliers, qu'ils soient dans la catégorie active, retraitée, handicapée ou bien dépendante. Ils sont regroupés en trois grands domaines : les services à la famille ; les services de la vie quotidienne ; les services aux personnes dépendantes. La loi du 26 juillet 2005 relative au développement des services à la personne et portant diverses mesures en faveur de la cohésion sociale, dite « loi Borloo », a donné une nouvelle impulsion à ce secteur, en encadrant un marché atomisé et dominé par le travail informel. Depuis sa mise en œuvre, de nombreux acteurs se sont lancés dans la création d'entreprise de services à la personne.

L'exercice de ces métiers rencontre toutefois divers obstacles, dus notamment à une professionnalisation insuffisante, qui se traduit par une sous-organisation, une carence en main-d'œuvre qualifiée, des statuts précaires des travailleurs indépendants et des salariés, etc.

Le secteur des services sanitaires et sociaux comporte des métiers dans l'ensemble plus qualifiés et mieux encadrés que dans celui des services à la personne. Il mobilise plus de ressources financières et humaines. L'exercice du métier y est généralement plus difficile mais plus rémunérateur.

Les gisements de services à la personne et de services sanitaires et sociaux seront d'abord détectés, puis les démarches types de recherche d'emplois indépendants et de création d'entreprises, les ressources financières et humaines nécessaires, et enfin les difficultés et les risques rencontrés seront successivement analysés.

Les gisements d'emplois

Les services à la personne

Le service à la personne doit contribuer au bien-être des ménages sur leurs différents lieux de vie : domicile, lieu de travail et espaces de détente.

Les professions des services à la personne recouvrent des activités diverses. Les récents rapports du Centre d'Analyse Stratégique et de la direction des études du ministère de l'Emploi indiquent que ces services font partie des cinq secteurs qui pourraient concentrer la moitié des emplois à pourvoir en France à l'horizon 2015.

C'est pourquoi les autorités européennes et nationales ont mis en place des dispositifs destinés à stimuler la dynamique de ce secteur. Longtemps dominé en France par le milieu associatif, ce dernier s'est ouvert à différents types d'organismes publics et surtout privés (estimés à neuf mille au début de 2009), dont la mission est de satisfaire 2,2 millions de « particuliers-employeurs ».

▸ La « Loi Borloo », une législation pionnière

Dès les années 1990, des mesures ont été prises afin de favoriser l'émergence du secteur des services à la personne, comme les déductions fiscales sur les emplois familiaux, la création des chèques emplois-services puis les titres emploi-service. La conjoncture économique et sociale du début des années 2000 a incité les autorités à souligner la nécessité de :

- professionnaliser l'offre et la qualité des services rendus ;
- créer un secteur de l'économie « social et solidaire » ;
- favoriser une politique de soutien de l'offre.

Un déficit organisationnel a été notamment constaté : l'émiettement des structures a entraîné une fragilité du statut des salariés, une opacité des processus de production et une qualité inégale des services. En 2005, le ministère de l'Écologie, du Développement et de l'Aménagement durable a considéré les services à la personne comme un gisement d'emplois mal exploité et décidé de présenter un plan de mesures visant à en créer cinq cent mille en trois ans. La loi du 26 juillet 2005 repose sur trois objectifs :

- réduire les coûts et les prix ;
- simplifier l'accès aux services pour les particuliers ;
- professionnaliser le secteur pour garantir la qualité des services.

Les principales mesures votées portent sur les éléments suivants.

– La création du CESU, destiné à remplacer le chèque-emploi-service et le titre-emploi-service. Il peut être cofinancé par les entreprises, les mutuelles, les comités d'entreprises, les caisses de retraite et les collectivités territoriales. Les organismes participant à ce financement ont droit à un crédit d'impôt représentant 25 % des sommes engagées.

– L'allégement des charges sociales pour les particuliers employeurs.

– L'exonération des cotisations sociales patronales pour les prestataires de services sur la partie du chèque emploi financée par l'employeur et dans la limite de 1 830 euros par an et par salarié.

– Le maintien de la TVA à 5,5 % pour les services à la personne.

– L'allégement des procédures d'agrément permet de bénéficier d'avantages fiscaux et sociaux. Lorsque les services concernent des publics particulièrement vulnérables (enfants, personnes âgées, personnes dépendantes ou handicapées), une procédure spécifique attestant de la qualité des prestations est obligatoire.

– La création d'une Agence Nationale des Services à la Personne (ANSP) en charge dans un premier temps de mettre en place de la réforme, puis, dans un second temps, de devenir l'interlocuteur unique des intervenants du secteur. L'ANSP est un établissement public placé sous la tutelle du ministère de l'Économie, de l'Industrie et de l'Emploi. Elle est chargée de promouvoir le développement et la qualité du secteur des services à la personne. **Elle permet de concentrer toutes les informations et compétences nécessaires à la création d'une entreprise dans le secteur des services à la personne.** Sa finalité est de soutenir la croissance du secteur aidé par les avantages fiscaux accordés par la « loi Borloo », en analysant les services et leur développement. Elle dispose de plusieurs fonctions comme :

- répertorier l'ensemble des entreprises de services à la personne disposant d'un agrément simple ou de qualité ;
- contrôler le respect des règles quant à la pratique des services effectués auprès des particuliers ;
- veiller à l'actualisation des métiers visés par le secteur des services à la personne.

Ses principales missions consistent à :

- améliorer la qualité en travaillant sur des programmes d'évaluation ;
- promouvoir l'image des services à la personne comme un marché d'emplois qualifiés et reconnus ;
- professionnaliser le secteur et la création d'emplois ;
- lutter contre le travail dissimulé ;
- mieux informer les clients.

L'ANSP est opérationnelle depuis février 2006 et remporte un vif succès auprès de toutes les personnes souhaitant se lancer dans ce secteur, mais aussi auprès de tous les particuliers désireux de faire appel à ces services.

▸ Les acteurs du marché

Le marché des services à la personne est dominé par la relation directe entre « particuliers employeurs » et salariés de différents organismes.

– Les **établissements publics** : bien que 80 % des établissements publics soient implantés depuis plus de vingt ans, leur poids reste faible sur le marché (9 %). Leur personnel expérimenté et employé à plein-temps ou à mi-temps leur permet de dégager des chiffres d'affaires supérieurs à la moyenne du secteur. Leurs activités sont centrées sur les services de la vie quotidienne et les services aux personnes dépendantes. Ces établissements ont l'avantage d'être bien implantés sur l'ensemble du territoire, notamment dans les zones rurales et les petites communes.

– Les associations couvrent 41 % du marché. Plus de la moitié accumule dix à vingt ans d'existence. Ces structures sont présentes au niveau national, avec une forte implantation dans les petites et les moyennes communes. Environ 50 % de leurs effectifs sont des salariés expérimentés, employés principalement à mi-temps ou à temps partiel. Tous ces éléments leur offrent un avantage concurrentiel incontestable vis-à-vis des nouveaux arrivants. Les associations couvrent tous les domaines des services à la personne et dégagent en majorité un chiffre d'affaires annuel supérieur à 250 000 euros.

– Les entreprises, qui représentent 47 % du marché, sont implantées surtout dans les moyennes et grandes villes. Leurs créateurs présentent deux profils très marqués :

  * entrepreneurs de 25 ans ou moins, qui se sont lancés dès la fin de leurs études supérieures ;
  * les plus de 50 ans, qui ont trouvé une opportunité de reconversion et de création de leur propre emploi.

Les nouveaux dirigeants d'entreprises et d'associations interrogés pour cet ouvrage se montrent optimistes quant au développement du secteur et au recrutement futur de salariés.

– Les réseaux ou « enseignes nationales » contribuent à structurer le secteur et permettent son développement en visant à remplir trois fonctions essentielles :

  * structurer l'offre ;
  * développer la professionnalisation ;
  * garantir des prestations de qualité.

Elles sélectionnent les producteurs de services sur des critères de qualité et les distribuent sous une marque. Les enseignes promeuvent un ou plusieurs services à domicile entrant dans le champ de l'article D 129-35 du Code de travail. Elles tiennent le rôle d'« intégrateur », consistant à mettre en contact l'offre et la demande, à donner l'information aux utilisateurs, à garantir la qualité et l'homogénéisation des services, ainsi que leur facturation unique. Elles opèrent comme une plate-forme de services, avec des sites Internet et des réseaux de points d'accueil. Elles développent un plan de communication sous leurs d'enseignes, avec des identités visuelles originales.

Il existe dix-sept enseignes en France :

  * France Domicile ;

- Personia ;
- Fourmi Verte ;
- La Maison du Particulier Employeur A ;
- + A Domicile Services ;
- Écureuil Sérénité ;
- Services MACIF Services à la personne ;
- MAIF Service OVP (Organisation vie pratique) ;
- Services MGEN à la personne ;
- Bien-être Assistance ;
- La Poste Services à la Personne – Genius, ;
- Domiserve + ;
- CNP Services à la personne ;
- Groupe Assisteo ;
- Crédit Agricole ;
- Mission Services ;
- LCL Groom Services.

– Le Syndicat des Entreprises de Services à la Personne (**SESP**) est une association de producteurs de services à la personne qui lutte contre le « travail au noir ». Ses instruments essentiels sont la TVA à 5,5 %, qui, en réduisant les coûts pour le particulier, l'incite à sortir de l'illégalité, et l'exonération des charges sociales employeurs sur la partie SMIC du salaire. Enfin, l'élargissement du chèque-emploi-service à un financement par l'employeur agrandit le champ des moyens de réduction du coût du service rendu au particulier. Le SESP a une double mission : aider d'une part à la création d'entreprise en fournissant une aide aux porteurs de projet dans le domaine des services à la personne ; d'autre part au développement des entreprises adhérentes en fournissant l'assistance juridique, technique et fiscale, aux entreprises membres confrontées quotidiennement à une série d'interrogations portant sur le recrutement et la formation du personnel, les relations avec les pouvoirs publics et les administrations, etc.

– Le Syndicat Professionnel des Services à la Personne **(SPSAP)** : pour accompagner la croissance rapide du secteur des services à la personne, des chefs d'entreprises ont décidé de créer un nouveau syndicat dédié aux entreprises et aux associations, en particulier aux PME et TPE. Initié en Haute-Garonne, le SPSAP est appelé à exercer un rayonnement national et à se déployer dans chaque région.

▶ Les perspectives du marché des services à la personne

Le marché des services à la personne connaît un taux de croissance annuel moyen de 5,5 % depuis 1990. Il emploie près d'un million neuf cent mille personnes pour un chiffre d'affaires de plus 13 milliards d'euros en 2007. Les facteurs de son développement sont principalement les suivants.

– L'accroissement de l'espérance de vie, portée de 63 à 80 ans entre 1950 et 2008, et prévue de 84 ans en 2030. La population française de plus de 60 ans doublera d'ici 2030, dont un tiers vivra seul et un cinquième devrait être en situation de dépendance.

– L'amélioration de la santé : les dépenses de santé représentaient 5 % de la consommation des ménages en 1960 et 13,5 % en 2008. Cette demande s'explique par l'augmentation du niveau de vie, des progrès de recherche et des technologies médicales, du vieillissement de la population et des nouveaux besoins des patients. Les patients demandent des services de plus en plus personnalisés comme les services paramédicaux et les services d'accompagnement. Les « consommateurs citoyens » se préoccupent de leur bien-être et de leur image, engendrant de nouveaux services, comme le *coaching* moral, nutritionnel, sportif, etc.

– L'**urbanisation croissante** et la recomposition de la cellule familiale : une personne active sur trois en Île-de-France se déplace quotidiennement vers Paris, entraînant une augmentation de la durée de travail et de transport (une heure et demie en moyenne par jour). Les foyers font de plus en plus appel à des services personnalisés (garde d'enfant, aide ménagère, etc.). En 2005, trois cent mille foyers français étaient à la recherche d'une solution de garde pour leurs enfants, car plus de 80 % des femmes exercent une activité professionnelle et ont besoin de sous-traiter les tâches domestiques (contre 59 % en 1975) et un enfant sur cinq vit dans une famille monoparentale (soit plus de 2,7 millions).

– La mobilité des populations : le marché du voyage augmente de 5 % en moyenne par an ; 71 % des voyageurs français font appel à de l'assistance en cas de problème pendant leurs vacances. Quatre cinquièmes des ménages français possèdent une voiture : ils font appel à des services liés aux véhicules comme l'assistance technique, le dépannage, l'entretien, etc.

– L'allongement du temps libre : un tiers des Français déclarent « être stressés par le manque de temps » et désirent se libérer des tâches quotidiennes comme le ménage, la cuisine (65 % achètent des plats à emporter), le jardinage, le petit bricolage, etc., pour s'occuper plus d'eux-mêmes (besoin de bien-être).

Six millions de ménages français seraient ainsi demandeurs de services à la personne. Ce secteur offre donc un fort potentiel de développement. Son taux de croissance est passé de 6 % à 12 % (cent vingt mille emplois nouveaux ont été créés) grâce à la mise en place en 2005 du plan Borloo. En 2010, le chiffre d'affaires du marché des services à la personne est censé atteindre 18 milliards d'euros, selon une étude réalisée par l'ESSEC.

Selon l'IFOP (2009), les demandes de certains services à la personne devraient connaître de fortes croissances à l'horizon 2015 :

* 71 % d'augmentation pour les services de soutien scolaire, ;
* 67 % pour les gardes d'enfants ;
* 60 % pour l'assistance informatique à domicile.

Si chaque ménage français utilisait deux heures de services par semaine, un million d'emplois seraient créés.

Les services sanitaires et sociaux

Les services sanitaires et sociaux recouvrent partiellement certains services à la personne. Ils se décomposent en services d'accueil de jour, d'auxiliaire de vie, de dirigeant de maison de retraite, de transport adapté, de téléassistance, enfin de micro-crèche.

▸ L'accueil de jour

L'accueil de jour est une unité médicalisée publique ou privée de dix à vingt personnes, destinée à recevoir pendant la journée et une à deux fois par semaine, les personnes « désorientées » ou souffrant de la maladie d'Alzheimer. Il répond à plusieurs objectifs.

Pour les **usagers** :
- Permettre à des personnes âgées de garder ou de recréer un lien social, en sortant de leur isolement.
- Favoriser la stimulation des capacités cognitives pour préserver une certaine autonomie dans les gestes de la vie quotidienne par un projet individuel d'aides et de soins adaptés.

Pour les **familles** :
- Donner aux aidants familiers la possibilité de bénéficier d'un répit dans l'aide qu'ils apportent à leurs proches et prolonger ainsi le maintien à domicile.
- Participer au soutien des familles par la mise en place de groupes de parole.
- Constituer un premier contact avec une institution, afin de permettre de préparer la personne, mais également l'entourage, à une éventuelle intégration progressive.

Cette activité présente de grandes perspectives dans la mesure où la population française est vieillissante, que le fléau de l'Alzheimer touche de plus en plus de personnes et qu'il est donc nécessaire de créer des structures adaptées.

 **Focus sur… un exemple d'accueil de jour**

Dans la Sarthe, on comptait début 2009 quatre-vingts places, dont dix libres (le tarif journalier allant de 17,40 euros à 41 euros, selon que l'accueil est privé ou public, sans compter les suppléments liés au degré de dépendance). La plupart de ces structures accueillent entre cinq et quinze patients. Prenons l'exemple d'une structure accueillant douze personnes à un tarif de 29 euros journalier (tarif moyen), les suppléments variant selon le degré de handicap entre 2 euros et 9 euros. On peut compter approximativement 400 euros de recettes par jour soit 8 000 euros par mois (en comptant vingt jours ouvrés) et donc un chiffre d'affaires annuel de 96 000 euros.

▸ Le maintien à domicile : l'auxiliaire de vie

L'auxiliaire de vie apporte son aide aux personnes fragilisées, dépendantes, rencontrant des difficultés passagères dues à l'âge, à une maladie, à un handicap ou à des difficultés sociales. Elle les aide dans leur vie quotidienne lors d'un maintien à domicile. Elle favorise l'autonomie des personnes, leur insertion sociale et la lutte contre l'exclusion. Elle est présente pour faciliter le lever, le coucher, la toilette, les soins d'hygiène (à l'exclusion des soins infirmiers). Elle apporte son soutien au moment de l'appareillage des personnes handicapées. Elle assure la préparation et la prise des repas, les travaux ménagers. Elle prend en charge les démarches administratives, les sorties, les courses, etc.

Dans la plupart des cas, elle n'est présente que quelques heures par jour, aux moments qui exigent sa présence. Ses modalités d'intervention sont décidées au cas par cas, en fonction du degré de dépendance de la personne aidée. L'auxiliaire de vie peut devoir intervenir tôt dans la journée (6 heures 30) ou très tard (22 heures) et travailler le week-end et les jours fériés. Elle travaille au sein d'une équipe pluridisciplinaire. Elle est tenue de respecter les décisions prises par le personnel soignant.

Selon l'étude « Capacité d'accueil des établissements et services pour personnes âgées par région », réalisée à partir de données de janvier 2007 par l'INSEE, il y avait à cette date 86 670 places dans la section « Services de soins à domicile » pour toute la France. Cela ne représente que 12 % de la population française âgée de plus de 75 ans (qui devrait doubler au cours des vingt prochaines années).

▸ Le directeur de maison de retraite

Une maison de retraite désigne une résidence collective destinée aux personnes âgées. Ce terme remplace depuis longtemps celui d'« hospice », qui revêt désormais une connotation péjorative. Certaines maisons de retraite accueillent des personnes âgées pour un hébergement temporaire de quelques jours à quelques semaines ou proposent un accueil de jour pour des personnes âgées qui ne peuvent ou ne veulent pas rester chez elles dans la journée. La démarche de création d'une maison de retraite est analysée dans la section suivante.

▸ Les services d'assistance, de mobilité, de déplacement, des personnes handicapées et/ou dépendantes

En France, douze millions de personnes – dont sept à huit millions de handicapés et quatre à cinq millions de personnes dépendantes – rencontrent des difficultés dans leur vie quotidienne. Ces populations devraient rapidement croître d'ici 2030. Les prestataires de services d'assistance sont souvent des petites structures (entreprises individuelles ou SARL/EURL), immatriculées auprès de la CCI. Ce secteur est très attractif, car il permet de créer une structure de « service à la personne » et de bénéficier de l'exonération de charges patronales, selon la loi de décembre 2006[1].

---

1. Voir le site Internet de la fédération hospitalière de France (FHF) : www.fhf.fr.

Focus sur... VAD (Valeur Ajoutée au Déplacement)

VAD est spécialisée dans le transport adapté, l'accompagnement des adultes et enfants handicapés (à mobilité ou autonomie réduite) et la location de véhicules équipés TPMR (transport de personnes à mobilité réduite).

Exemples des services proposés par la société :

Tout type de transport : régulier, occasionnel, à la demande, individuel ou collectif. Déplacements personnels, démarches administratives, rendez-vous médicaux, ramassages scolaires. Besoins ponctuels, VAD propose à la location des minibus de neuf places ou pouvant accueillir jusqu'à quatre fauteuils roulants, faciles à conduire avec un simple permis voiture.

VAD propose aussi des services tels que le transport en navette vers l'aéroport de Bâle-Mulhouse ou l'organisation d'excursions ou de séjours avec ou sans accompagnement et prestations.

VAD connaît un réel essor depuis 2008 et s'est également implanté en Alsace, Lorraine, Champagne-Ardenne et Franche-Comté.

Ses partenaires et principaux chiffres

Quatorze Conseils Généraux, onze Communautés d'agglomération ou Communautés de communes, plus de cent établissements et associations dans dix-huit départements, quotidiennement, près de trois mille utilisateurs sont transportés par VAD.

Effectifs : 450 personnes.

Parc : 400 véhicules.

Filiale de taxis Abraha, une entreprise de transport de personnes par taxi, implantée au cœur de Cévennes ; à Lasalle (Gard), spécialisée dans le transport de personnes handicapées grâce à ses véhicules accessibles aux fauteuils roulants et spécialement adaptés au transport handicapé. Le service ne se limite pas au transport, mais comprend l'accompagnement et l'aide aux démarches administratives.

▶ Services de visio-assistance et téléassistance

La visio-assistance désigne une plate-forme de surveillance permanente et de contrôle à distance de l'environnement des personnes à domicile, afin de leur assurer une sécurité physique et médicale, d'une part, puis de répondre à leur besoin de confort, d'autre part, en leur laissant la plus grande autonomie possible.

Ce service répond aux demandes des « personnes vulnérables » et/ou des personnes « âgées » : améliorer la qualité et du confort de vie, la préservation de l'autonomie face aux besoins croissants et différenciés des personnes et de leur famille, rester à son domicile le plus longtemps possible.

Ce système est en plein essor du fait de l'avancée considérable de la high-tech (webcam, répondeurs, alarmes, etc.).

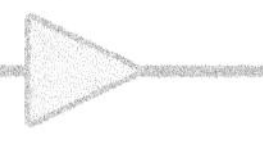

Focus sur… Technipro et IVèS

Technipro

Société spécialisée dans l'aide au maintien à domicile des seniors, Technipro propose la première offre globale de service dédiée aux seniors et aux aidants. Améliorer la qualité de vie des personnes âgées, en conjuguant contact humain de proximité et technologie, telle est leur ambition. Ce service unique permet en toute simplicité aux personnes âgées, isolées et vulnérables de conserver leur indépendance le plus longtemps possible et de vivre pleinement à domicile, si tel est leur choix. Les services sont accessibles et à la disposition des abonnés **24 heures sur 24 et 7 jours sur 7** sur toute la France. Cette société prestataire détentrice d'un agrément service à la personne compte plus de douze mille abonnés. Elle propose trois grands services : téléassistance, mobile assistance et visio-assistance.

IVèS

IVèS propose un service de visio-assistance pour seniors permettant de communiquer en vidéo directe à partir d'un téléviseur. La personne âgée accède aux services à partir d'un téléphone équipé d'une webcam reliée à la télévision pour profiter d'une plus grande dimension d'image. Quatre fonctions principales sont alors utilisables :

- appel vers un interprète pour traduire une conversation (mode guichet) ;

- appel vers un numéro de téléphone pour relayer l'appel (mode relais) ;

- appel d'urgence relayé vers SAMU, police ou pompier (mode relais urgence) ;
- appel direct vers un autre abonné (mode conversation directe).

▸ La micro-crèche

La **natalité** augmente sur l'ensemble du territoire français. Les naissances se sont chiffrées à 793 000 en 2003 et 816 500 en 2007. En France, 9 % seulement des enfants de moins de 3 ans peuvent bénéficier d'une place en crèche. Le nombre de places en crèches ou établissements d'accueil collectifs de garde d'enfants se situant aux alentours de deux cent soixante mille, il existe donc un déficit important de matière de garde collective. Par ailleurs, 79 % des femmes en âge de travailler exercent une activité professionnelle et 25 % des enfants vivent dans une famille monoparentale. Face au problème crucial du manque de place en crèche, le gouvernement tente de trouver des solutions, avec pour objectif de créer entre deux cent mille et quatre cent mille offres de gardes supplémentaires d'ici 2012.

Le plan « Petite Enfance » présenté par le gouvernement en novembre 2006, a initié une nouvelle formule d'accueil expérimentale « **micro-crèche** », codifiée dans le Code de la santé publique, répondant à un certain nombre de critères.

- Structures d'accueil collectif de jeunes enfants d'une capacité de neuf places, dont les conditions de fonctionnement sont assouplies par rapport au fonctionnement des structures d'accueil collectif de capacités supérieures.
- La souplesse d'organisation donnée à ces structures doit s'accompagner de la qualité de service offerte par les autres établissements d'accueil.
- Le fonctionnement d'une micro-crèche est en grande partie soumis aux mêmes règles que les établissements d'accueil collectif.

L'apport initial varie entre 10 000 et 40 000 euros, selon la solution adoptée (franchise, regroupement d'entreprises, indépendant) et le projet lui-même. Le chiffre d'affaires moyen est compris entre 110 000 et 150 000 euros par an, pour un résultat avant impôts d'environ 8 à 10 % des ventes, pour une structure de cinq personnes à mi-temps. Les principales dépenses sont les loyers et le coût du personnel.

La taille de l'équipe dépend de l'amplitude d'ouverture de la micro-crèche. Toutefois, dès que le nombre d'enfants présents est supérieur à trois, deux adultes au minimum sont requis. Dans l'ensemble, la micro-crèche présente un coût inférieur de moitié à une crèche classique.

Pour être rentable, une crèche doit amortir ses frais de fonctionnement, mais aussi avoir un taux de remplissage important. La caisse d'allocations familiales fixe un objectif d'occupation de la structure à 70 %. Le taux de faillite de ce type de structure est très faible.

Les démarches

Les services à la personne

▶ Les choix stratégiques

La réussite d'un entrepreneur dépend de sa capacité à professionnaliser son schéma de services. Il doit proposer des prestations de qualité, être crédible vis-à-vis de la clientèle et se démarquer de la concurrence. La démarche consiste à :

– Se focaliser sur une cible en proposant un service adapté à ses principaux besoins, puis diversifier progressivement la gamme de services (« faire monter en gamme » le client). Par exemple, se spécialiser dans les services d'aide aux personnes âgées, puis leur proposer du ménage, du bricolage, etc.

– Se spécialiser dans un type de prestation et devenir leader sur son marché ou dans sa zone géographique locale.

– Rechercher un créneau à forte valeur ajoutée. Par exemple, proposer des services sur une amplitude horaire plus importante, être prêt à travailler le soir et le week-end.

Tout entrepreneur souhaitant s'implanter sur ce marché est obligé de choisir pour l'offre envisagée une ou plusieurs activités figurant dans l'article L. 129-1 et D. 129-35 du Code du travail.

La pratique des activités est subordonnée à l'obtention d'un agrément simple (facultatif) ou d'un agrément de qualité (obligatoire), qui est une autorisation administrative obligatoire ou non selon le type de services proposés par l'entreprise. Il en existe deux types :

– Agrément de qualité pour les entreprises proposant des services tels que :

- garde d'enfants à domicile ;

- assistance aux personnes âgées ou autres personnes qui ont besoin d'une aide personnelle à leur domicile ;

- assistance aux personnes handicapées ;

- garde-malade à l'exclusion des soins ;

- aide à la mobilité et transports de personne ayant des difficultés de déplacement ;

- prestation de conduite du véhicule personnel des personnes dépendantes ;

- accompagnement des enfants dans leurs déplacements et des personnes âgées ou handicapées en dehors de leur domicile ;

- soins d'esthétique à domicile pour les personnes dépendantes.

– Agrément simple pour les entreprises proposant les services suivants :

- entretien de la maison et travaux ménagers ;

- petits travaux de jardinage, y compris les travaux de débroussaillage ;

- prestations de petit bricolage dites « hommes toutes mains » ;
- soutien scolaire à domicile ou cours à domicile ;
- préparation de repas à domicile ;
- collecte et livraison à domicile delinge repassé ;
- livraison de courses à domicile ;
- assistance informatique et Internet à domicile ;
- soins et promenades d'animaux de compagnie, à l'exclusion des soins vétérinaires et du toilettage pour les personnes dépendantes ;
- maintenance, entretien et vigilance temporaires, à domicile, de la résidence principale et secondaire ;
- assistance administrative à domicile ;
- coordination et délivrance de services à la personne.

Pour obtenir un agrément, une entreprise doit remplir plusieurs conditions telles que :

- exercer uniquement des activités de service à la personne ;
- disposer de moyens humains, matériels et financiers lui permettant d'exercer l'activité pour laquelle l'agrément a été sollicité ;
- adhérer à une charte graphique donnant lieu à une évaluation périodique, si elle possède plusieurs établissements ;
- respecter un cahier des charges lorsque les services portent sur les activités de garde d'enfants de moins de 3 ans, d'assistance aux personnes handicapées ou dépendantes, aux personnes âgées ;
- ne pas faire l'objet d'une condamnation pour des infractions mentionnées à l'article L. 128-1 du Code du commerce depuis moins de dix ans ;
- ne pas être inscrite au fichier judiciaire national automatisé des auteurs d'infractions sexuelles lorsque l'activité nécessite un contact avec des mineurs.

Si ces conditions sont remplies, l'entreprise doit faire une demande comprenant une lettre décrivant l'entreprise et son organisation, ainsi qu'un dossier administratif (statuts, qualification et diplôme du chef d'entreprise, etc.). L'ensemble du dossier doit être transmis à la DDTEFP. Le délai de réponse est de trois mois pour l'agrément de qualité et de deux mois pour l'agrément simple. Si la demande est acceptée, l'agrément est délivré pour une durée de cinq ans.

▸ Le choix du statut juridique

Une étape importante réside dans le choix d'une structure juridique adaptée : d'une part, le travailleur indépendant opte généralement pour le statut d'entreprise individuelle ; ce modèle est fréquent en zone rurale ou dans des lieux où le lien personnel reste fort (ville isolée et éloignée d'un grand centre urbain) ; d'autre part, les services assurés dans le cadre de franchises et/ou nécessitant des équipements conséquents (véhicules adaptés, etc.) sont le plus souvent assurés par des sociétés (SARL, EURL, etc.).

Un autre choix porte sur le statut de prestataire ou de mandataire. Il existe des avantages et des inconvénients propres à chacune de ces formules, qui conditionnent l'organisation générale de l'entreprise. Une intervention à domicile peut être réalisée par une personne recrutée directement (gré à gré) ou indirectement par l'intermédiaire d'un service mandataire, ou encore par un employeur d'une entreprise prestataire.

Les entreprises prestataires et mandataires sont des personnes morales (entreprises ou associations) agréées.

– Le **mandataire** : si une entreprise ou une association décide d'exercer en tant que mandataire, elle sera chargée (mandatée) par le bénéficiaire du service (le client) d'une part de recruter un salarié intervenant : l'entreprise (mandataire) sélectionne la personne compétente et le client (l'employeur) choisit la personne qu'elle désire embaucher ; d'autre part d'effectuer la gestion administrative du dossier depuis l'embauche jusqu'à la fin du contrat : l'entreprise (mandataire) est chargée pour le compte du particulier employeur d'établir le contrat de travail, les bulletins de paie, la déclaration et le calcul des cotisations sociales. Le particulier (bénéficiaire du service) est responsable du paiement du salaire et des cotisations sociales dans la mesure où il est l'employeur direct de l'intervenant. L'entreprise est donc clairement dans cette structure un intermédiaire entre l'offre et la demande. La valeur ajoutée pour le client est la garantie de la capacité de l'intervenant à effectuer le service demandé. De plus, il se décharge des formalités administratives. Par ailleurs, le mandataire assure le suivi de l'employé et la continuité du service par des études de satisfaction du service et des possibilités de remplacement en cas de congés ou arrêts maladie. Le mandataire est chargé de la logistique et est rémunéré à ce titre par le particulier.

– Le **prestataire** : si une entreprise ou une association décide d'exercer en tant que prestataire, elle devra fournir et facturer (salaire + charges + frais de gestion + TVA à 5,50 %) une prestation au bénéficiaire du service. L'entreprise (prestataire) doit donc employer elle-même des salariés qu'elle proposera par la suite à ses clients (particuliers) pour effectuer les services qu'ils souhaitent à domicile. Dans la mesure où l'entreprise est l'employeur des intervenants, elle se porte garant du service rendu auprès des particuliers. Cela implique que l'entreprise mette en œuvre tous les moyens nécessaires pour assurer la formation et la qualification de ses salariés intervenants. En cas d'absence, le remplacement de l'intervenant devra être automatiquement assuré. En tant que prestataire, l'entreprise vend clairement des services d'aide à la personne à travers ses salariés (intervenants).

Dans la forme, les deux structures sont similaires puisque les entreprises exerçant en tant que mandataire ou prestataire ont la même finalité : offrir aux particuliers des services à domicile.

La principale différence pour l'entreprise se situe au niveau des responsabilités : en tant que prestataire, l'entreprise est responsable de ses salariés (les intervenants) ; en tant que mandataire, le client est responsable de son salarié (l'intervenant).

▸ Le recours à la franchise

La mobilisation et la création des enseignes nationales sont l'un des objectifs du « plan Borloo » (2005), qui vise à structurer et à encadrer le marché des services à la personne et ainsi promouvoir un accès universel à des services de qualité dans le but de stimuler la demande.

Focus sur… Âge d'Or Services

La franchise Âge d'Or Services permet de réduire les risques liés à la création d'entreprises dans ce secteur. Tout d'abord, l'entrepreneur doit s'attarder sur le choix de son projet de création. Il est nécessaire d'évaluer le concept proposé et de prendre conscience du rôle du franchiseur ainsi que de ses engagements. Bien que la franchise s'impose comme un moyen sûr de créer son entreprise, elle n'élimine pas complètement le risque de faillite. Se faire accompagner dans sa démarche limite le risque entre 5 et 10 %.

Âge d'Or Services est implanté sur le marché des services à la personne depuis 1991. En 2001, l'entreprise est devenue une filiale du groupe CNP Assurances, leader dans l'assurance des particuliers. Aujourd'hui, Âge d'Or Services est un acteur majeur des services à la personne et est largement implanté en région. Sa filiale est partenaire de la SNCF et la mutuelle GMF. Plus de vingt mille personnes par jour font appel à ses services, ce qui correspond à plus d'un million de prestations par an, dispensées par cent dix agences.

Le franchiseur se doit d'être sélectif. Dans un premier temps, il évalue la capacité entrepreneuriale et managériale, ainsi que la réactivité du futur chef d'entreprise. Âge d'Or Services exige que le candidat ait à son actif cinq ans d'expérience dans une entreprise, un bon relationnel et une fibre sociale indispensable à la profession. Pour cela, l'entreprise fait appel à un psychologue pour apprécier ses qualités humaines. Le candidat bénéfice d'une formation technique pour l'accompagnement des personnes âgées.

Dans un second temps, Âge d'Or Services estime les capacités financières du candidat en comparant son *business plan* à un *business plan* type. En cas de demande de crédit, le franchiseur se porte garant auprès de la banque qui financera la masse salariale et le compte-courant de la future agence. Toutefois, le franchiseur exige une capacité financière de 50 000 euros à 60 000 euros pour être éligible. La surface financière doit être constituée pour 50 % d'apport personnel alors qu'une banque ne demande que 30 %. Par ailleurs, Âge d'Or Services impose un pas-de-porte de 19 500 euros et une participation de 3 000 euros de frais de formation obligatoire. Par ces moyens, le réseau assure à ses clients une qualité de service de haut niveau.

En moyenne, 10 % des franchisés ne se rémunèrent pas la première année. La première année, l'équilibre se situe à 6 000 euros, la suivante à 18 000 euros et la troisième à 40 000 euros. Bien que l'entreprise soutienne l'idée d'« *un interlocuteur pour un banquet de services* », le franchiseur a conscience qu'en offrant une gamme de services trop diversifiés à ses clients, il prend le risque de diminuer la qualité de ses prestations. Mais cette situation est tout à fait paradoxale dans la mesure où une agence mono-service serait soumise à des risques financiers nettement plus importants. Âge d'Or Services joue donc un rôle de conseiller auprès de ces franchisés, en les orientant vers cinq ou six spécialités.

Les services sanitaires et sociaux

▸ Le cas de la maison de retraite

Une maison de retraite est généralement constituée en SA (en raison de l'importance des actifs immobiliers). Sa structure idéale (d'un point de vue financier/rentabilité) comporte pour quatre-vingts lits :

- une direction générale ;
- un responsable d'entretien ;

- des services médicaux et sociaux (si la maison de retraite médicalisée) ;
- des services financiers ;
- un chargé des relations publiques ;
- une direction des soins, etc.

Le coût de rachat d'une maison de retraite de quatre-vingts lits oscillait entre 10 et 15 millions d'euros en 2008. La raréfaction du crédit pesait sur les transactions d'établissements en 2009, mais celles-ci devraient reprendre à moyen terme. Le tarif moyen versé par chaque pensionnaire varie entre 2 000 et 2 500 euros. Donc, pour une structure idéale comportant quatre-vingts lits, on peut attendre un chiffre d'affaires mensuel se situant aux alentours des 180 000 euros et d'un chiffre d'affaires annuel d'environ 2 160 000 euros (hors recettes annexes). Les rétributions attendues peuvent varier en fonction de la taille, du nombre de lits de la maison de retraite. Certaines études ont évalué la rémunération moyenne annuelle d'un directeur de maison de retraite à 50 000 euros.

La création d'une maison de retraite suppose que le projet soit préalablement accepté par les administrations de tutelle : le Conseil général du département et la DDASS, le CROSMS (Comité Régional d'Organisation Sanitaire et Médico-sociale). Le futur entrepreneur doit posséder ou être en cours d'acquisition du terrain sur lequel l'établissement sera implanté. Le projet d'EHPAD[1] (localisation, capacité, spécificités, etc.) doit être compatible avec les objectifs et les contraintes du schéma gérontologique du département, ainsi que du PRIAC (Programme Interdépartemental d'Accompagnement des handicaps et de la perte d'autonomie). Après accord du CROSMS, l'entrepreneur dispose d'un délai de trois ans pour poser la première pierre, faute de quoi l'autorisation devient caduque.

Une fois l'établissement construit et avant l'ouverture, il convient de déposer un dossier de demande d'ouverture auprès des autorités

---

1. Établissement d'Hébergement pour Personnes Âgées Dépendantes.

de tutelle. Une convention tripartite doit avoir été signée avec les autorités de tutelle ; elle conditionne le financement de l'établissement (par la DDASS pour ce qui concerne les soins et par le Conseil Général pour ce qui concerne la dépendance). L'EHPAD ne saurait être ouvert avant la visite de conformité et l'obtention d'un avis favorable des autorités compétentes :

* mairie (conformité au Permis de Construire et avis de la Commission de Sécurité) ;
* autorités de tutelles (conformité au dossier CROSMS accepté).

Conformément à la réglementation en vigueur, un niveau de qualification est requis pour être directeur d'EHPAD (et non un diplôme précis) : le niveau de principe retenu est le niveau II, qui correspond à un bac + 3 ou 4. Toutefois, le niveau I (bac + 5 et au-delà) est exigé, notamment en raison de l'étendue des délégations de pouvoir du directeur et du nombre de salariés qu'il encadre.

▶ Le cas de la micro-crèche

La micro-crèche peut être constituée en société (EURL, SARL, SA, etc.) ou en association ou fondation. Quel que soit le statut juridique ou le type de gestionnaire, les règles en matière de création, de transformation et d'extension des établissements ou services sont identiques, exception faite des crèches parentales. L'autorisation du président du Conseil Général est toujours nécessaire. Les règles requises pour la direction varient selon la taille de l'établissement.

Les ressources nécessaires

Les ressources financières

▸ Des aides spécifiques

Il existe diverses aides spécifiques au secteur sanitaire et social.

– Les **auxiliaires de vie** peuvent bénéficier d'une subvention forfaitaire annuelle de 9 650 euros de la part du ministère de la Santé, de la Famille et des Personnes Handicapées.

– La **Caisse Régionale Maladie d'Île-de-France** (CRAMIF) finance des actions à caractère sanitaire et social à travers deux fonds. D'une part, le **Fonds National d'Action Sanitaire et Sociale** (FNASS) subventionne les domaines suivants :

  - éducation sanitaire ;
  - lutte contre l'alcoolisme et les toxicomanies ;
  - aide aux handicapés adultes ;
  - aide aux malades chroniques ;
  - lutte contre la tuberculose et les maladies respiratoires ;
  - lutte contre le cancer ;
  - laryngectomisés et mutilés de la voix ;
  - aide aux malades hospitalisés.

D'autre part, le **Fonds National de Prévention d'Éducation et d'Information Sanitaires** (FNPEIS) prend en charge des actions concernant le tabagisme, la consommation excessive d'alcool, le SIDA et les MST, l'éducation nutritionnelle, la préservation de l'autonomie des personnes âgées.

– La **Caisse d'Allocations Familiales** (CAF) fournit aux micro-crèches deux types d'aides. D'une part, une aide au fonctionnement : si une convention est signée et qu'elle s'engage donc à respecter la réglementation en vigueur dans ce secteur.

La CAF détermine le prix de revient de la structure et compare ce montant à un plafond de 5,88 euros. Elle applique au prix de revient plafonné le taux de financement de 66 %. D'autre part, l'aide à l'investissement est versée si la micro-crèche bénéficie de la prestation de service unique (PSU) ou reçoit des enfants dont les parents perçoivent soit la prestation d'accueil du jeune enfant soit le complément mode de garde.

▸ Des exonérations de charges

Les prestataires de services à la personne perçoivent également des exonérations de charges.

– l'**exonération partielle des charges URSSAF** est limitée au montant de la rémunération n'excédant pas le produit du SMIC par le nombre d'heures rémunérées au titre des activités de services à la personne, dans la limite de la durée légale du travail calculée sur le mois ou, si elle est inférieure, dans la limite de la durée conventionnelle applicable dans l'établissement. L'exonération porte sur les cotisations patronales d'assurances sociales et d'allocations familiales.

– **Co-financement CESU** : par l'intermédiaire des titres CESU, les entreprises donnent un accès aux services de conciergerie d'entreprises et de services à domicile aux salariés, ont droit à une exonération de cotisations sociales, salariales et patronales dans la limite d'un plafond de 1 830 euros par salariés. L'entreprise bénéficie également d'un crédit d'impôt sur les bénéfices de 25 % des aides versées, d'un maximum de 500 000 euros par an.

▸ Les aides aux résidents de maison de retraite

Les **résidents de maisons de retraite** bénéficient de financements spécifiques comme :

– l'Aide Sociale peut aider à assumer en partie les frais d'hébergement en maison de retraite ou en foyer logement. Elle est accordée à toute personne de 65 ans (ou de plus de 60 ans en cas d'inaptitude au travail) dont les ressources ne suffisent pas à assurer les frais d'hébergement de l'établissement.

– l'Aide au logement peut aider à assumer en partie les frais d'hébergement en maison de retraite ou en foyer logement.

– L'Allocation Compensatrice pour Tierce Personne (ACTP).

– L'Allocation Personnalisée à l'Autonomie (APA).

▸ Les micro-crèches

Une **micro-crèche** peut bénéficier de l'aide à l'investissement (CAF) si elle est titulaire de la PSU ou reçoit des enfants dont les parents perçoivent la Prestation d'accueil du jeune enfant (Paje)/CMG. La CAF peut éventuellement participer au projet de la micro-crèche sur ses fonds propres. Le gestionnaire de la micro-crèche peut choisir son mode de fonctionnement : indirect ou direct.

– **Indirect** : le complément mode de garde « structure » de la Paje est versé aux familles en fonction de leur revenu, du nombre et de l'âge des enfants à charge. La tarification est déterminée librement par le gestionnaire, mais les institutions veilleront à ce que ce tarif ne soit pas trop élevé dans un souci d'équité et de mixité sociale.

– **Direct** : la PSU est versée au gestionnaire en complément du paiement des familles. Ce dernier signe une convention avec la CAF et s'engage à respecter la réglementation liée à la prestation de service : pour les enfants de moins de 4 ans, le tarif appliqué aux familles est calculé selon le barème national de la CNAF en fonction du revenu des parents et du nombre d'enfants à charge.

Ainsi, la CAF détermine le prix de revient de la structure et compare ce montant à un plafond de 5,88 euros (montant 2008). Elle applique au prix de revient plafonné le taux de financement de 66 %. Il est par ailleurs possible de demander d'autres aides au

Conseil Général, à la commune, ou aux entreprises voisines qui souhaitent réserver des places dans la structure pour les enfants de leurs salariés.

Les ressources humaines

Prenons l'exemple de l'auxiliaire de vie sociale. Le diplôme **d'auxiliaire de vie sociale** constitue le premier niveau de qualification de la filière préparant aux métiers de l'aide à domicile. Les candidats doivent être âgés de 18 ans au moment de l'entrée en formation. La formation à lieu en alternance et s'organise sur une période de neuf à trente-six mois. Elle est dispensée par des établissements publics et privés agréés. Les personnes titulaires du CAFAD (certificat d'aptitude aux fonctions d'aide à domicile) sont titulaires de droit de ce nouveau diplôme.

Les personnes titulaires d'autres diplômes du secteur social peuvent bénéficier d'équivalences dans le cadre de la validation des acquis professionnels, comme :

- une mention complémentaire (MC) d'aide à domicile ;
- un CAP agent de prévention et de médiation ;
- un BEP carrières sanitaires et sociales ;
- un bac Pro service de proximité et vie sociale ;
- un BTS économie sociale et familiale.

Pour la création d'une **maison de retraite,** le niveau I (bac + 5 et au-delà) est requis, du moins dans les structures importantes.

Les principales difficultés rencontrées et les risques encourus

Les principales difficultés rencontrées dans les différents métiers de ce secteur sont :

- problèmes liés à la recherche de personnel qualifié ;
- relative faiblesse des aides publiques ;
- difficulté à trouver des investisseurs (notamment pour les grosses structures où le coût est assez élevé).
- multiplicité des normes sanitaires à respecter, dont le non-respect peut produire de graves conséquences financières ;
- problèmes administratifs rencontrés lors de la constitution de l'entreprise (notamment, maison de retraite et micro-crèche).

Malgré la forte attractivité de ces métiers et les dispositifs d'aide mis en œuvre par les pouvoirs publics, le taux de survie des entreprises privées n'est pas encore supérieur à la moyenne nationale tous secteurs confondus. Cette contre-performance tient le plus souvent à une gestion insuffisamment rigoureuse.

Synthèse

La refondation actuelle des secteurs des services à la personne et des services sanitaires et sociaux représente un défi majeur qui conditionne l'emploi (notamment indépendant) de demain. Cette étape du développement de ces secteurs passe par la prise de conscience par les travailleurs indépendants et les entrepreneurs de ces secteurs de la professionnalisation de leurs métiers. La mise en place d'un management de la qualité, d'une gestion dynamique du personnel et d'un contrôle de gestion rigoureux constitue le principal défi des professionnels de ces métiers.

Les métiers de l'informatique, de la bureautique et de l'Internet (e-business)

Les secteurs de l'informatique, de la bureautique et de la communication Internet (parfois regroupés sous l'appellation TIC), offrent de nombreuses opportunités aux candidats à la création d'entreprise. Leur accès reste toutefois difficile, moins pour des raisons financières (les équipements nécessaires y sont relativement peu coûteux) que pour les barrières technologiques (le progrès technique y est accéléré) et économiques (les marchés y sont hyper-concurrentiels). La multiplicité et la faible longévité des produits et des services rendent la conception et le positionnement du modèle d'affaires *(business model)*, ainsi que la projection du plan d'affaires *(business plan)* de la start-up, plus complexes et plus aléatoires que dans la plupart des autres secteurs d'activité observés.

Les gisements d'emploi, les démarches de création d'entreprise, les ressources nécessaires et les risques encourus dans ces métiers seront successivement étudiés.

Les gisements d'emplois

Les métiers indépendants de l'informatique et de la bureautique

L'industrie du *software* d'entreprise a traversé trois générations en un demi-siècle. Depuis les années 1970, elle a été dominée par les progiciels intégrés de gestion (PGI) ou Enterprise Resources Planning (ERP)[1] dans les grandes entreprises et par des suites d'applications fonctionnelles sur PC dans les PME/PMI. Depuis le début des années 1990, la montée des services en ligne (Web services) et le développement des logiciels libres (open source), ont permis l'avènement d'un nouveau modèle d'architecture orientée vers les services aux entreprises (Enterprise Services Architecture ou ESA)[2]. Cette évolution a été favorable à la création de PME spécialisées dans les services de traitement de l'information.

▶ Les trois générations de l'informatique d'entreprise

Les systèmes de traitement des données des entreprises relèvent des technologies de l'information (IT) et recouvrent des équipements (*hardware)* et des applications (*software*) qui ont connu depuis 1950 environ plusieurs phases d'expansion et de récession. Le secteur a ainsi traversé trois grands cycles (ou « générations ») d'IT :

- Les années 1950 et 1960 ont été marquées par le développement rapide de systèmes intégrés de *hard* (grands ordinateurs) et de *software* sur-mesure (*Mainframe Computing* ou MC).
- Les années 1970 et 1980 ont connu l'expansion des ordinateurs personnels (*Personal Computing* ou PC) dans les PME/PMI et

---

1. « *Progiciel paramétrable construit autour d'une base de données unique, susceptible de couvrir la majorité des besoins en traitement informatique, des différentes fonctions de l'entreprise, grâce à un ensemble de modules compatibles* » (Reix, 1999).
2. Également appelé « Architecture Orientée Services » (SOA).

des systèmes intégrés de *software* dédié au *back-office*[1] dans les grandes entreprises *(ERP)*.

– Les années 1990 et 2000) sont dominées par les systèmes intégrés de *back* et *front office* (ERP-ACS), par les systèmes de terminaux organisés en réseaux (*Network Computing* ou NC), puis par les plates-formes orientées Web services.

Selon le Massachusetts Institute of Technology (MIT), chacun de ces trois cycles a comporté des phases d'innovation et d'expansion, avec des investissements croissants à la fois en *hard* et *software* ; puis de rationalisation des processus et de recherche d'économies de coûts (Brynjolfsson, 1998). Le seul marché mondial du *software* d'entreprise était estimé à 80 milliards de dollars en 2005, avec une perspective de croissance supérieure à 5 % par an à l'horizon 2010[2], principalement sous l'effet de la sécurisation des procédures et de l'adaptation des systèmes comptables, exigées par la loi Sarbanes-Oxley (2002) et les nouvelles normes IAS/IFRS. La crise de 2008 devrait relancer à court ou moyen terme les investissements des entreprises dans les TIC, en raison des nouveaux impératifs d'optimisation des processus et de réduction des coûts de fonctionnement.

Le marché du software est généralement structuré en fonction des types de :

- réseaux (Intranet, Extranet[3], Internet) ;
- serveurs (applications, Internet, etc.) ;
- systèmes d'exploitation (Windows, Unix, NT, etc.) ;
- bases de données (Oracle, DB2, Informix, Microsoft, etc.) ;
- portails ou plates-formes ;
- types d'applications : intégrées (ERP), fonctionnelles (back et front office), propriétaires, libres, etc.

---

1. Principalement fonctions comptables, financières, de contrôle et d'administration des ventes.

2. « Worldwide enterprise applications 2006-2010 Forecast », *IDC*, mai 2006.

3. Communication par un réseau fermé ou semi-ouvert entre plusieurs organisations.

Le marché est par ailleurs segmenté selon la taille des entreprises clientes : grandes firmes (*Large Enterprises* ou LEs), PME/PMI (*Small & Medium Enterprises* ou SMEs)[1], TPE (Small Offices & Home Office Business ou SOHO). SAP, IBM et Oracle dominent le segment des LEs, tandis que Microsoft, les groupes asiatiques et les SSII (sociétés de services d'ingénierie informatique) sont plus présents sur les segments des SMEs et des SOHOs. Les « jeunes pousses » ou « start-up » ciblent les marchés locaux tandis que les grands éditeurs et providers couvrent le marché mondial (dit « global »). La complexité et le dynamisme du marché ont favorisé l'émergence d'un système concurrentiel hybride, parfois qualifié de « coopétition », entre tous les acteurs de la filière. Les start-up sont à la fois des sous-traitantes, des concurrentes et des sociétés cibles des grands groupes (ou blue chips).

▸ L'essor et le déclin des progiciels intégrés de gestion ou ERP

À partir de la fin des années 1970, les systèmes ERP ont intégré les principales applications de *back-office*, puis celles de *front office* des sociétés clientes, en se substituant aux systèmes de GPAO (gestion de la production assistée par ordinateur) et de MRP (*Material Requirement Planning*), destinés à réguler les processus de fabrication et à gérer la maintenance des équipements productifs. Les fonctionnalités de ces derniers ont ensuite été étendues, grâce à des modules d'APS (*Advanced Planning & Scheduling*), à la plupart des autres fonctions de l'entreprise et de son réseau de partenaires (solutions X-ERP et « turbo-ERP »), couvrant ainsi les processus d'achat-approvisionnement, de fabrication, de logistique, de vente, de comptabilité-finance-contrôle, de gestion de la qualité, de GRH, de *reporting*, etc. Les bases de données nécessaires à ces applications étaient interfacées et réunies en une base de données commune (*global datawarehouse*) administrée par un Système de Gestion spécifique (SGBD). Un ERP pouvait

---

1. Effectifs généralement compris entre dix et deux mille cinq cents salariés.

ainsi présenter l'architecture suivante :

Tableau 1. Structure d'un système X-ERP[1]

| *front office* |
| *CFAO/DAO/GFAO/GMAO/QAO*   *MRP   SCM   PLM CRM*
private Marketplace... |
| Base de données *(datawarehouse)* |
| *e-procurement* GA/BC/ABCA/CPA/ACM FA &I BSC/BI HRIS...
back-office |

(intitulé des modules variable selon les éditeurs)

Ces fonctions sont :

- CFAO : conception de la fabrication assistée par ordinateur ;
- DAO : conception du design assistée par ordinateur ;
- GLAO : gestion de la logistique assistée par ordinateur ;
- GMAO : gestion de la maintenance assistée par ordinateur ;
- GFAO : gestion de la fabrication assistée par ordinateur ;
- QAO : gestion de la qualité assistée par ordinateur ;
- MRP : materials requirement management (gestion du matériel) ;
- SCM : supply chain management (gestion intégrée de la logistique) ;
- PLM : product life management (gestion du cycle de vie du produit) ;
- CRM : customer relationship management (gestion de la relation clients)[2] ;
- Marketplace : place de marché privée, centrale d'achat ;
- e-procurement : fourniture en ligne de pro-logiciels de traitement de données ;
- GA : general accounting (comptabilité générale) ;
- BC : budgeting control (contrôle budgétaire) ;

---

1. Liste non exhaustive des applications.
2. Également appelé, avec quelques nuances de sens, « efficient consumer response » (ECR), « marketing viral », « co-marketing » ou « intelligence marketing ».

- ABCA : comptabilité de gestion (Activity Based Costing) ;
- CPA : cost-pricing accounting (comptabilité des coûts) ;
- ACM : account & cash management (comptabilités fournisseurs/clients, trésorerie) ;
- FA&I : fixed assets & inventories (comptabilités des immobilisations et des stocks) ;
- BSC/BI : balanced scorecard (tableau de bord équilibré)/ Business intelligence (systèmes d'aide à la décision) ;
- HRIS : human resources information system (système d'information de GRH).

Le développement, l'implantation et la maintenance des ERP intégrés ont été progressivement dominés par les grands éditeurs, comme Oracle et SAP. Les start-up n'ont exercé que des fonctions de sous-traitance de modules spécifiques. Elles ont ciblé les marchés locaux des PME en leur proposant divers services : exploitation sous licences de progiciels standard, développement de logiciels spécifiques, maintenance des systèmes, formation des utilisateurs, etc. Les plus créatives ont été le plus souvent absorbées par les grands groupes.

À partir de 1999, l'éclatement de la « bulle Internet » et la crise du secteur des télécommunications ont entraîné un ralentissement des investissements en TIC, notamment dans les progiciels intégrés. Ces derniers équipaient alors la plupart des grands groupes internationaux (90 % du Global 500[1]), et, malgré leurs améliorations constantes, étaient difficilement adaptables aux PME/PMI, aux grands réseaux d'entreprises, aux « dot.com » (sociétés de l'internet) et aux « click and mortars » (fabricants et/ou distributeurs traditionnels pratiquant l'e-commerce).

▸ L'émergence du concept de « plate-forme de services »

Afin de pallier les inconvénients des systèmes intégrés, le nouveau

---

1. Liste des cinq cents entreprises mondiales classées en fonction de l'importance de leur chiffre d'affaires, publiée par le magazine américain *Fortune*.

concept de SOA, ouvert notamment aux services Internet (Web services), a été développé. Il recouvre un système flexible de plate-forme d'intégration d'applications diverses exploitables notamment en ligne (Internet/Extranet). Ce système est à la fois ouvert (à plusieurs types d'applications), à géométrie variable (adapté aux grandes entreprises comme aux PME/PMI) et transversal (couvrant toutes les fonctions) ; les applications peuvent relever d'environnements différents (.net de Microsoft, Java de Sun, Unix-Linux, etc.) et être exploitées sous licences propriétaires (*in-house*) ou en info-gérance (*on-demand*) sur les systèmes des ASP (*Application Services Providers*). Ces services permettent aux utilisateurs de substituer des coûts variables de location aux coûts fixes d'achats d'équipements et de licences d'exploitation de logiciels (à l'instar de la plupart des autres utilités). La multiplication des logiciels libres *(open source)* a par ailleurs favorisé l'entrée sur le marché de nouveaux compétiteurs comme Salesforce.com, Netsuite, Entilium, etc.

Grâce à ce nouveau type de plate-forme collaborative, les processus et les systèmes de l'entreprise cliente peuvent être reconfigurés par des procédures accélérées de tests et de validation, afin d'être adaptés à ses dernières avancées technologiques et commerciales. Cette « densification » des *process* (ou développement en « temps réel ») est rendue possible par l'« architecture en couches d'applications » des nouvelles plate-formes. Celles-ci dissocient les logiciels de traitement des données (*Executive Information Systems*[1] ou EIS), de management et d'intégration de processus (Business Process Management ou BPM, etc.), d'applications fonctionnelles (CRM, SCM, BSC, BI, etc.). La flexibilité et la sécurité de l'ensemble sont assurées par des progiciels de supervision (Business Activity Monitoring ou BAM, etc.) et de sécurité (Single-sign-one, etc.), afin de répondre au principe de « flex-sécurité ». Cette configuration semi-intégrée permet de personnaliser et de

---

1. Tableau de bord de gestion personnalisé.

diversifier la couche des applications sans modifier les couches des systèmes d'exploitation.

Cette nouvelle génération d'architecture-système, d'applications et de services informatiques, a ouvert de nouveaux marchés aux créateurs de SSII. Ces derniers peuvent proposer à leurs clients (PME et particuliers) une gamme plus ou moins étendue de progiciels et/ou logiciels (propriétaires ou libres, exploités sous licence ou en info-gérance), et de services (audit, contrôle, développement, assistance, formation), couvrant tout ou partie des fonctions de gestion de l'entreprise ou des besoins en bureautique des particuliers. Cependant, ces nouvelles opportunités offertes aux start-up des secteurs informatique et bureautique rendent d'autant plus difficile leur positonnement stratégique.

Les métiers indépendants de l'*e-business*

Les métiers directement liés à Internet présentent certains traits communs avec ceux de l'informatique. Ils diffèrent néanmoins d'un marché, d'une fonction et d'un modèle d'affaires à l'autre.

▸ Les marchés de l'*e-business*

Les marchés de l'*e-business* recouvrent des groupes de consommateurs homogènes de produits et/ou de services commercialisés grâce aux TIC. Ces marchés constituent la « Net économie », l'« économie Internet », la « *frictionless economy* », ou l'« économie virtuelle » (Hedberg)[1], etc.

Les stratégies des décideurs de l'*e-business* sont **globales** lorsqu'elles distribuent des services standards à l'échelle internationale ; ou **locales,** lorsque ces services sont personnalisés (« *customisés* ») au niveau local.

---

1. La « nouvelle économie » recouvre les technologies de la troisième révolution industrielle : NTIC, informatique, biotechnologies, microélectronique, nouveaux matériaux, ingénierie technique (Maître et Aladjidi).

▶ Les métiers de l'*e-business*

Les métiers de l'*e-business* sont basés sur des transactions (achats, ventes, courtages, enchères, traitements, etc.) utilisant principalement les TIC.

▶ Les modèles d'affaires *(business models)*[1] de l'*e-business*

Les métiers de l'*e-business* sont reconfigurés en fonction des générations de modèles d'affaires successivement conçus et lancés sur les marchés par les créateurs de start-up :

Tableau 2. Les types de business model de l'e-business

a) Modèles orientés B to C

Modèles B to C de la première génération

Intitulé	Objet
Modèle publicitaire	Vente d'espaces publicitaires sur internet
Modèle par abonnements	Vente d'accès à l'information (générale ou spécialisée)
Modèle transactionnel	Vente de produits par Internet *(e-tailing)*

Modèles B to C de la deuxième génération

Web services	E-learning, jeux, etc.
E-auctions	Enchères C to C, B to B
E-access	Sites portail, moteurs de recherche
Hubs, communities, etc.	Sites avec forum, *chat groups*, etc.

Modèles B to C de la troisième génération

Consumer devices (killer applications)	Distribution de musique (MP3, RIO, etc.) et vidéo ; e-recrutement, etc.

b) Modèles orientés BtoB

Modèles B to B de la première génération

Places de marché électroniques	Centrales d'achat, bourses électroniques
Supply chain management ou SCM	CAO, LAO, PAO, MAO, QAO assistés par des NTIC

.../...

---

1. Structure de l'offre d'une entreprise créatrice de valeur pour ses clients et pour son créateur.

.../...

	Fourniture en ligne de progiciels de *datamining*, d'EIS, d'ERP, etc. (accès limité ou *open source* type Linux)
E-business intelligence	
Body shopping	Interim en ligne

Modèles B to B de la deuxième génération

Solutions IT	Progiciels de sécurité, d'imagerie, etc.
Internet technology	Vo IP, communication sans fil (Wifi), etc.

Modèles de la troisième génération

Web services	
Solutions on-demand	Traitement et stockage des données du client par les systèmes du fournisseur
(infogérance)	

Les familles de métiers exercés par les créateurs de start-up de l'internet se répartissent globalement entre d'une part les exploitants de modèles d'affaires sur leurs propres sites Internet (la vente en ligne de produits ou services standard ou originaux constitue un complément indispensable à l'exercice d'un métier indépendant dans le commerce, l'artisanat, les arts, le tourisme, mais aussi les services à la personne, le développement durable, le conseil et la formation[1]) ; et d'autre part les **consultants** (ingénieurs-conseil, développeurs, etc.), dont la fonction consiste exclusivement à assister les exploitants dans la mise en place de leurs sites (lire le chapitre 15).

La démarche de création de start-up

La démarche type de création d'une PME dans le secteur des TIC est présentée dans le chapitre 2. Plus que dans les autres activités, elle est soumise à des contraintes de temps, en raison du cours délai du cycle de vie du produit ou service offert par l'entreprise.

---

1. Lire les deuxième et troisième parties de l'ouvrage.

Les temporalités du nouvel entrepreneur

Le temps exerce une pression croissante sur les créateurs de start-up, qui ont pu être qualifiés d'« entrepreneurs de la nouvelle économie » (Maître, Aladjidi, 1999). Ces derniers doivent en effet concevoir, développer et contrôler leurs systèmes d'offres (*business models*) et leurs plans opérationnels (*business plans*), dans des contraintes temporelles multiples : délai entre la conception et le lancement du produit, temps du cycle de vie du produit, fabrication en juste-à-temps ou à zéro délai, livraison du client en temps limité (marché-minute), communication en temps réel, temps de réaction à la concurrence, délai d'utilisation des capitaux de départ *(cash burning)*, fenêtre d'opportunité du projet[1], vitesse de changement d'échelle de l'entreprise, délai d'introduction en Bourse (Time-to-Initial Public Offering), etc. La maîtrise de ces nouvelles temporalités devient l'un des principaux défis lancés aux créateurs d'entreprises.

Les résultats d'une enquête de terrain permettent de dégager trois principales approches – à la fois complémentaires et interdépendantes – de la temporalité des start-up :

– La première mobilise une rationalité technico-économique et traduit une logique de processus, par laquelle « le temps est de l'argent ».

– La deuxième fait appel à une rationalité sociopolitique et s'appuie sur une chronologie de rites sociaux, par lesquels « le temps est ritualisé ».

– La troisième sollicite une rationalité psychique et repose sur un champ d'émotions passées et présentes, par lequel « *l'écoulement du temps est facteur de stress* ».

Le poids du stress

Dans le cas de projets mal engagés, on constate la montée progressive chez leurs promoteurs d'états de stress, marqués par des

---

1. Période favorable à la création de la start-up.

comportements anxieux, angoissés et hyper-actifs. Ces états sont le plus souvent attribués à la crainte d'être incapables de gérer les processus de création de valeur et de maîtriser les calendriers des projets. Ils empirent en cas d'approches divergentes du temps entre les partenaires industriels, commerciaux et financiers des projets, introduisant ainsi une polychronie dans leur gestion. Ces états pèsent notamment sur les capacités des porteurs de projets à prendre des décisions raisonnées dans l'urgence[1] ; ils sont générateurs d'effets de déconcentration[2], de « déréalisation »[3] et de « dépersonnalisation »[4] face aux problématiques rencontrées. Des événements traumatiques passés peuvent alors être revécus de manière plus ou moins récurrente, par des représentations, des images et des rêves, contribuant à aviver l'état de tension des sujets. Ces séquences sont le plus souvent assorties d'états d'agitation, d'instabilité et de fatigabilité excessives. Les entrepreneurs les plus exposés paraissent être ceux qui ont rencontré le plus d'échecs de toute nature dans leur passé récent et/ou ancien. L'observation montre que l'effet d'expérience accumulé par des entrepreneurs grâce à la participation à plusieurs projets antérieurs, a ainsi pour contrepartie – dans le cas d'événements traumatisants – une plus grande exposition au transfert de leur vécu émotionnel passé. Dans ce « temps profond », les échecs enfouis (plus ou moins consciemment vécus comme des échecs) sont alors perçus comme intemporels (non datés) et décontextualisés : la crainte d'un effondrement de leurs projets suscite chez les sujets sensibles des rémanences d'épisodes traumatiques pouvant être indifféremment d'origine familiale, médicale, scolaire, universitaire, sportive ou professionnelle.

---

1. Certains enquêtés révèlent que ces états peuvent occasionner des incapacités temporaires à réfléchir et même des difficultés à s'exprimer et à écrire.
2. Perte d'attention à une problématique de gestion.
3. Perte du sens de la réalité d'une situation de gestion.
4. Perte d'implication du sujet dans une situation de gestion.

Les ressources financières et humaines

Les ressources financières

Les JEI – et notamment les « jeunes pousses » des TIC – peuvent bénéficier des sources de financement classiques présentées dans le chapitre 3, mais également recevoir des apports financiers spécifiques (réservés notamment aux JEI).

▸ Les financements spécifiques des start-up

Le créateur de start-up doit arbitrer entre plusieurs sources possibles de financement des investissements et de l'exploitation de l'entreprise : autofinancement, apports en capitaux propres (actions, parts sociales), concours bancaires, crédit commercial, techniques spécifiques de financement. La stratégie et l'ingénierie financières mises en œuvre évoluent en fonction de la phase du cycle de vie de l'entreprise.

Graphique 1. Les stratégies financières des phases du cycle de vie de la JEI

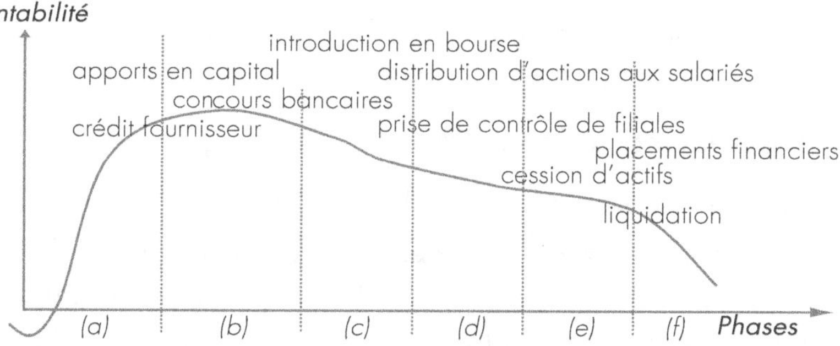

En phase de création (a) et de développement (b), les JEI font généralement appel au **capital-investissement** (ou ***private equity),*** qui regroupe différentes techniques d'apports en capitaux propres et quasi-propres (dettes subordonnées) à des sociétés non cotées en Bourse.

Tableau 3. Les techniques de capital-investissement

Intitulé	Objet
Capital d'amorçage Seeding capital	Financement de la R&D pré-création
Capital-risque Capital-création Venture capital	Financement de la création d'entreprise et des frais de lancement du nouveau produit *(time-to-market)*
Capital-développement	Financement de l'accroissement des capacités de production et/ou distribution et du BFR
Pre-IPO* Pré-cotation	Financement d'une introduction en Bourse
Rachat d'entreprise avec ou sans LBO**	Financement de l'acquisition d'une entreprise ou de la création d'une société holding
Capital-transmission	Financement du rachat des parts du fondateur de l'entreprise
Rachat de positions minoritaires	Financement des actions de minoritaires
Capital-retournement	Financement d'une entreprise en difficulté

* Initial Public Offering : *introduction en Bourse (sur un « nouveau marché »).*

** Leveraged Buy-Out : *opération à effet de levier.*

▸ Les principaux financeurs

On en compte deux types.

– Les *sociétés de capital-risque* sont principalement des départements spécialisés ou des filiales de banques (bénéficiant d'une plus ou moins grande autonomie par rapport à sa société mère), mais ils peuvent également être des sociétés indépendantes, des fonds *corporate* (relevant de groupes industriels) ou des sociétés à vocation régionale. Ces organismes investissent des sommes pouvant aller jusqu'à 300 000 euros dans le capital social des jeunes entreprises innovantes. Ce type de financement reste limité en France, en raison de la forte sélectivité des projets par les « capital-risqueurs » (notamment depuis la crise de 1999) et des réticences de certains créateurs à faire entrer dans leur capital des investisseurs extérieurs.

– Les « *business angels* » sont des personnes physiques qui investissent une part de leur patrimoine dans une entreprise innovante à potentiel et qui, en plus de leur argent, mettent gratuitement à disposition de l'entrepreneur, leurs compétences, leur expérience, leurs réseaux relationnels et une partie de leur temps. En France, Les *business angels* sont plus de quatre mille, sont regroupés en réseaux locaux. La fourchette des investissements réalisés par les business *angels* est généralement comprise entre 10 000 et 250 000 euros. Les *business angels* sont souvent plusieurs à investir dans un même projet, ce qui leur permet de partager les risques, d'investir dans plusieurs projets à la fois ou encore, de pouvoir financer la création d'un projet plus important.

Les ressources humaines

Parmi les capacités et les compétences que doivent plus particulièrement maîtriser les entrepreneurs dans les TIC, figurent la maîtrise de « l'e-management » et l'aptitude à s'organiser en réseau. Si les formations aux métiers de l'informatique et de l'Internet sont variées, elles présentent certains points communs. Elles impliquent notamment la détention d'un diplôme de niveau bac + 2 à bac + 5 délivré par une école d'ingénieur ou une université (sauf pour les métiers de commerce B to C standard), en informatique (Master Méthodes Informatiques Appliquées à la Gestion des Entreprises ou MIAGE) et/ou en TIC, ainsi qu'une bonne connaissance de l'anglais, complétée par des connaissances en gestion d'entreprise. Une expérience significative de salarié dans une SII ou une start-up de l'Internet, constitue un atout supplémentaire.

▶ La maîtrise du management d'une entreprise

La création d'une PME dans les secteurs des TIC implique la maîtrise du management d'entreprise et de l'*e-management* (ou gestion par Internet, Extranet et/ou Intranet), qui recouvre l'ensemble des modèles, des systèmes et des comportements individuels et collectifs, destinés à créer de la valeur (pour les clients, les salariés, les actionnaires et les tiers), grâce à l'exploitation – assistée par les TIC – de ressources immatérielles (compétences, fonds de commerce, image de marque, brevets, logiciels, services, etc.), de ressources matérielles (équipements, produits, etc.) et de ressources financières.

Ces systèmes doivent contribuer à la création de valeur pour les clients par toutes les fonctions de l'entreprise.

Afin de mieux répondre aux besoins des PME/PMI, un nouveau concept d'Architecture Orientée Services (AOS), ouverte notamment aux services Internet (*Web services*), a été développé à la fin des années 1990. Il recouvre un système « inter-opérable » de plate-forme d'intégration d'applications diverses exploitables notamment en ligne (Internet/Extranet/Intranet). Ce système est à la fois **ouvert** (à plusieurs types d'applications), à géométrie variable (adapté aux grandes entreprises comme aux PME/PMI) et transversal (couvrant toutes les fonctions) ; les applications peuvent relever d'environnements différents (.net de Microsoft, java de Sun, unix, Linux, etc.). Elles peuvent être exploitées sous licences propriétaires (*in-house*) ou en info-gérance (*on-demand*) sur les systèmes des ASP (*Application Services Providers*). Ces services permettent aux utilisateurs de substituer des coûts variables de location aux coûts fixes d'achats d'équipements et de licences d'exploitation de logiciels (à l'instar de la plupart des autres utilités).

▶ Le développement en réseau

Le développement des nouvelles technologies de l'information et des télécommunications a contribué au déploiement des réseaux d'entreprises, définis comme des ensembles, liés par des contrats, de salariés (activités délocalisées), de sous-traitants (activités externalisées) et de partenaires (activités partagées). Selon l'activité exercée, le créateur doit opter pour une ou plusieurs des organisations possibles en réseau. Leur mise en œuvre requiert une capacité d'empathie et des qualités relationnelles, dans la mesure où le réseau non hiérarchisé n'est lié que par des contrats et des processus plus ou moins intégrés.

Tableau 4. Les modèles de réseaux d'entreprises de la Net économie

Modèles	Caractéristiques
Techno-entreprise	Organisation en réseau fonctionnant grâce aux TIC.
Télé-entreprise	Organisation pratiquant le télétravail (travail à distance ou *tele-commuting*).
Entreprise-réseau	Entreprise repliée sur son cœur de métier (*core business*) faisant appel à des sous-traitants.
Cyber-entreprise	Entreprise dématérialisée réduite à une plate-forme électronique.
Cyber-projet	Projet développé en ingénierie concourante (*groupware*).

Les difficultés et les risques

Les principales difficultés et risques rencontrés par les entrepreneurs de ces secteurs d'activité, ne sont pas inhérents à l'importance des investissements de départ (généralement limités), mais plutôt, à l'**innovation technologique accélérée** (qui implique un effort constant de R & D et de veille technologique) et à la concurrence qui émane des « majors » internationaux (ou « *blue chips* ») et des autres start-up, qui s'efforcent d'atteindre rapidement la taille critique. Elles diffèrent toutefois selon les marchés.

Sur les marchés **B to B** et **B to A**, le risque majeur réside dans un déréférencement de l'entreprise par un gros donneur d'ordres et dans une baisse de conjoncture qui affecte durablement ses contrats.

Sur le marché **B to C,** le danger provient notamment des « migrations de la valeur » attendue par les clients, qui privilégient successivement, pour un même standard de produit vendu en ligne, une fonctionnalité, puis un prix, puis des services connexes, puis une image de marque, etc. L'offre de la start-up doit en conséquence être adaptée aux migrations de valeur attendues par les marchés.

Synthèse

L'observation des métiers dans le vaste secteur des TIC – aux frontières encore incertaines – met en lumière la diversité, la complexité et la volatilité de la plupart des projets pouvant être engagés par les créateurs d'entreprise. Elle est également enrichissante en ce qu'elle préfigure les conditions d'accès et d'exercice de nombreux métiers de demain, qui seront, pour la plupart, à la fois techniques, instables, ouverts et « encastrés » dans des réseaux socioprofessionnels multiples, liés par des systèmes de travail collaboratif. Les ressources à mobiliser seront moins financières et matérielles qu'immatérielles et virtuelles.

Les métiers du conseil, de la formation et du coaching

Les métiers du conseil, de la formation et du coaching présentent de nombreux traits communs avec les métiers des TIC, dont ils constituent parfois le prolongement. Des traits communs avec le domaine des services aux personnes sont aussi à souligner. Ils recèlent des gisements importants d'emplois indépendants, principalement dans les domaines du management des entreprises et des administrations, et désormais dans l'accompagnement de l'entrepreneuriat avant et après création.

Ces marchés sont toutefois marqués à la fois par une très forte concurrence entre grandes et petites structures et par des effets de réseaux relationnels entre les différentes parties prenantes concernées (organismes clients, grands cabinets, groupements professionnels, établissements d'enseignement, etc.).

L'accès aux marchés, les ressources financières et humaines à constituer, les conditions d'exercice de ces métiers, présentent des spécificités qui seront successivement analysées.

Les gisements d'emplois

Les métiers du conseil

▶ Définition

Les métiers du conseil en management consistent à assister les dirigeants d'entreprises, d'administrations ou d'associations dans leurs prises de décision. Les consultants réalisent pour le compte de leurs clients, des **diagnostics stratégiques, études de marché, audits organisationnels, expertises diverses**, etc. Par leur connaissance des technologies, des marchés, des métiers, des processus organisationnels, des systèmes de pilotage et des « bonnes pratiques », ils contribuent à améliorer la pertinence des stratégies, l'efficience des systèmes et l'efficacité des acteurs, et donc, les performances des organisations de leurs clients. Ils interviennent dans les principaux **domaines** suivants :

- stratégie et organisation ;
- systèmes d'information ;
- management ;
- développement commercial et marketing ;
- positionnement identitaire ;
- gestion du temps ;
- finances et contrôle de gestion ;
- R&D, etc.

Le marché du conseil est généralement structuré en six lignes de services :

- organisation/opérations (31 %) ;
- le management de projet (20 %) ;
- l'IT consulting[1] (18 %) ;
- la stratégie (15 %) ;
- la conduite du changement (1 %) ;
- le conseil RH (5 %).

---

1. Conseil en technologies de l'information.

▸ Intervention

Le conseil intervient à différents niveaux : depuis l'analyse et le diagnostic d'une problématique de gestion, jusqu'à la conception et la mise en œuvre de la solution retenue, dont il évalue ensuite l'efficacité. Dans tous les cas, l'objectif est d'adapter les entreprises aux changements, de contribuer à leur développement et d'assurer leur pérennité. Les leviers de changement sont **opérationnels** (organisation d'une ligne de production, création et lancement de nouveaux produits, aide à la vente, reconfiguration de systèmes d'information, etc.) et **stratégiques** (diagnostics et décisions stratégiques, définition de chartes d'entreprises, réingénierie de processus, plans de communication, etc.).

▸ Marché

Le marché du conseil en management a pratiquement triplé au cours des années 2000, atteignant un chiffre d'affaires d'environ 8 milliards d'euros en 2008. Le marché connaissait cependant un recul en 2009, sous l'effet de la crise. Plus de quarante mille entreprises sont immatriculées à l'INSEE avec le code NAF 741G « Conseil pour les affaires et la gestion », mais ce chiffre inclut de nombreuses entreprises n'ayant ni personnel ni chiffre d'affaires. On estime à environ mille chaque année, le nombre de nouveaux conseillers indépendants, ce qui rend le marché particulièrement concurrentiel, notamment en Île-de-France. Sur les onze mille cinq cents structures déclarant réaliser effectivement des missions de conseil en management, 28 % sont situées en Île-de-France. Par ailleurs, 55 % du chiffre d'affaires du secteur du conseil est réalisé par soixante et onze entreprises (Capgemini, Accenture, Ernst & Young, KPMG, etc.). Les principaux secteurs recourant au conseil sont les banques et assurances (31 %), l'industrie (28 %), les telecoms, la distribution ou encore le secteur énergétique. Le secteur public – surtout les administrations centrales – est un marché prometteur en raison de l'ampleur des réformes administratives en cours.

▸ Missions

Indépendants et sociétés de conseil n'exercent pas les mêmes missions. Les premiers se concentrent sur la conduite du changement et le conseil en RH, qui représentent 60 % de leurs missions. La plupart des indépendants reconnaissent qu'il leur est impossible d'avoir la compétence nécessaire pour pratiquer des missions d'*outsourcing* (mise en sous-traitance), d'*IT consulting* (management technologique) ou encore de développement & intégration, qui sont l'apanage des grands cabinets.

Il n'existe pas dans le paysage des indépendants du conseil ou du *coaching*, une quelconque institution régulant l'activité. L'activité de conseil n'est pas réglementée, mais le cumul d'activités de conseil et d'audit est interdit. L'entrepreneuriat indépendant ouvre une opportunité de développement d'autres activités de conseil.

L'ingénierie de formation

Les métiers de la formation consistent à transmettre des connaissances et des pratiques. Les activités de la formation sont constituées d'un cœur de métier – l'**ingénierie de formation** – et d'**activités intégrées** qui tendent à se développer.

▸ L'ingénierie de formation

L'**ingénierie de formation** comprend le diagnostic et l'analyse des besoins, la conception du parcours pédagogique, l'acte de formation, l'accompagnement des apprenants et enfin l'évaluation.

▸ Les activités intégrées

Les **activités intégrées** regroupent les actions de bilan, d'orientation, d'accompagnement, d'aide à l'insertion professionnelle, de gestion de la formation et le développement commercial.

Ces métiers sont en perpétuelle évolution, en raison des avancées des théories et des pratiques de management, mais aussi des techniques de formation, sous l'effet des nouvelles technologies de la communication et de l'information. L'*e-learning* (apprentissage en ligne) constitue un marché en pleine expansion. Il utilise les nouvelles technologies multimédias de l'Internet pour améliorer la qualité de l'apprentissage en facilitant, d'une part, l'accès à des ressources et à des services, et d'autre part, les échanges et la collaboration à distance.

Le secteur de la formation est particulièrement encadré, car il répond à une volonté du législateur d'encourager la possibilité pour chaque salarié, tout au long de sa carrière, d'améliorer sa qualification professionnelle ou d'en acquérir une nouvelle. Ainsi, la formation professionnelle se décline sous différents statuts :

- congé individuel de formation (CIF) ;
- droit individuel à la formation (DIF) ;
- plan de formation ;
- validation des acquis de l'expérience (VAE).

Chaque année, deux millions de personnes suivent une action dans le cadre des plans de formation des entreprises de plus de dix salariés (hors bilan de compétence) et du DIF, né de la réforme de 2004.

Ces différents statuts de formation ouvrent de nombreuses opportunités pour les formateurs. Cependant, certains employeurs privilégient la formation interne par des formateurs salariés ; d'autres préfèrent externaliser la formation en recourant à la sous-traitance ; ils font alors appel à des universités, à des IUT ou à des écoles de management, à des organismes privés de formation (comme Cegos, Demos, Cesi, etc.) ou à des formateurs indépendants.

La formation professionnelle continue représente un secteur économique important dont le chiffre d'affaires était estimé à 9 milliards d'euros en 2008, avec un taux de croissance moyen de 4 %

par an. C'est un marché éclaté, constitué de plus de sept mille cinq cents organismes de formation et de cent vingt-cinq mille formateurs indépendants. Les domaines de formation les plus recherchés sont :

- les langues ;
- la bureautique ;
- l'informatique ;
- le management (dont développement des compétences relationnelles, gestion du stress, techniques de communication, art de stimuler des équipes, formations comportementales, etc.).

Le Conseil Régional d'Île-de-France (Dispositif CAP Entreprise) accorde des financements à des organismes de formation, sélectionnés par voie de marchés publics.

Les formateurs indépendants doivent respecter diverses contraintes :

– Déclarer leur activité : dès la conclusion du premier contrat ou de la première convention de formation professionnelle, le prestataire est tenu de déposer une déclaration d'activité auprès de la préfecture de région.

– Établir un bilan financier et pédagogique : le formateur doit établir chaque année un bilan à l'attention du service régional de contrôle de la formation professionnelle (DRTEFP).

Le « coaching »

Le coaching désigne l'accompagnement de personnes ou d'équipes pour développer leur potentiel et de leur savoir-faire dans le cadre d'objectifs professionnels. Il peut s'exercer sur une personne (contrairement au conseil, qui s'applique au poste de travail) ou sur une équipe afin de :

- renforcer l'autorité du dirigeant ;
- faciliter l'identification des enjeux lors d'une prise de poste ;

* aider à gérer le stress ;
* améliorer les relations entre collègues dans l'entreprise ;
* renforcer la cohésion d'équipe.

Le coach aide le client à mieux comprendre ses faiblesses et ses forces, à identifier ses limites et ses possibilités, à gérer au mieux ses émotions (intelligence émotionnelle) et à conforter son assise identitaire. Il s'étend progressivement du *top* au *middle* management.

Les **codes déontologiques** du métier définissent des pré-requis : l'exercice du métier de coach présuppose une formation, une expérience d'entreprise, la réalisation d'un travail sur soi et l'existence d'un lieu de supervision. Il existe une quarantaine d'écoles de *coaching* et trois universités délivrent un diplôme d'études supérieures d'université de coaching (DU Paris II-Assas, DESU Paris VIII, DESU Aix-Marseille), ainsi que le CNAM.

Dans le cadre professionnel, le coaching semble entrer dans sa phase de maturité. Un nombre croissant d'entreprises y a recours. Cette pratique ne bénéficie aujourd'hui d'aucun cadre juridique, ce qui rend sa quantification difficile. Sur les trois mille à trois mille cinq cents personnes qui se revendiquent coachs, seules cinq cents exercent de manière régulière. Le coaching s'exerce souvent en plus d'une autre activité. Cependant, on peut globalement estimer que c'est un marché embryonnaire d'environ 130 millions d'euros par an.

Une adaptation du « concept » de coaching aux besoins de l'entrepreneuriat est très probable, du fait des ressources utiles potentielles d'expériences et de compétences provenant des seniors.

Les démarches de création d'entreprise et le choix du statut juridique approprié

La recherche d'emploi

Le consultant indépendant s'installe à son compte entre 26 et 60 ans (en moyenne à 38 ans) après avoir exercé le métier de consultant salarié (43 %), ou de cadre opérationnel (48 %).

Les démarches de recherche d'emploi indépendant dans ces secteurs d'activité suivent les prescriptions générales présentées au chapitre 3. Toutefois, le succès de ces démarches repose – plus que dans les autres métiers – sur l'appui d'un réseau relationnel efficace et sur le respect des normes professionnelles.

▸ Le développement d'un réseau relationnel

Le lancement dans une activité de conseil, de formation ou de coaching, repose fondamentalement sur le développement de **réseaux relationnels** orientés vers les prospects, les clients et les partenaires potentiels. Pour acquérir une notoriété au sein de ces réseaux, l'entrepreneur indépendant doit faire preuve d'empathie, adhérer à des associations professionnelles, écrire des articles dans les revues professionnelles spécialisées, publier des ouvrages, disposer d'un site Internet attractif, etc.

Afin d'acquérir les connaissances et les compétences requises pour ses missions, il doit **se former en permanence**. Le nombre de jours travaillés d'un conseil ou d'un formateur variant entre cent vingt et cent cinquante jours par an, il doit procéder à une veille documentaire et/ou technologique. Cette formation individuelle est une démarche personnelle qui peut revêtir plusieurs formes : échanges avec des collègues et/ou concurrents, lecture de livres ou de revues spécialisées, assistance à des colloques, etc., mais aussi suivi de formations auprès d'universités ou d'organismes tels que la DFCG[1], la Cegos ou encore Francis Lefevre.

Les consultants et les formateurs indépendants interviennent fréquemment comme sous-traitants de groupes importants. La sous-traitance représenterait 15 % de leur chiffre d'affaires. Ce recours est un moyen efficace pour lancer son activité et se faire connaître par l'intermédiaire d'un grand cabinet. Une fois leur « tête de réseau » constitué, les entrepreneurs indépendants peuvent développer leur propre clientèle. Au fur et à mesure que s'installe la confiance entre le cabinet et le formateur ou le consultant, ce dernier doit lui-même sous-traiter à d'autres indépendants.

▸ La démarche qualité

Ces métiers sont soumis à un ensemble de normes, labels et certifications s'inscrivant dans le cadre d'une **démarche qualité.** Les **normes** appliquées à la formation continue sont des normes AFNOR et ISO 9001. Elles permettent de faciliter la relation de client à fournisseur en mettant à leur disposition un cadre d'action et un langage commun. Elles permettent une plus grande lisibilité de l'offre et une meilleure expression des besoins. Les principales normes AFNOR sont les suivantes.

– **NF X 50-750** « Formation professionnelle-Terminologie ». Ce document et son fascicule FD X 50-751 définissent les termes les plus usuels dans le domaine de la formation.

– **NF X 50-755** « Demande de formation-méthode d'élaboration de projets de formation ». Ce document définit l'étape d'analyse des besoins, qui précède l'élaboration d'un cahier des charges de la demande de formation.

– **NF X 50-756** « Formation professionnelle ; demande de formation ; cahier des charges de la demande ». Cette norme permet de clarifier la demande émanant d'une entreprise qui s'adresse à un prestataire de formation.

---

1. Association des Cadres Financiers et de Contrôle de gestion (revue *Échanges*).

- **NF X 50-760** « Formation professionnelle ; organismes de formation ; information relatives à l'offre ». La norme précise les critères facilitant l'expression d'une offre de formation à travers la plaquette de présentation de l'organisme, son catalogue et sa réponse à une demande de formation.
- **NF X 50-761** « Formation professionnelle ; organismes de formation ; service et prestation de service : spécification ». La norme définit les caractéristiques du service fourni par l'organisme de formation et les moyens nécessaires à la réalisation de ce service.

Les normes ISO définissent un système d'assurance de la qualité. Elles ne s'attachent pas à la qualité du produit ou du service. Le système garantit au client que l'entreprise a écrit ce qu'elle fait, et qu'elle fera rigoureusement ce qu'elle a écrit. La norme ISO 9001 peut s'appliquer au domaine de la formation professionnelle, parce qu'elle prend en compte l'ensemble du processus de formation, depuis la conception jusqu'à l'évaluation.

Le **label** est un signe distinctif relatif à la qualification du produit ou du service. Il informe les consommateurs sur leurs caractéristiques et sur leurs niveaux de qualité (à savoir le respect des niveaux de performance annoncés).

La **certification** est un acte par lequel un organisme tierce partie atteste qu'un produit, un système de management de la qualité ou un service est conforme aux exigences spécifiées dans un référentiel par le biais d'un audit. La certification **NF Service formation professionnelle** garantit que l'organisme de formation maîtrise les différents processus liés à la production d'une formation.

Le choix du statut juridique

Les statuts des travailleurs indépendants et des créateurs d'entreprises les plus fréquemment retenus dans ces secteurs sont les suivants.

▸ L'entrepreneur indépendant

Les métiers de la formation et du conseil sont des activités à **faibles risques capitalistiques**. C'est pourquoi le statut d'entreprise individuelle a été jusqu'à présent le statut le plus utilisé. Cependant, l'entrepreneur ne bénéficie pas du régime général de Sécurité sociale : il relève du régime des travailleurs indépendants pour la maladie et du régime des professions industrielles et commerciales pour la retraite. En cas de cessation d'activité, il ne peut percevoir d'allocations chômage. Par ailleurs, ce statut n'est pas adapté aux activités vouées à un développement rapide, car il ne permet pas la participation d'autres partenaires : le patrimoine de l'entreprise reste limité à celui de l'entrepreneur, ce qui peut constituer une entrave à sa croissance. Enfin, ce statut a peu de poids auprès des clients et des sous-traitants, et encore moins auprès des banquiers.

▸ Le portage salarial

Le statut de portage salarial permet à une société de portage de facturer le client et reverser une partie au consultant, sous forme de salaire, après déduction des cotisations sociales, patronales et des frais de gestion (généralement 10 %). Durant l'intervention, il n'y a donc pas de lien de subordination entre l'intervenant et le client. Ce statut permet au salarié de réaliser des prestations de service auprès d'entreprises dans les conditions d'un indépendant tout en gardant son statut de salarié (auprès de la société de portage). L'idée est de pouvoir tester le démarrage d'activité et se constituer un début de clientèle en prenant le moins de risque possible. Comme pour le salarié indépendant, ce statut n'est pas permanent, car une fois le test réussi, l'intervenant se met généralement à son propre compte.

▸ L'auto-entrepreneur

Depuis le 1ᵉʳ janvier 2009, plusieurs réformes ont été réalisées pour promouvoir l'entrepreneuriat, notamment la création du nouveau régime de l'auto-entrepreneur, adapté aux conseillers et formateurs qui réalisent de faibles chiffres d'affaires. L'entrepreneur indépendant peut souscrire à ce régime si le chiffre d'affaires est inférieur à 32 000 euros (HT) (pour une activité de prestation de service).

En adhérant à ce régime, l'entrepreneur est dispensé d'immatriculation au registre du commerce et des sociétés ; il bénéficie d'une exonération de TVA et d'un régime microsocial simplifié. L'assurance professionnelle est nécessaire et pour la Sécurité sociale, l'auto-entrepreneur doit valider les trimestres de retraite et acquitter les charges uniquement sur ce qu'il encaisse (21,3 % pour les services). Dans les faits, ce statut d'auto-entrepreneur est réservé à des entrepreneurs qui souhaitent exercer une petite activité et qui n'ambitionnent pas de gagner plus de 2 000 euros par mois. Il peut aussi permettre le démarrage d'une activité.

▶ La société d'actions simplifiée unipersonnelle (SASU)

La SASU comporte de nombreux avantages. Elle offre une très grande liberté dans les statuts et autorise à être président-salarié même en détenant 100 % des parts, contrairement à l'EURL, où l'associé unique est assujetti au régime des travailleurs non-salariés. De plus, La SASU peut être associée d'une autre SAS (ou SASU), ce qui n'est pas le cas de l'EURL. Elle présente donc l'avantage d'être une structure qui facilite le partenariat.

Depuis le 1er janvier 2009, il n'y a plus de capital minimum et l'obligation de nommer un commissaire aux comptes a été supprimée. Par ailleurs, le président salarié garde la possibilité d'équilibrer ce qui lui revient comme salaire. En cas d'augmentation des bénéfices, il peut s'octroyer des primes et en cas de ralentissement temporaire de l'activité, il peut baisser son salaire afin d'éviter de trop endetter l'entreprise. Cet avantage existe aussi dans le cadre d'une EURL, mais le coût social reste plus élevé.

Les ressources nécessaires

Les ressources financières

La plupart des consultants et des formateurs indépendants ont recours à l'**autofinancement** en faisant appel à leur épargne. Néanmoins, pour les professions libérales, Il existe des **sociétés de caution mutuelle** spécialisées : SOPROLIB (Banques Populaires) et INTERFIMO (Crédit Lyonnais) ou encore le Crédit Mutuel.

Ainsi, la SOPROLIB, filiale de la Banque Populaire des Alpes, apporte sa caution pour la bonne fin des crédits souscrits par les professionnels libéraux. Elle leur permet, par ailleurs, de bénéficier de conditions préférentielles sur les crédits, mais aussi sur des services mis en place pour répondre particulièrement à leurs attentes. Basée sur le principe de la mutualisation des risques, la garantie accordée repose sur un fonds de garantie alimenté par les adhésions des emprunteurs. Celui-ci est remboursable à la dernière échéance du prêt, déduction faite de l'éventuelle quote-part de sinistres auxquels la SOPROLIB des Alpes aurait eu à faire face.

Pendant longtemps, les secteurs du conseil et de la formation étaient essentiellement encouragés par le FRAC (Fonds Regional d'Aides au Conseil). C'était une subvention accordée par le Conseil Régional d'Île-de-France et la DRIRE pour encourager les PME-PMI à recourir aux services de consultants spécialisés, afin de favoriser leur compétitivité et développer l'emploi. Or, cette aide a récemment été supprimée et de nouvelles aides, moins globales et davantage ciblées dans des domaines précis, ont alors vu le jour.

▸ Aide à l'innovation

C'est un dispositif financé par OSEO pour favoriser la recherche et le développement de produits ou procédés nouveaux, avec des perspectives de commercialisation, ainsi que le développement de nouveaux services associés à des technologies émergentes. L'aide à l'innovation est une avance à taux nul, remboursable en cas de succès et pouvant représenter jusqu'à 30 % des dépenses internes et externes du projet. Peuvent en bénéficier les entreprises industrielles ou du tertiaire industriel, employant moins de deux mille personnes et n'appartenant pas à un groupe de plus de deux mille personnes ainsi que les créateurs d'entreprises innovantes.

▸ Pré-Conseil Technologique

Cette subvention accordée par le Conseil Régional d'Île-de-France vise à favoriser le développement des PMI franciliennes par la maîtrise de leur développement technologique, en leur facilitant l'accès à des intervenants techniques et la mise en relation avec des centres de compétence.

Elle consiste en une prise en charge de 50 à 70 % des coûts de l'expert (d'un à douze jours avec un plafond 650 euros HT par jour), dans la limite de 5 200 euros. Les principaux bénéficiaires sont les entreprises industrielles ou de services à l'Industrie (hors négoce), n'employant pas plus de deux cent cinquante salariés et non contrôlées à plus de 25 % par un groupe de plus de deux cent cinquante personnes (CA < 50 M € et Bilan < 27 M €) qui doivent être implantées en Île-de-France et ne doivent pas être en difficulté structurelle.

▸ Aide Régionale à l'Innovation et Transfert de Technologie

Cette subvention est accordée par le Conseil Régional d'Île-de-France aux entreprises souhaitant réaliser une étude de faisabilité préalablement à un transfert de technologie. L'étude doit permettre de mieux maîtriser tous les aspects techniques, juridique, économiques, financiers et commerciaux du projet. C'est une prise en charge de 50 % des coûts de l'intervention de l'expert jusqu'à 70 000 euros. Notez que la faisabilité technique doit être réalisée par un expert public. L'étude économique peut être réalisée par un expert public ou privé. Les entreprises pouvant en bénéficier doivent répondre aux mêmes critères que l'aide précédente.

▸ Aide au management environnemental

Cette aide particulièrement ciblée est accordée par l'ADEME (Agence de l'environnement et de la Maîtrise de l'énergie) ou le Conseil Régional d'Île-de-France pour les entreprises faisant appel à un consultant ou un bureau d'étude pour la réalisation d'un diagnostic Environnement, d'une étude technique, ou pour la mise en place de la norme ISO 14001. Ainsi, toutes les entreprises peuvent demander la prise en charge de 50 % à 80 % des coûts de consulting auprès de l'ADEME.

▸ Cap Entreprise

En finançant des formations adaptées, la Région Île-de-France aide salariés, dirigeants ou associés à créer, à reprendre ou à développer des entreprises. Cette aide permet d'encourager les formations, notamment dans le domaine du management. Peuvent en bénéficier les demandeurs d'emploi porteurs de projet et les dirigeants d'entreprises créées depuis moins de quatre ans qui voient alors leurs frais de formation financés, spécifiquement dans des champs liés à la création (ou à la reprise d'entreprise) et au développement post-création : finalisation du plan d'affaires, stratégie commerciale, gestion, organisation juridique, etc.

▸ PM'up

Dernière-née des aides régionales, l'appel à projets PM'up vise à sélectionner les PME et les PMI franciliennes porteuses de projets de développement les plus à même de répondre aux priorités stratégiques du développement économique régional. Ainsi, ces PM'up bénéficient d'un parcours d'appui renforcé reposant sur un accompagnement d'experts sur trois ans, et d'autre part, d'un financement pouvant atteindre 250 000 euros pour des aides au conseil, à l'international, à l'investissement et au recrutement.

▸ OPCA

L'État a encouragé la création d'OPCA afin de collecter et gérer les contributions des entreprises pour la formation. En effet, toute entreprise assujettie à l'obligation de participer au financement de la formation professionnelle peut être tenue de verser tout ou partie de ses contributions aux organismes créés par les partenaires sociaux, agréés par l'État, auxquels elle adhère. Elle peut également gérer elle-même son budget formation si les accords collectifs ne prévoient pas l'adhésion à un OPCA.

L'OPCA détermine librement les règles de financement des formations : montant des prises en charge des coûts pédagogiques et/ou des frais annexes, type et durée des actions de formation jugées prioritaires, paiement direct au formateur ou remboursement à l'entreprise. L'OPCA peut en outre prendre en charge une partie de la formation des tuteurs, et accorder une aide financière à l'exercice des fonctions tutorales. Ces aides peuvent alors bénéficier plus ou moins aux formateurs indépendants.

Les rétributions attendues

Dans les métiers de la formation et du conseil, il existe quatre principaux modes de facturation des missions.

▸ Le « *per diem* » ou taux journalier

Il s'agit d'une facturation à un taux journalier selon la durée prévue. Le tarif journalier peut varier selon la taille du cabinet, sa notoriété et l'expérience de ses consultants. Le tarif pratiqué peut différer si le client est une petite entreprise ou un grand compte.

▸ La régie

La régie est utilisée lorsque la durée de la mission est difficile à estimer. Les honoraires sont facturés sur la base d'un tarif journalier, en fonction du temps réellement passé.

▸ Le forfait

Le forfait est un engagement sur le montant des honoraires, établi en fonction de l'évaluation *a priori*, pour une mission donnée, d'une charge en jour/hommes et d'un tarif journalier. Il est donc important de pouvoir évaluer de façon précise les charges. De plus, les clients n'hésitent plus à négocier les honoraires. Le forfait reste contractuellement dans le cadre d'une obligation de moyen et non de résultat, qui est favorable, dans la plupart des cas, aux missions de conseil et de formation.

▸ Le « *success fee* » ou la rémunération aux résultats

Dans cette situation, les honoraires du consultant dépendent de la réalisation d'objectifs quantifiables. Selon une étude réalisée par Celerant Consulting TNS Sofres, en janvier 2004, 25 % des entreprises interrogées rémunéraient leurs conseils au résultat. Ce mode de rémunération ne peut convenir qu'à certaines missions. Les chiffres d'affaires et les bénéfices des métiers du conseil et de la formation font l'objet d'une fiscalité normalement applicable aux différentes formes juridiques des entreprises.

Les ressources humaines

L'exercice de ces métiers repose sur la connaissance théorique et pratique du domaine expertisé ou enseigné. Dans la plupart des spécialités, un ou plusieurs diplômes d'études supérieures et une expérience professionnelle de plusieurs années sont préférables pour asseoir la crédibilité du conseil ou du formateur. C'est pourquoi l'indépendant ne doit pas trop diversifier son offre de services au risque d'être taxé d'amateurisme.

Les qualités les plus appréciées sont :

* la capacité d'adaptation ;
* la curiosité d'esprit ;
* le sens de l'écoute et de la pédagogie ;
* le goût du partage des connaissances ;
* les capacités d'analyse et de synthèse.

Les difficultés et les risques

Une enquête de Syntec réalisée en 2007 auprès d'un panel de conseils indépendants révèle que la **gestation d'un projet de conseil doit durer au moins un an pour limiter les risques d'échec.** Ce temps de réflexion est consacré à l'étude du marché, à la définition de l'offre de services, à la constitution de réseaux relationnels et à la formation. Le délai nécessaire pour se constituer un premier carnet de commandes est estimé d'un à six mois.

Dans les marchés du conseil et du coaching, il n'existe quasiment aucune barrière à l'entrée et les coûts de sortie sont inexistants. Il en résulte une grande diversité des prix pratiqués et de la qualité des services offerts. Rares sont les indépendants qui jouissent d'une réputation suffisante pour pouvoir pratiquer des prix élevés. Par exemple, dans le domaine de l'ingénierie pédagogique, le taux journalier moyen est compris entre 200 et 900 euros HT.

Dans la pratique, les entreprises et les administrations ayant un besoin de formation ou de conseil se tournent en grande majorité vers des grands réseaux d'organismes, qui eux-mêmes sous-traitent à des indépendants. Les petites structures indépendantes sont donc le plus souvent les premières victimes d'un revers de conjoncture, en raison d'une concurrence plus vive des grands cabinets, seuls capables de fournir une offre complète de services.

La structure du marché de la formation ne permet pas aux indépendants de se reposer sur une clientèle fidélisée à long terme. Ils doivent donc développer en permanence (à des coûts souvent élevés) des réseaux de relations parmi les entreprises et les administrations soumises à des obligations de formation de leur personnel.

Synthèse

Les métiers du conseil, de la formation et du coaching sont soumis à une « hyper-concurrence », en raison de la quasi-absence de barrières à l'entrée de leurs marchés, de la « coopétition » entre grands réseaux et indépendants, et de l'opacité des offres de services de certains cabinets. Les experts réputés dans certains domaines de haute technologie ou de management avancé, et les formateurs orientés vers la reconversion des salariés privés d'emplois, résistent mieux en période de crise. Plus généralement, ces métiers exigent :

- une forte différenciation et un concept original aussi bien en formation qu'en conseil ;
- une démarche aiguisée de prospection de la clientèle ;
- des qualités humaines telles que la pédagogie, l'écoute, l'expertise et la passion du métier ;
- un capital « réseau » pour rompre l'isolement et assurer le développement de son activité ;
- une bonne gestion du temps (entre la production, la démarche commerciale, la veille sur son domaine d'expertise, l'administratif).

Les métiers liés à l'environnement et au développement durable

La protection de l'environnement et des ressources de la planète constitue désormais une priorité dans la plupart des pays industriels et émergents. Les secteurs d'activité qui contribuent directement au respect de cette priorité sont donc particulièrement porteurs d'avenir. Malgré la crise économique actuelle, les « éco-entreprises » – notamment les sociétés d'ingénierie environnementale – ont de fortes perspectives de croissance, que ce chapitre vise à explorer. Cependant, leurs frontières sont parfois difficiles à cerner, car le développement durable concerne pratiquement tous les secteurs d'activité (l'agriculture « verte », le « commerce bio », l'« éco-tourisme », etc.).

Les gisements d'emplois indépendants, les démarches de création, les ressources financières et humaines et les difficultés d'exercice de ces métiers seront successivement abordés.

Les gisements d'emplois

Les métiers du développement durable

La protection de l'environnement revêt une importance de plus en plus grande, sous la pression à la fois du marché et des réglementations qui encadrent le développement durable. La plupart des entreprises industrielles et commerciales intègrent les principes du développement durable dans la conception de leurs produits et dans le fonctionnement de leurs organisations. Certaines d'entre elles – qui constituent l'objet de ce chapitre – ont placé le développement durable au cœur de leur métier. Ces **éco-entreprises** peuvent être regroupées en **sept catégories d'activités** :

- les déchets ;
- l'eau ;
- l'énergie ;
- l'air et le bruit ;
- les risques industriels et environnementaux ;
- l'aménagement du territoire ;
- le développement durable et le management environnemental.

▸ L'activité « déchets »

Elle couvre la collecte, le tri, la récupération, le recyclage ou l'élimination, enfin le traitement des déchets ménagers, industriels, dangereux et non dangereux, issus des collectivités ou des particuliers. Parmi les métiers pouvant être exercés en indépendant, figure celui de **conseiller en gestion de déchets.** Ce dernier est chargé d'identifier les infractions aux règlements, de réaliser des diagnostics et de proposer des actions correctives. Son rôle est également financier : après avoir rédigé un cahier des charges, organisé des consultations, lancé des appels d'offres, il fait exécuter les prestations exigées et contrôle leur application. Il participe également à la valorisation des déchets et permet ainsi à ses clients d'en retirer une source de revenus.

▸ L'activité « eau »

Elle comprend les métiers de la chimie et du traitement de l'eau. Par exemple, l'**hydrobiologiste** dresse le bilan détaillé et le diagnostic de l'état biologique des pollutions existantes, des dommages subis par la faune et la flore, définit des objectifs d'amélioration de la qualité des eaux. Il a des fonctions d'encadrement s'articulant en trois phases :

* planification et programmation des campagnes d'études ;
* opérations de terrain, d'études et de traitements ;
* synthèse et valorisation des résultats et des données.

Cette dernière phase s'effectue en veillant à réaliser une mise en forme accessible et attractive pour favoriser la prise en compte des enjeux des milieux aquatiques dans les démarches de politique de gestion ou dans les projets d'aménagements locaux.

▸ L'activité « énergie »

Elle comprend les études de faisabilité, de diagnostic et de conseil en matière d'efficacité énergétique et d'énergies renouvelables. Ainsi, le **conseiller « énergie »** pratique des audits visant à analyser les consommations d'énergies afin de déterminer les actions prioritaires, évaluer les investissements nécessaires, et initier des démarches orientées développement durable, destinées notamment à limiter les rejets de gaz à effet de serre.

▸ Les activités « air et bruit »

Elles couvrent la surveillance de la qualité de l'air et de l'environnement sonore des bâtiments industriels et des résidences des particuliers. **L'ingénieur analyste de l'air** surveille la qualité de l'air, à partir des données enregistrées par des stations de captage. Cela lui permet de suivre l'évolution des polluants affectant la qualité de l'air. À partir de ces résultats, il rédige un rapport d'expertise et de conseils visant à réduire les pollutions émises. En cas de risques importants, il informe les services publics et les industries responsables.

▸ L'activité « risques industriels et environnementaux »

Elle inclut les bureaux d'études dans le conseil et l'accompagnement des installations classées pour la protection de l'environnement (ICPE) et les entreprises de recherche-développement en santé et environnement. Ainsi, la mission du **conseiller « prévention des risques »** consiste à permettre aux entreprises de mieux anticiper les risques industriels accidentels ou liés à l'utilisation de substances dangereuses. Il étudie les risques, fournit un diagnostic, préconise des améliorations, élabore un cahier des charges pour la mise en œuvre des moyens de prévention, organise la formation des personnels des entreprises clientes. Il assure une veille réglementaire et technologique afin de garantir à son client les meilleures prestations.

▸ L'activité « aménagement du territoire »

Elle recouvre les bureaux d'études travaillant sur des thématiques transversales en environnement. Les **métiers d'urbaniste**, de **paysagiste** et de **psychologue environnemental** se placent dans cette catégorie.

– L'**urbaniste** crée des espaces et organise des territoires. Il travaille en amont de l'architecte ou de l'ingénieur sur des projets de construction importants. Son rôle est d'anticiper les conséquences techniques, financières, humaines et environnementales d'un projet d'aménagement de la ville. Il doit rechercher les meilleures solutions aux problèmes d'aménagement urbain.

– Le **paysagiste,** lui, a pour mission de créer et de concevoir des aménagements paysagers intégrant harmonieusement différents éléments. Il intervient également dans les projets de réaménagements de quartiers dans le but d'améliorer la qualité de vie de ses habitants. Il a en charge la création ou la gestion d'espaces publics, de jardins, de terrains de sport, etc., tout en respectant l'environnement.

– Le **psychologue environnementaliste** étudie les relations entre les hommes et leur environnement. Il vient apporter son expertise en travaillant en collaboration avec les urbanistes et les paysagistes dans un projet d'élaboration du cadre de vie. Grâce à l'analyse des perceptions et des attentes des habitants, il va établir des diagnostics et des recommandations pour l'aménagement du territoire.

Ces trois métiers sont donc étroitement liés pour construire un cadre de vie respectueux de l'environnement.

▸ L'activité « développement durable »

Elle renvoie à des études sur les critères environnementaux et les actions de sensibilisation. **L'éco-conseiller** informe les élus, les professionnels, les responsables associatifs, la population, etc., sur le bien-fondé et les modalités de la politique du développement durable. Il évalue la « qualité environnementale » de son client. Il organise une concertation entre collectivités territoriales, habitants et entreprises impliqués, propose des actions à mettre en place pour améliorer l'environnement. Il recherche des financements, conçoit un cahier des charges, forme les différents acteurs de ce programme, assure l'évaluation de la qualité des actions environnementales conduites, met en place l'Agenda 21[1]. Tous ces métiers relèvent pour la plupart du conseil et de l'analyse.

Ainsi, la société PROJ&EAU propose notamment un service de prévention des risques microbiologiques et chimiques liés aux usages de l'eau, et la définition de plans d'économies et de préservation de la qualité de l'eau. Pour sa part, l'entreprise Delahaye réalise des audits « COV » (composé organique volatile) et

---

1. Plan d'action de développement durable au niveau local.

« Énergie ». Elle traite de la prévention des risques industriels et de la gestion de l'énergie[1].

Les perspectives du secteur

Le secteur français de l'environnement et du développement durable est aujourd'hui en plein essor, particulièrement en matière de recherche. Il se situe au **quatrième rang mondial** par le nombre de brevets déposés[2]. Les « éco-activités » regroupent des métiers variés allant de la gestion des risques à celle de l'économie des ressources naturelles en passant par la construction immobilière. Elles ont généré, en 2006, 42 milliards d'euros de chiffre d'affaires et créé deux cent cinquante-cinq mille emplois. En 2007, ce secteur s'est développé notamment dans les domaines des énergies renouvelables et de l'isolation des bâtiments, dont les activités ont progressé respectivement de 11 et de 3,4 %.

▸ L'emploi

En 2008, les emplois liés à l'environnement étaient évalués à près de quatre cent mille. La **gestion des déchets** et la **gestion des eaux usées** représentent la moitié des emplois du secteur. Les deux tiers des emplois sont proposés par des entreprises (deux cent cinquante mille) et principalement des « éco-industries » (deux cent vingt mille). Le secteur public offre un tiers des emplois (cent trente mille[3]). Les métiers proposés par le secteur public concernent principalement la gestion des pollutions, le cadre de vie et les activités transversales, telles que l'administration générale et la recherche-développement. Les éco-industries sont les activités qui produisent des biens et services dont le but est de mesurer, prévenir, limiter les atteintes à la qualité de l'eau, de l'air ou des sols, ainsi que les nuisances liées aux déchets et au

---

1. Voir www.projeteau.com et www.depollution.org.
2. Widloecher, P., Querne, I., *Le guide du dévelopement durable en entreprise*, Éditions d'Organisation, 2009.
3. Source : « Cahier spécial développement durable », *La Tribune*, 1er avril 2009.

bruit. Les autres emplois dans les entreprises correspondent à des services d'environnement et de développement durable internes aux entreprises industrielles. Les années 2008 et 2009 ont été plus difficiles en raison de la crise qui a notamment touché le secteur immobilier. Ces avancées résultent notamment de la mise en œuvre du Grenelle Environnement.

Le Grenelle Environnement a conclu à la nécessité de créer, entre 2008 et 2020, environ **cinq cent mille nouveaux emplois,** dont deux cent mille dans le seul secteur énergétique (plus particulièrement, le bâtiment).

▸ Les énergies renouvelables

En 2020, les énergies renouvelables devraient couvrir 23 % de la consommation d'énergie, contre 8 à 9 % en 2008. Le principal besoin dans le secteur de l'environnement et du développement durable se situe dans les **énergies renouvelables**, plus particulièrement dans l'installation de panneaux solaires, d'éoliennes, etc. Les énergies renouvelables sont l'énergie solaire (solaire photovoltaïque, solaire thermique), l'hydraulique, l'éolien, la biomasse (bois énergie, biogaz, biocarburants), la géothermie. Les métiers types dans ces secteurs sont les suivants.

– **Éolien** : chef de chantier, chef de projet, installateur d'équipements, technicien de maintenance, ingénieur conception mécanique, responsable étude, chargé de développement, tous spécialisés dans ce domaine.

– **Hydraulique** : responsable hydroélectrique, technicien exploitation, ingénieur calcul hydraulique en hydroélectricité, chargé d'affaires énergie hydraulique.

– **Maîtrise de l'énergie** : conseiller énergie rénovation durable, ingénieur énergies renouvelables, technicien d'exploitation énergie, chargé d'affaires en génie technique et climatique.

– **Solaire** : ouvrier qualifié plomberie-chauffage, installateur mainteneur en systèmes solaires thermiques et photovoltaïques, responsable développement centrales photovoltaïques, chef de chantier solaire photovoltaïque, chargé d'affaires photovoltaïque intégré bâtiment, ingénieur commercial grand compte solaire, commercial itinérant solaire.

– **Biomasse (bois/énergie)** : ingénieur d'études bois-énergie, chargé de mission développement bois-énergie, technicien bois-énergie.

– **Agrocarburants** : opérateur production agrocarburants, responsable stratégie achats commodités pour agrocarburants.

Certains de ces métiers sont encore méconnus, comme celui de psychologue environnemental. Le métier de psychologue environnemental répond à un réel besoin des entreprises. Il exige de combiner l'aspect technique du traitement des déchets et les facteurs environnementaux et sociaux.

Les démarches de création d'entreprise

Pôle Emploi propose généralement peu d'emplois salariés liés à l'environnement et au développement durable. Ces activités sont en effet propices au travail indépendant. Pourtant, 40 % des PME-PMI françaises ont mis en place un service dédié à l'environnement (selon une étude Sofres pour l'ADEME de décembre 2006) et 85 % des dirigeants de PME se sentent concernés par l'environnement et la maîtrise de l'énergie. Cependant avec la crise économique démarrée en 2008, ils ont tendance à sous-traiter certaines fonctions liées au développement durable. Toujours selon l'étude Sofres, les avantages de l'externalisation cités par les chefs d'entreprise sont les suivants :

- pour 54 %, un meilleur coût/efficacité ;
- pour 48 %, l'amélioration de la qualité et des compétences ;
- pour 46 %, plus de souplesse et de simplicité des processus.

Ce phénomène constitue une opportunité pour les consultants indépendants, dont les missions consistent à « *évaluer, produire, contrôler, améliorer* ». Le consultant ayant également le statut de formateur est par ailleurs payé sur le budget formation de l'entreprise donneuse d'ordres.

Afin d'attirer et de fidéliser sa clientèle, le consultant indépendant doit lui proposer une offre de services claire, originale, crédible, présentant un **bon rapport qualité/prix**. Le positionnement de son offre exige une pratique constante de la veille technologique permanente et une bonne connaissance du marché local.

Selon l'importance des équipements nécessaires à l'exercice du métier, le travailleur indépendant opte pour un statut d'entreprise individuelle ou d'auto-entrepreneur (exemple du consultant) ou pour un statut de société – généralement celui de SARL – lui permettant de séparer son patrimoine personnel de son actif professionnel (exemple de l'installateur de systèmes énergétiques).

Les ressources nécessaires

Les ressources financières

Les principales aides spécifiques apportées dans ce domaine sont les suivantes.

– **Scientipôle Initiative** : pour favoriser l'émergence des sociétés éco-innovantes, Scientipôle s'est associé avec le Conseil Régional d'Île-de-France. Il soutient financièrement, à l'aide de prêts d'honneur, les projets innovants dans le domaine de l'éco-innovation.

– le septième **Programme-cadre européen de Recherche et Développement** apporte des aides aux éco-entreprises spécialisées dans :

- les méthodes de prévision et outils d'évaluation pour le développement durable ;
- les actions sur l'environnement et les climats ;
- le rendement énergétique et les économies d'énergie ;
- la production d'électricité à partir de sources d'énergies renouvelables.

– L'**ADEME** est un établissement public qui intervient pour apporter son aide et ses conseils aux créateurs de projets, plus précisément aux éco-entreprises spécialisées dans les domaines de l'énergie ; air et bruit ; déchets et sols ; management environnemental (sites et produits). Elle assiste et co-finance les études de faisabilité et les investissements productifs, notamment grâce au fonds Demeter[1].

– Le **FOGIME** est un fonds de garantie de financement des investissements des PME dans les domaines de l'efficacité énergétique et des énergies renouvelables.

Les ressources humaines

Les capacités personnelles, les compétences et les diplômes requis diffèrent d'un métier à l'autre.

▸ Exemple du psychologue environnemental

Ce nouveau métier implique une formation du type Master de psychologie environnementale (Université Paris V) et, de manière plus générale, une formation en psychologie sociale. Il exige un sens du contact, de l'écoute et de l'observation, de fortes capacités d'investigation, d'analyse et de synthèse et un sens du dialogue et de la concertation.

▸ Exemple du paysagiste

Les formations reconnues sont assurées par l'École Nationale Supérieure du Paysage de Versailles (ENSP), l'École d'architecture

---

1. Fonds spécifique de l'ADEME.

et du paysage de Bordeaux, qui délivrent le diplôme de paysagiste DPLG, et l'École Nationale d'Ingénieur de l'Horticulture et du Paysage d'Angers, qui délivre un diplôme d'ingénieur paysagiste. Le métier nécessite une bonne culture scientifique, des connaissances techniques, du sens artistique et… de la patience.

▸ Exemple de l'hydrobiologiste

Plusieurs diplômes ouvrent la porte de ce métier : ingénieur biologiste, Master Biologie des organismes et des populations, Master Recherche Eaux Continentales.

▸ Exemple de l'éco-conseiller

Les formations sont multiples : licence ou master en environnement et management, développement local, conception de projets en éco-développement, économie du développement durable, de l'environnement, de l'énergie (EDDEE). Les compétences souhaitables : une bonne capacité d'adaptation, une aptitude au travail en équipe, des capacités d'analyse et de synthèse, un esprit créatif, enfin des dispositions pour l'animation et la coordination.

▸ Exemple de l'ingénieur analyste de l'air

Les diplômes adaptés sont le Master en Recherche chimie de la pollution atmosphérique, le Master Qualité chimique et biologique des atmosphères, le diplôme d'ingénieur spécialisé en chimie. Il existe peu de formations qui conduisent directement aux métiers de l'air : Master Chimie de la pollution atmosphérique de Paris XII (Créteil) et Master Qualité chimique et biologique des atmosphères de Paris VII (Jussieu). Les compétences particulières du métier sont l'esprit critique et une forte capacité d'analyse et de synthèse.

▸ Exemple du conseiller en gestion des déchets

Plusieurs formations d'ingénieur et/ou une pratique significative de la gestion des déchets conduisent à ce métier, qui exige un sens du relationnel, une maîtrise de la réglementation environnementale, des marchés liés aux déchets et des filières de recyclage.

▶ Exemple du conseiller en prévention des risques

Il existe un Master en Prévention des Risques industriels et un diplôme d'ingénieur en prévention des risques industriels, hygiène, sécurité en environnement. Ces formations sont dispensées notamment par Polytech Grenoble et l'ISTG (Institut des Sciences et Techniques).

Une solide formation scientifique de base ainsi qu'une expérience industrielle en entreprise avec la charge d'un service environnement-qualité-sécurité est indispensable.

En règle générale, les consultants indépendants doivent avoir une certaine capacité d'**empathie** à l'égard de leurs clients, car le critère primordial de sélection d'un consultant extérieur pour une entreprise est sa capacité à la rassurer. Selon la Sofres, les principaux critères de sélection des prestataires externes sont pour 80 %, la capacité à rassurer (image dégagée, attitude, vocabulaire, habillement, etc.) et pour 20 %, le niveau des honoraires.

Les travailleurs du secteur de l'environnement et du développement durable partagent le plus souvent des valeurs de responsabilité, de loyauté, de prudence, de progrès, de croyance en l'avenir et du respect de la terre et de la vie. La notion de responsabilité s'avère centrale dans l'exercice de ces métiers.

Les difficultés et les risques encourus

Les difficultés spécifiques à l'environnement et au développement durable sont notamment dues aux incertitudes de l'avenir de ce secteur encore émergent. La crise économique qui a éclaté en 2008 a contribué à subordonner le développement durable à d'autres priorités, comme la flexibilisation des coûts des entreprises et des administrations.

Une autre difficulté réside dans le temps nécessaire pour un consultant ou un exploitant d'acquérir une notoriété sur le marché. Le « **marketing vert** » (« *green marketing* ») a parfois masqué des comportements opportunistes (de « sélection adverse ») de la part de certaines entreprises, qui ont entamé la crédibilité de l'ensemble du secteur.

Ce dernier est également exposé aux actions de **lobbying** de certains groupes industriels, qui s'efforcent de limiter l'impact des nouvelles réglementations en faveur de l'environnement, ou qui profitent de l'insuffisante organisation du secteur, pour faire pression sur certains de ses indépendants. Plusieurs syndicats professionnels sont toutefois apparus, comme celui de l'IFEP (Industriels Français de l'Eau de Pluie) créé en 2007, ce qui montre donc le développement de syndicats liés aux catégories de métiers du développement durable et de l'environnement.

Le consultant est par ailleurs exposé à un foisonnement juridique du secteur marqué par une grande diversité de référentiels normatifs comme le Code de l'environnement, la charte de l'environnement et la norme ISO 14001.

Synthèse

Malgré la crise économique, le secteur français des éco-entreprises offre toujours un fort potentiel de développement, notamment sous l'impulsion du Grenelle Environnement. Les nombreux métiers prometteurs de ce secteur exigent toutefois un niveau élevé d'expertise technique et un réel sens commercial. L'exercice de ces métiers implique une veille à la fois technologique (appliquée aux nouvelles normes environnementales), financière (relative aux aides publiques) et commerciale (ciblant les appels d'offres). Dans ces domaines très attractifs, les opportunités d'entrepreneuriat indépendant foisonnent, mais leur concrétisation exige un accompagnement par des réseaux d'experts et d'entrepreneurs expérimentés.

conclusion générale

Cette exploration des démarches de création et des conditions d'exercice des emplois indépendants et des PME françaises met en lumière la diversité des ressources à maîtriser et des pratiques à respecter afin de mener à bien un projet. Mais elle est surtout riche d'enseignements sur la notion d'entrepreneur et sur l'action entrepreneuriale. Elle permet de corriger certaines « images d'Épinal » véhiculées par les abondantes littératures professionnelle et universitaire sur la création d'entreprise. Ces dernières fondent les « bonnes pratiques » des créateurs d'entreprise sur des qualités comme la volonté d'autonomie, l'amour du métier, l'esprit client, la créativité, le sens de l'organisation, le pragmatisme, le goût du risque, le sens des responsabilités…

Les enquêtes réalisées dans dix familles de métiers montrent clairement que – dans l'environnement d'aujourd'hui et probablement, encore plus, de demain – la maîtrise de ces capacités est insuffisante pour créer et pérenniser un emploi ou une entreprise indépendant(e). Le travailleur indépendant ou l'entrepreneur doit se comporter à la fois en :

– « **Acteur social** » **actif** afin de s'enraciner dans des réseaux familiaux, amicaux, professionnels et publics, réunissant les parties prenantes directes et indirectes à son projet (accompagnateurs, clients, fournisseurs, sous-traitants, financeurs, concurrents, groupements professionnels, élus locaux, etc.), en position de l'encourager, le conseiller, l'assister, le financer, le missionner, le défendre, etc.

– « **Acteur-projet** » **réactif** afin de planifier les phases successives de son projet, en contrôler les ressources, en maîtriser le calendrier

"

et en mesurer les effets, mais aussi de réagir rapidement à tout événement imprévu qui pourrait en contrarier l'exécution.

– « **Observateur proactif** » en pratiquant une veille technologique (nouvelles techniques, normes, pratiques professionnelles, etc.), économique (des marchés émergents) et sociale (des conditions d'emploi et, dans certains métiers, des mutations socioculturelles), afin, le cas échéant, de pouvoir adapter ses objectifs, son organisation et ses comportements au nouvel environnement.

– « **Acteur citoyen** » en agissant en entrepreneur responsable, dont les intentions éthiques et les comportements loyaux vont permettre de tisser des relations de confiance avec les parties liées à son projet.

Cette mutation psychologique et sociale constitue un rite indispensable de passage d'une **dépendance hiérarchique « linéaire »** – le salarié est subordonné à une « ligne hiérarchique » – à des **dépendances socioprofessionnelles « plurielles »** – le travailleur indépendant ou l'entrepreneur est soumis aux logiques et aux valeurs propres aux parties prenantes. Ce rite psychologique et social s'inscrit dans un processus constructiviste, car il implique les éléments suivants :

– Le **dépassement** de l'approche conventionnelle du métier – basée sur l'appropriation de ressources (compétences, diplômes, équipements, crédits, autorisations, etc.) et la conquête de marchés – par une représentation du métier reposant sur le contrôle de nouveaux réseaux relationnels et l'appréhension des nouvelles contraintes des entreprises.

– La **mutation** de l'individuel au collectif, par un apprentissage organisationnel, contribuant à transformer – avec l'aide de réseaux – des capacités, des compétences et des valeurs en pratiques efficaces.

– La **transformation** d'un « projet professionnel » en « projet de vie personnelle ».